P S Y C H O L O G Y

心理学形态研究系列

国家出版基金项目
NATIONAL PUBLICATION FOUNDATION

“十二五”国家重点图书出版规划项目
上海文化发展基金会图书出版专项基金资助项目

P S Y C H O L O G Y

葛鲁嘉 著

类同形态的心理学

——不同科学门类中的心理学探索

上海教育出版社
SHANGHAI EDUCATIONAL PUBLISHING HOUSE

丛书总序

心理学的探索和研究已经有了众多的学科分支和丰富的具体研究，有了广泛的生活应用和大众的认知接纳，有了学术的创造支撑。但是，心理学本身依然缺乏反思、界限不清。任何一个成熟的学科，都应该有强大的自我反思、自我定向、自我驱动、自我矫正和自我扩展的能力。心理学在快速的发展进程中，最需要的就是这样的能力。这直接涉及的就是心理学的视野、框架、形态、资源与未来，“视野”“框架”“形态”“资源”与“未来”是把握心理学学科总体、促进心理学学科进步的关键词，也是“心理学形态研究系列”丛书的核心内涵。

任何一位投身心理学事业的研究者和学习者、对心理学感兴趣的其他学科和行业的探索者与从业者，或是对心理学很好奇的思想者和普通人，都可以在这套丛书中有所收获。

心理学研究者如何看待自己的学科？心理学爱好者如何借鉴跨界的学科？如何张望陌生的学科？这需要具有宽广的视野。所谓视野就是人的眼界。同样都有眼睛，但是不同的人在现实生活中能够看到的广度和深度却完全不同。因此，最重要的是心灵的眼睛。这套丛书可以极大地扩展审视、观望和看待心理学的视野。

无论是心理学研究者还是心理学的应用者、爱好者，想要从整体上掌握和运用心理学，最重要的就是有一个整体的框架，包括学科的框架、思想的框架、理论的框架和知识的框架。只有有了这样的框架，才能够对五花八门、纷繁复杂和丰富多样的心理学探索、研究与应用进行梳理和分类。

心理学具有多重性的身份，也有着多样化的角色和多元化的形态。当然，科学的或实证的心理学曾经试图定位自己是唯一合理的心理学形态，从而也就将其他不同的心理学形态及探索丢进了垃圾箱。这在给心理学带来纯洁性的同时，也使得心理学割断了与自身学科土壤的关联。因此，对不同形态的心理学的探索，可以大大丰富关于心理学的理解，扩展心理学的发展空间。

对心理学的多重形态的探索，并不是要分裂心理学、肢解心理学和打碎心理学，而是要在心理资源、学术资源、思想资源、理论资源等方面去重新理解心理学。资源化的处理是心理学学科发展获取学术养分、思想营养和理论滋养的最重要的突破。任何资源都在于挖掘、提取、转化和运用，心理学的资源同样如此。

资源也许汇聚和代表了过去、传统和遗产，但实际上，资源最重要的核心作用是能够指向和引领心理学学科发展的前景、未来和成长。心理学应该成为也能够成为一个强大的学科。这种学科自身的昌盛和繁荣就应该植根于养分丰富的学科资源。这也是探索不同形态的心理学最重要的价值、意义和作用所在。

这套“心理学形态研究系列”丛书包含八部心理学学术著作：《心理科学论总——心理学命运与前途的全景考察》《心理学本土化——中国本土心理学的选择与突破》《常识形态的心理学——心理学的生活形态和日常存在》《哲学形态的心理学——哲学心理学与心理学哲学》《宗教形态的心理学——宗教传统和研究的心理学智慧》《类同形态的心理学——不同科学门类中的心理学探索》《科学形态的心理学——心理学的科学追求与科学身份》和《资源形态的心理学——心理资源的基本性质与核心内涵》。这八部著作直接涉及和探索心理学的视野、框架、形态、资源与未来。

《心理科学论总——心理学命运与前途的全景考察》是关于心理科学本身的学术梳理、学术反思、学术突破和学术建构的。书中对如何推进心理学的学术进步，如何扩展心理学的学术空间，如何引领心理学的学术未来，如何确立心理学的本土根基，如何激发心理学的学术创新等，进行了一系列的学术思考。

《心理学本土化——中国本土心理学的选择与突破》是对中国本土心理学在追求科学化历程中经历的西方化历程的文化性、思想性和历史性的反叛。心理学的本土化也是心理学在更大的范围内去寻求自己学科和学术发展的资源。关于心理学的本土走向，要涉及心理学研究的本土定位、本土资源、本土理论、本土方法和本土技术。心理学的本土化实际上就是心理学的一个新生的过程。中国心理学的本土化也就是中国心理学的创生过程。

立足西方文化传统的“科学的”心理学一直认为自己是唯一合理的心理学,除此之外的心理学探索,或者立足不同文化传统的心理学探索,都可以划归为“非科学的”心理学,而所谓“非科学的”,也就是被淘汰的、已过时的、无价值的。心理学的本土化则来自对西方心理学唯一合理性的质疑,来自对各种不同心理学探索的合理性的确认和把握。心理学的文化转向是心理学本土化的方向问题。心理学曾经靠摆脱、放弃、回避或越过文化的存在来发展自己。也就是说,在心理学成为独立的科学门类之后,在追求科学性的过程中,把科学的客观性和普遍性与文化的建构性和独特性对立起来,心理学早期以排斥文化的存在来保证自己对所有文化的普遍适用性。然而现在,心理学必须靠包容、探讨和体现文化的存在来发展自己,来保证自己对所有文化的普遍适用性。

心理学本土化的发展是把心理学确立为创新的心理学。中国心理学的本土化并没有现成的道路好走,没有现成的东西可以继承,没有现成的方式可以照搬。这就决定了中国心理学的本土化历程必然和必须走创新发展的道路。对于中国本土心理学来说,原始性的创新应该成为重要的学术目标。然而,对于中国现代心理学来说,这是非常薄弱的环节。对于许多中国心理学的从业者和研究者来说,好像只有引进的才是心理学,创新的却很难被看成是真正的心理学。

中国本土心理学的研究涉及心理学学术创新和理论建构的学术资源,而获取什么资源和怎样获取资源,就成为重要的任务。心理学的演变和发展有自己的资源根基,这可以体现为不同的心理学历史形态、现实演变和未来发展。当代心理学的发展应该将不同形态的心理学作为自己学术创新的资源,只有掌控和运用这些资源,心理学才能够扩大视野,挖掘潜能,丰富自己的研究,完善自己的功能。

心理学的发展有着属于自身的文化、历史、传统、思想、理论、学科的资源。心理学有着十分不同的历史发展和长期演变的形态,所有不同的心理学形态都是心理学的发展可以借用的学术资源。心理学资源可以体现为心理学历史形态、心理学现实演变和心理学未来发展,共包括六种不同的心理学形态：常识形态的心理学、哲学形态的心理学、宗教形态的心理学、类同形态的心理学、科学形态的心理学和资源形态的心理学。解读这些不同形态的心理学，考察不同形态心理学之间的关系，对心理学的发展有着至关重要的作用。当代心理学的发展不应该是不同形态的心理学之间的相互排斥、对立和对抗，所有不同形态的心理学都应该属于心理学学术创新的文化、历史、思想和学术的资源。

中国本土的心理学、中国本土的理论心理学，最重要的就是自身的理论建构。这主要是确立中国本土心理学的理论思想、理论框架、理论内涵、理论预设和理论构成。中国心理学对外国心理学的理论复制和理论模仿，导致对本土心理学的理论创新和理论开拓的抑制和忽视，而中国心理学理论创新的弱化也直接导致对国外心理学知识和理论的大量引进，这造成了限制中国心理学理论发展的恶性循环。甚至，中国的心理学研究者反而不习惯于心理学的理论创新，对任何创新的尝试都横加阻抑和指责。这导致中国心理学的发展极度缺少理论创新，特别是立足本土文化的原始性理论创新。强化理论心理学的研究可以促进中国心理学的理论创新，特别是原始性的理论创新。

因此，最重要的就是能够对所有相关的心理学资源进行系统化的梳理与整合。心理学资源既可以成为常人的心理生活的资源，也可以成为专家的心理科学的资源。心理学必然面临如何理解、看待、保护、挖掘、提取和转用资源的问题。心理学的发展显然不应该抛弃自己的文化历史传统，而应该将其作为学术性资源。

常识形态的心理学也被称为民俗心理学、素朴心理学等。这是普通人在日常生活中创建的心理学，是存在于普通人生活经验中的心理学。常识心理学既是普通人心灵活动的指南，也是普通人理解心灵的指南。常识心理学是科学心理学发展的文化资源。哲学形态的心理学是心理学最古老的形态之一。在科学心理学诞生之前，心理学就“寄生”在哲学中，是哲学的一个探索领域。对心理学研究的理论前提或理论预设的反思就是心理学哲学的探索。这种探索的目的在于使心理学的研究能够从盲目走向自觉。宗教形态的心理学包含两种不同的和关联的内容。一种是科学的含义或是科学传统中的宗教心理学，是科学家运用科学方法对宗教心理的研究。这是科学心理学的一个分支。另一种是宗教的含义或是宗教传统中的宗教心理学，是宗教家按照宗教的方式对人的心理行为的说明、解释和干预。类同形态的心理学是与科学心理学相类同或相类似的其他科学分支中的心理学思想、理论、方法和技术。心理学发展应该去吸取、提炼、接受、消化和融会类同形态的心理学研究。科学形态的心理学是通过科学的理论、方法和技术来考察、描述、说明和干预心理行为，并在很短的进程中取得了飞速的发展，但依然面临着许多重大的和核心的课题。资源形态的心理学探讨和论述的是心理学未来发展的基本形态。这是科学形态的心理学的进步、扩展和提升。资源形态的心理学把心理学的学术性资源的开发、累积和运用，确立为心理学未来发展的核心任务。

在心理学发展和演变的进程中，科学形态的心理学曾被确立为唯一合理的存在，其他各种不同的心理学形态则受到忽视、排斥和抛弃。因此，从未有过对各种不同心理学形态的系统性和学术性的考察与研究。心理学形态研究将会是对心理学学术研究的全新突破。这将奠定中国本土心理学发展的学术资源的基础，会给中国本土心理学的未来进步带来长久的、巨大的和深远的影响。

中国心理学长期以来依赖于对国外心理学全面、系统和不断的引入、翻译、介绍、评判、学习和模仿，这为中国本土的心理学家了解世界心理学发展和演变的进程与趋势，包括把握西方心理学的发展和走向，掌握苏联、俄罗斯心理学的过去和现状，填补中国心理学研究的空白和缺失，推动中国心理学的研究和应用，提供了基础和前提。在中国心理学的发展历程中，从老一代的心理学家开始，就有对国外心理学的引进、介绍、评判和模仿，体现为重视研究心理学发展史，特别是重视研究西方心理学流派。在一个多世纪的时间里，这给中国心理学的发展和繁荣奠定了坚实的基础，实现了中国心理学的跨越式发展。而追踪和模仿发达国家的心理学，也会导致中国本土心理学创新性和创造力的弱化。这直接造成引进的心理学特别是引进的外国心理学的理论、知识、方法、技术和工具，会与中国本土的文化传统、社会生活、心理行为等存在巨大的隔阂。

本土心理学研究主要体现为对中国心理学思想史、中国心理学史以及中国古代、近代和当代的心理学思想、理论、学说、方法、技术及工具的研究、考察和探索，从而系统梳理中国文化历史、文化传统及思想创造中所包含的心理学思想、心理学解说和心理学内容。这是在与西方心理学或国外心理学不同的中国本土的文化历史、文化思想、文化传统和文化创造的基础之上，去重新认识、理解和把握心理学。关于中国本土文化传统中的心理学研究，在研究尺度、评判标准、理论依据、学术把握等方面一直存在学术争议。有的研究按照西方文化或西方科学文化的尺度，按照西方心理学或西方实证科学心理学的尺度，来筛淘和衡量中国本土文化传统中的心理学内容，也有研究强调应按照中国本土的文化传统、价值尺度、学术标准，来重新衡量、梳理和探讨中国本土的心理学传统。

中国本土的心理学正在寻求自身的创新性发展。这种创新倡导的是，中国心理学的发展不应该仅仅是对国外心理学的修补和改进，也不应该仅仅就是对中国历史传统中的心理学思想的解释和解说，中国本土心理学真正需要的是寻求本土文化的心理学根基和心理学资源，并立足这种本土文化中的心理学核心内容来建构真正属于中国本土的创新的心理学。关于中国本土心理学的发展应该倡导和推动原始性的创新，特别是原始性的理论创新，这已经开始由最初的呼吁逐渐成为付诸行动的学术追求。中国心理学的这种原始性创新的努力，也开始由不同分支学科、不同理论知识、不同研究方法、不同技术手段等分散的方面，转向对更宏大的心理学理论原则、理论框架、理论构成等方面的突破。

中国现代意义上的科学心理学是从国外引入的，包括近代从欧美等科学心理学先导和发达的国家引入的实证科学的心理学，也包括新中国建立初期开始从苏联引进的以巴甫洛夫的高级神经活动学说为代表的唯物主义心理学。这两个不同来源的心理学都存在于中国现代心理学的研究之中。改革开放后，中国心理学开始挖掘和整理中国本土的传统心理学思想，但是，这方面的研究还存在重大的缺陷，最大的问题是认为中国本土文化中并没有心理学，只有一些零散的、猜测的心理学思想，认为这方面的研究仅在于证明现代心理学研究的古代猜想。这就形成了两个巨大的鸿沟：一是翻译、引进和介绍的国外研究与中国本土文化和生活之间的鸿沟；二是中国古代的心理学思想与中国当代的心理学创新之间的鸿沟。这也就导致中国本土心理学的两个重大缺失：一是长期的引进和模仿导致中国本土心理学研究原创性的严重缺失和弱化；二是中国古代心理学思想研究仅仅是为现代心理学研究提供历史的佐证，导致中国本土心理学根基的垮塌和资源的流失。总括起来，中国本土心理学所缺失的是建立在中国本土心理学资源基础之上的心理学原始性的理论创新和建构。这套丛书最核心的学术价值和创新意义就在于，通过立足本土文化的理论创新和建构，开辟中国本土心理学未来的学科发展和创新的理论演进道路。

在中国本土心理学的研究中，关于中国本土文化传统中的心理学理论根基和学术资源的探索是最重要和关键的走向，也是最核心和根本的未来。这套丛书旨在挖掘和把握中国本土的心理学资源、心理学传统和心理学根基，从而推动和引领中国本土心理学的创新性发展。例如，在中国古老的和悠久的心性文化传统中，就存在丰富的心理学资源、特定的心理学传统和深厚的心理学根基，这就是中国文化的心性学说。从心理学的角度加以考察和挖掘，可以将这种心性学说转换为心性心理学，这是中国文化非常独特和重要的心理学理论贡献。中国本土文化中的心性学说和心性心理学有着非常重要的心理学学术性价值，问题是怎样将这种心性心理学的传统转换成为中国心理学理论创新的资源。这套丛书的研究就是对中国本土心理学的研究进行重新定位，就是要厘清中国本土心性心理学的内涵，深入挖掘中国本土的心性心理学，并将心性心理学的思想框架和理论核心引入中国本土心理学的具体研究中。

正所谓“条条大路通罗马”，不同的心理学探索、不同的心理学形态，都是通往人类心理的门户。在通道的沿途，有着各不相同、别具洞天的境遇和景色。心理学的探索者不应该去关闭那些可能的通路。为什么不去探险呢？无限风光在险途！

吉林大学哲学社会学院心理学系

葛鲁嘉

2014年10月

目录

Contents

第一章 类同心理学的界定

在心理学六种重要的历史、现实和未来形态中，类同形态的心理学是其中之一。类同形态的心理学是在与心理学类同或相近的其他科学分支中的心理学思想、理论、方法和技术。在与心理学类同或相近的科学分支或科学学科当中，也有关于人类心理行为的研究、探索和成果。这些研究、探索和成果也从特定的角度、方面或层次，揭示和阐释了人类的心理行为，并为心理科学的诞生和发展提供了各种学术资源内容、方法和技术。

第一节 类同形态的心理学

类同形态的心理学是心理学不同形态中的一种，这种形态的心理学在关于心理学的考察和研究中一直都没有被当作完整的和系统的心理学探索，所以没有作为特定的心理学研究被认真对待。因为很难找到合适的术语来概括这一类心理学研究，所以就按照其与心理学研究类同或相近的特点而统称为类同形态的心理学。

一些相关的或相近的学科门类与科学心理学有着非常密切的关联。例如，在物理学的发展过程中，光学和声学的研究成果为心理学关于视觉和听觉的研究提供了丰富的内容。同样，生物学特别是进化论，为人们研究人类心理的发生和发展，研究人类心理与遗传和环境的关系等，提供了重要的理论解释框架和细致的特定学说。生物学、生理学特别是神经生理学的研究成果，也对心理学的发展产生过十分重要和巨大的影响。苏联生理学家巴甫洛夫（Ivan P. Pavlov）的高级神经活动学说和美国科学家斯佩里（Roger

Wolcott Sperry)关于“裂脑人”的研究,都深深影响到科学心理学的发展和进步。精神病学的发展也揭示了以异常形式表现出来的心理行为,为全面认识和了解人的心理行为提供了重要内容。当代计算机科学特别是人工智能的研究,也提供了对人类智能活动的基本认识,推动了认知心理学的发展。

实际上,心理学在自身的发展演变过程中,曾经在不同程度上依附过一些相关联或相类同的学科。心理学曾经隐身于哲学的研究中,也曾经化身在生理学的研究中。其实,心理学在成为独立的科学门类之后,也一再地以还原的方式,把类同学科的研究内容和研究方式并入自身。这种还原的方式,使心理学研究常常更像是物理学的研究、生理学的研究、神经科学的研究、身心医学的研究,等等。当然,现在的心理学已经成为独立的学科门类,但是这并不妨碍其他的学科门类以特定的方式,从特定的视角,在特定的方面以及特定的层次,去关注和揭示人的心理意识和心理行为。在当代科学的发展进程中,大科学的兴起和大学科群的出现已经表明,对特定复杂对象的科学研究必须集合许多个不同的和相关的学科门类。例如,对人脑的研究或者脑科学就属于大科学,汇聚了大量的科学门类。那么,对人类心理行为的研究也同样属于大科学,也必须汇聚大量相关科学门类的研究。这就必须对相关学科中有关人的心理行为的研究,包括研究结果、研究方式、研究手段、研究工具,进行综合的、系统的考察。因此,心理学研究应该改变自己原有的和现有的狭隘的小科学观,树立起集合和融会不同科学研究的大科学观。①

显然,人的心理行为由于其多样态的存在、多重性的体现、多侧面的表达、多元化的演变,而可以在不同的学科视野中得到考察和探索。不同的学科按照自己独特的理论阐述、研究方式、考察方法和技术干预,实际参与关于人的心理行为的探索。表面上,这是属于不同学科的研究,但实际上,这也属于一种特定形态的心理学的探索。因此,应该从一个独有的视角去整合这样的心理学研究。这就是类同形态的心理学的基本含义。

不同学科提供的关于人的心理行为的考察、探索、描述、解说、阐释等,

① 葛鲁嘉.大心理学观——心理学发展的新契机与新视野[J].自然辩证法研究,1995(9):18—24.

是一个巨大的心理学研究资源库。这给心理学研究带来的不仅是研究视野的扩展，而且是非常丰富的关于人类心理行为的理解和解说。所谓类同，就是与心理学研究相类同，就是提供了特定学科的关于人类心理行为的揭示和解释。这同样可以汇聚成为特定的心理学的探索。

第二节　不同学科的心理学

现代科学已经发展到高度分化的阶段。在许多科学分支中，也有在各自领域对人的心理行为的直接或间接的探讨。其实，对人的心理行为的考察和研究，并非由科学的心理学独揽。各种不同的学科分支从不同的角度、层次和侧面，揭示和阐释了人的心理行为。这样的研究成果也同样可以汇集成一种心理学的历史和传统的资源。当代心理学的发展实际上就面对着其他科学门类或科学学科给出的心理学思想、理论、学说、概念、方法、技术、工具等。这就需要扩展心理学的科学观，才能够体现或表达现代心理学的发展的趋势。① 换言之，心理学需要的是大心理学观。②

不是只有心理学才关注心理行为的研究，其他类同形态的心理学也从各种不同的学科视角，以各自不同的探讨方式，用各种不同的技术手段，对人的心理行为进行了多维度、多视角、多方面、多层次的探索。蕴含在不同学科门类中的心理学探索，得出了关于人的心理行为的不同的思想学说、理论解说、影响方式和干预技术。这种对人的心理行为的分门别类的研究给科学心理学提出了一个重要的问题，那就是怎样使科学心理学不至于分解、分散、消失在其他类同学科的研究中，以及科学心理学要怎样去吸取、提炼、接受、消化、融会类同形态的心理学研究。其实，现在就有心理学家认为，科学心理学早晚会被类同的学科分解，因而消散在其他的学科之中。心理学学科的发展过程是从一个依附性的学科，发展到一个独立性的学科，再进展到一个消失了的学科。

① 朱滢，杨治良，等. 当代心理学研究[M]. 北京：北京大学出版社，1993：69—70.

② 荆其诚. 现代心理学发展趋势[M]. 北京：人民出版社，1990：32.

尽管心理学面临着其他不同学科分支的研究的挑战，但是心理学并不会失去自己在科学世界中的位置，心理学也不会被其他的类同学科肢解。问题在于，心理学怎样去对待其他类同学科提供的关于人的心理行为的研究成就和成果。或者说，心理学能从其他类同学科的研究中获得什么。毫无疑问，类同形态的心理学提供了一些对科学心理学来说非常重要的研究立场、研究视角、研究方式、研究方法、研究内容、技术手段、技术工具、技术干预、技术方案、技术应用等。但问题在于，这些涉及人类心理行为的研究方式和研究成果，还各自归属于不同的学科门类，还是各自孤立、相互分离的，还没有在科学心理学的视野之内，或还没有被纳入科学心理学研究之中。

心理学曾经有过还原论盛行的时期，心理学研究被还原成物理学的研究、生物学的研究、遗传学的研究、生理学的研究、病理学的研究等。这实际上不是接受其他类同学科研究的合理方式。在心理学的发展历史上，有许多研究者立足于其他学科去研究人的心理行为。① 科学心理学完全可以去吸收和借鉴其他不同学科中的心理学的理论、方法和技术，但不应该是以还原论的方式。还原论给了科学心理学许多相当重要的内容，但是也使心理学研究无法合理地揭示人的心理行为。正是还原论，使心理学研究总是曲解人的心理行为。

类同形态的心理学提供的各种不同的理论、方法和技术，有助于心理学扩展自己的研究视野，丰富自己的理论建构，提升自己的研究方法，增加自己的技术手段。这就要求科学心理学必须确立自己的大科学观。心理学的科学观涉及心理学学科的性质、边界，涉及心理学研究的理论、方法和技术的建构、运用。大心理学观可以使心理学放开自己封闭的边界，去广泛吸取其他类同形态的心理学提供的研究成果，并把这些研究成果转化成自己的学术资源。任何一个学科的发展都需要自己的学术资源，心理学也同样如此。例如，对意识与大脑的多学科研究，就汇聚了哲学的研究、脑科学的研究、人工智能的研究、医学的研究、语言学的研究、人种学的研究、人类学的研究，等等。②

---

① 郭本禹. 当代心理学的新进展[M]. 济南：山东教育出版社，2003：359.
② 汪云九，杨玉芳，等. 意识与大脑——多学科研究及其意义[M]. 北京：人民出版社，2003：44.

在科学心理学成为独立的学科门类之后，心理学曾经极力排斥过其他学科的研究，以维护自己刚刚获取的学科独立性。但是，在经历了这样的过程之后，心理学还必须作为独立的学科去吸取其他类同学科的学术养分和学术精华。心理学必须有能力去积聚、汇集、合并、综合那些类同学科中有关心理学的知识、理论、方法、技术、工具等。其他类同形态的心理学还只是分散的而不是完整的，还只是原始的而不是充分成熟的，还只是独特的而不是相互契合的。但是，只要心理学能够放开自己的门户，能够汇聚相关的研究，能够提取其中有益的部分，就能够长足地进步。可以说，类同形态的心理学就是心理学创新需要的资源。

第三节　学科的分类与界线

有研究指出，心理学就是一个多种视角、多种成分、多元方法、多元理论、多样技术、多样探索、多边合作、多方协同的多维度、多分支的学科。作为一门科学，心理学缺乏一个共同的基础。心理学不像物理学和化学那样，有统一的学科框架，有共同的思想理念，有学科共享的理论基础。心理学从来就不是统一的学科，而今心理学的内部冲突变得更加严重，未来统一的希望也十分渺茫。

学科内部的恶性分化是心理学分裂和破碎的表现之一。分化是科学进步的表现。通过分化，科学研究能在更深、更细的层次上进行。心理学的分化趋势却令人担忧。心理学家局限于狭窄的知识领域，各自为政，相互之间了解甚少，缺乏共同的交流语言。完整的心理现象被分割成互不联系的小块，不同的心理学家各执一端，为各自的结果而争论不休。

分裂的另一表现是研究课题的破碎。从表面上看，西方心理学欣欣向荣、蒸蒸日上，但深层次的问题是：心理学家研究的课题互不相干，对于同一问题的研究往往得出的是相互矛盾的结论，而且都有各自的经验研究支持。心理学家得到的研究结论琐碎而缺乏体系，研究成果从数量上讲极为可观，但总体上对行为和心理本质的认识却没有突破性进展。

研究方法的破碎是心理学分裂的又一表现。心理学从没有自己独特的方法，主流心理学崇尚的实验法也并非心理学家的创造，而是借鉴自物理学等其他自然科学。实验方法是物理学在研究物质现象时使用的方法，当它被应用于研究心理现象时必然有其局限性。随着人们对实验方法信心的动摇，人们开始把各种各样的方法引入心理学，出现了现象学的方法、叙述的方法、释义学的方法、话语分析的方法、神话学的方法、访谈法、问卷法、个案法、计算机模拟法等多种多样的方法。心理学的问题是，多样化的方法并非建立在一个共同的基础上，而是各有自己的基本假设和哲学基础，因而多样化的方法带给心理学的不是研究的突破，而是研究结果的破碎。心理学家应用不同的方法，得到不同的结论，导致心理学更加分裂。

学派林立进而导致派系之间的矛盾冲突，是心理学分裂的另一个重要表现。在心理学的历史上曾经产生过许多心理学学派。大的学派有构造主义、机能主义、行为主义、新行为主义、格式塔学派、精神分析、新精神分析、皮亚杰学派、人本主义心理学和认知心理学。小的学派，诸如联结主义、目的主义、个体心理学、分析心理学等，更是数不胜数。

心理学科的年轻和不成熟是心理学分裂和破碎的一个重要原因，却不是唯一原因。造成心理学破碎和分裂的原因还有以下一些方面。第一，心理学家的指导思想的分裂。研究方法和研究课题的破碎、学派的分裂、学科分支的恶性分化等只是一种表面现象，分裂和破碎的深层机制是心理学家的指导思想或世界观和方法论上的分裂。第二，心理学的职业强化结构的导向。许多心理学家在讨论心理学的分裂和破碎的原因时，都认为心理学职业强化结构方面的缺陷是导致心理学破碎的重要原因。心理学的职业强化结构包含三个方面的因素，即项目基金的审批系统、学术声望的鉴别标准和期刊的用稿导向。心理学家不得不寻找一个与他人不同的狭小领域，使用别具一格的研究方法，设计新颖独特的研究程序，以便出版更多的研究成果。第三，主流心理学的唯我独尊。由此造成的困境和引发的不满也是导致心理学分裂和破碎的另一个重要原因。

心理学的确需要整合，但这种整合不是一元的、极权的、一统的，而是多元的、平等的、多向的。这种多元化的整合观又是有着一个共同基础的，多元成分之间是互补的、和谐的，而不是对立的。这样一种建立在共同基础上的多元化整合才是心理学整合的现实图景。心理学的整合需要整合的思维方式，而不能局限于传统的还原论的思维方式。这就需要心理学家的思维方式实现从还原思维向整合思维转变：一是从线性思维到非线性思维转变；二是从元素组合认识方式到综合分析认识方式转变；三是从“上向因果关系”的单向思维到“双向因果关系”思维转变。①

可以说，心理学的不同分支学科有着明确的分类和界线，这给了心理学研究一个极其广大的空间，但也确实带来了关于心理学的分化、分裂和分解的忧虑和担心。心理学分支的分化发展，并不仅仅是心理学的壮大，也给了心理学以内在混乱的可能。心理学需要学科的分类与界线，但是心理学却不需要学科的对立与对抗。

第四节　学科之间的互涉与互动

复杂对象的研究都需要多学科的合作。这就涉及不同学科之间的互涉和互动。心理学的研究对象就属于复杂对象，需要多学科和跨学科的研究。因此，学科之间的互涉与互动就显得非常重要。

一、学科之间的互涉

心理学的研究会涉及多学科或跨学科的合作。有研究者考察了跨学科的发展与实践。跨学科的定义与学科相对应。这涉及跨越学科界限，开辟新兴领域，处理现实问题。跨学科研究的基本立场在于，有关特定对象的研究并不能够按照人类创造的学科结构来进行限定。研究应该是动态的、灵活的、创新的。跨学科的思想源于四种重要的驱动力量。这四种驱动力量是：自然和社会的内在复杂性、对多学科的问题和答案进行探索的愿望、解决社会问题的需求、技术的变革。跨学科研究在方法和关注点上是多元化的，是由科学求知欲或实际需求驱动的。跨学科探索是出于实用的需求，并超越了学科的边界，以便观察和处理那些因单一学科的局限而不能观察和应对的问题。跨学科的方法可以对一些习以为常的狭隘观念或学科内的知

---

①　叶浩生. 论心理学的分裂与整合[J]. 陕西师范大学学报(哲学社会科学版)，2002(6)：105—112.

识工作的限制造成冲击,并在一定程度上重新发现学科研究的遗漏。除此之外,跨学科的倡导者呼唤统一性,也就是将各学科的知识融会贯通,以作为解释的共同基础,并认为这是科学进步、知识发展和人类觉悟的最有希望的道路。

有研究指出,可以把跨学科研究活动分成三种类型。第一种类型是基于知识的工具观点,即为了应对特殊的问题而借用其他学科的工具和方法。这类活动仅涉及工具和方法在学科之间的转移,而不直接产生综合的知识成果。第二种类型是概念性的跨学科研究。它坚定地基于学科的基础,导向一种新的知识的综合,以扩展学科知识,而非对学科知识进行挑战。这一类型可以称为"跨学科的学科观点"。第三种类型是通过跨学科(探索知识的统一理论)以公开挑战学科和批判性地进行跨学科研究(寻求批判的、有改革能力的知识,而不是寻求一致性)。基于这一观点,跨学科的益处在于打破传统,瓦解正统,开启新的探索主题。

除了不同类型的跨学科活动,有的学者还尝试分析跨学科研究的不同模式。有人将跨学科的研究分成四种不同的模式。在第一种模式中,鉴于认识到两个事物是基于相同基础结构的不同现象,因此可以将零碎的知识融会贯通。第二种模式表现为从各种不同的领域获取知识来解决某个问题,强调来自不同学科的相关知识的积累。第三种模式要求来自不同领域的知识的投入,但是不存在解释和评价的共同基础。例如,社会的可持续性可以通过研究资源的循环得到观察,但是经济学家会强调商品和资本的流动,生态学家则更关注能源和生物的流动。这里不存在公认的模式,进行系统分析通常是取得进展的基础。第四种模式适用的研究活动在于,不仅其理论建构是不同的,而且其基本假设也是不同的。因此,只有通过发展新的理论或者是综合两者的理论发展才能将研究推向前进。①

这就是学科之间互涉的问题。学科之间互涉是指不同学科之间对象的交叉、边界的重叠和研究的互动,是指不同学科之间知识的借鉴、方法的通用,以及技术的共享。但是,最重要的问题在于怎样消除学科之间的相互排斥、相互倾轧和相互贬低。

① 刘霓.跨学科研究的发展与实践[J].国外社会科学,2008(1):46—55.

二、学科之间的互动

近年来，有国外的研究提出要建立所谓的跨学科学，也就是专门的跨学科研究的科学门类。有学者区分了两类不同的跨学科研究，一是同时运用两门或多门已经成熟的知识来解决某一特殊问题的跨学科研究，二是形成跨越学科界线的新理论、新知识和新方法的跨学科研究。后一类的跨学科研究是非常值得重视和探索的。目前，在科学研究中，作为一门学科的跨学科学(interdisciplinology)已经建立，并且已经产生了一些跨学科的影响。跨学科的研究有不同的种类或类型。一是一门科学的思想能以改进别门科学的方式影响另一门科学的思想。二是两门科学中的思想能以改进两者的方式分别影响每一门科学。三是新思想是来自两门科学的相互影响。当这些新思想变得稳定和可以利用时，就能够构成一门新的科学。在这种类型中，有些思想在两门合作科学中原本都是不存在的。四是新产生的思想反过来重新影响两门合作学科中的一门或两门。也就是说，除了一门学科可以直接从另一门学科中接受不同的思想外，每一门科学也可以受合作产生的新思想的影响。①

学科之间互动的最重要方式就是学科交叉。有研究者曾对交叉科学进行了考察。研究指出，交叉学科是由远缘的(非本学科内部的)理论簇之间发生非线性相互作用构成的独立系统。不同理论之间发生交叉、融合、渗透，实质上就是发生非线性相互作用，这样就能够形成不同于原理论的新理论。众多的新理论自成系统，就形成交叉学科。②

交叉学科首先是一门具有对象跨越性、方法多重性、内容整合性和主体能力组合性等特征的独立学科。研究对象上的跨越性，是指交叉学科的研究对象往往横跨两种或两种以上单一学科的对象，探测个中独特的规律。探测方法上的多重性，是指交叉学科的研究方法往往要融合和移植两种或两种以上单一学科的研究方法。表述内容上的整合性，是指交叉学科由于研究对象上的跨越性，致使其揭示的内容和规律往往是在涵盖两门或两门以上单一学科表述的理论构架和概念体系基础上形成的整合性内容。主体

---

① 巴姆.跨学科学：跨学科研究的科学[J].天津师大学报，1994(5)：36—40.

② 李喜先.论交叉科学[J].科学学研究，2001(1)：22—27.

能力上的组合性，是指从事交叉学科研究的科学主体并非单一学科的专家，而是通晓两门或两门以上学科的精专博学之才，抑或由若干专家形成的共同体，通过知识叠加和能力组合，使得科学主体群拥有探索科学交叉问题必备的能力和知识。

交叉学科是科学主体凭借概念移植、理论渗透和智能组合等途径而建构起来的一组跨越单一学科界限的学科群，包括一系列不同的类型。单元交叉型，是指自然科学、工程技术、社会科学或思维科学内部在对象、方法和内容上交叉而成的学科群。二元交叉型，是指自然科学、工程技术、社会科学和思维科学两两交叉而成的学科群。多元交叉型，是指自然科学、工程技术、社会科学和思维科学三者或四者相互交叉而成的学科群。交叉学科作为一种累积的知识传统，经历了一个新旧更替、自我扬弃、不断精进的历史过程，而这一过程又是交叉学科群体从单元交叉到二元交叉，再到多元交叉，渐次铺展与升华的过程。

心理学研究是关系到复杂对象的考察，因而需要的是跨学科的或多学科的研究组合。心理学必然要与相关的学科形成互动关系，包括交叉、聚合、合作。这种互动关系实际上也就是相互促进的关系。不仅是别的学科促进心理学的发展，而且心理学也促进别的学科的发展。不同学科之间的相互启发、相互补充、相互借鉴、相互支撑、相互促进，将会成为心理学思想、理论、方法和技术的重要创新源泉。

第五节　学科的交叉与跨界

学科的分化和整合导致大量交叉学科的出现。交叉学科是在交叉科学和科学交叉的基础上产生的。研究者对于交叉学科的理解存在着较大分歧。根据意义的相近特征，可将其归纳为三种不同的类型。

其一，交叉学科被认为是一种新学科，它属于新兴学科、边缘学科、横向学科、横断学科等。交叉学科具有明显的交叉性和边缘性，它是在某些传统学科的交叉部分和边缘部分重合的基础上产生和发展起来的，因此又可以称为边缘学科。交叉学科具有重要的综合性和横断性，它跨越了多个学科、多个领域和多个方向，并形成了综合学科、横断学科、新层学科和比较学科等类型。交叉学科具有容纳科学的饱和、溢出、扩展、兼并，它体现了科学的跨界、科学的重组、科学的相通和科学的借鉴。

其二，交叉学科被认为是一种学科群。交叉学科是覆盖众多学科的新兴学科群，包括边缘学科、横断学科、综合学科、比较学科、软学科和超学科等类型，是所有具有交叉特点的学科的总称。交叉学科是指由不同学科、领域或部门之间相互作用和彼此融合而形成的一类学科。交叉学科本质上是在自然科学、社会科学和人文科学之间宽阔的交叉地带出现的包括边缘学科、横断学科、综合学科在内的新生学科群落。

其三，交叉学科被认为是一种协作关系。它属于科学探索的学科联合和共同攻关，强调的是跨学科的科学实践活动。交叉学科是指突破一个专门学科的原有界限，研究内容或研究方法涉及两门或两门学科以上的学科领域和研究对象。交叉学科是对多学科相互交叉的规律、方法、趋势的总体研究。交叉学科不仅是一个理论的概念，也是一种实践的活动，是不断修正学科的概念、原理、界线和界面的组织活动。交叉学科是指具有不同学科背景的专家从事的联合的、协调的、一致的研究。

现代科学发展的特征可以概括为：精细分化、高度综合、纵横交叉、相互渗透。从微观方面看，科学的分类越来越细化；从宏观方面看，科学的综合越来越强化。从纵向角度看，各门学科的延伸越来越长，都在追溯自己的始祖，创立自己的历史，预测自己的前景，开拓学科的未来；从横向角度看，各门学科之间的相互结合越来越紧密，互相融合的范围在不断拓宽，并形成了三股强大的交叉潮流：自然科学内部的相互交叉潮流；社会科学内部的相互交叉潮流；自然科学与社会科学之间的相互交叉潮流。大量各种类型的交叉学科分支、交叉综合技术和交叉研究方法由此而产生。

从交叉活动的方式、结果和过程来看，发生在学科之间或者在学科之内，只涉及学科这一对象群的交叉活动，可称之为学科交叉。交叉学科则是对通过各种交叉途径而形成的学科的指称。交叉学科只是一种指称，而不是一个学科，它涉及四个对象群，即学科、技术、方法、问题。科学交叉是一种跨越科学—技术—生产三个部门，并引导其协同发展的科学研究活动。科学交叉属于历史的范畴。科学交叉的广义化发展，既表明了科学的纵向分化与综合的对立统一，也体现了科学的横向分化与综合的对立统一，两者纵横交错，成立体网状结构。因此，科学交叉是一种大交叉，包括内交叉、际交叉和外交叉。①

有研究对跨学科研究进行了探讨。研究指出，在20世纪中叶以后，跨学科研究已形成一个专门的学科，叫跨学科学。跨学科学倡导各学科间通力合作，为进一步提高科学体系的系统综合程度而积极进行理论探索和学科建设。跨学科学包括基础研究和应用研究，并在跨学科科研和跨学科教育两个方面很活跃。基础研究含跨学科原理、跨学科分类和跨学科研究方法，其中跨学科研究方法尤其值得重视，具有方法论意义。跨学科研究方法揭示不同学科间的相关性、相似性和统一性，拓展学科之间渗透、融会的具体途径，促进各学科研究方法的沟通、借鉴和社会科学研究方法与自然科学研究方法的联姻，从科学方法论上指导跨学科研究工作的开展。跨学科研究的进一步开展对科学整体化趋势的发展起着重要作用，将不断拓展甚至开发新的研究领域，引导、促进新兴学科特别是新兴交叉学科的孕育发展。②

有研究考察了心理和行为研究中的学科交叉。研究指出，现代心理学尤其关注心理行为及其神经机制的研究。心理学家也越来越多地运用计算机模拟技术、脑功能成像技术、遗传学和生物化学技术来研究心理行为，因为运用其他学科的技术和工具，可以为解决本学科的问题提供很大的帮助。自20世纪50年代以来，心理学研究经历了两次大的变革：一次是认知科学革命，是指将信息加工的概念引入心理学研究主流；另一次是认知神经科学革命，是指从20世纪80年代中期到现在，心理学把研究心理活动的神经基础作为自己的目标。这两次变革都是学科交叉带来的结果。③

心理学研究已经被引入多学科交叉和跨界的领域，因此心理学就必须开放自己的学科边界，并汇聚不同学科关于人的心理行为的研究内容、研究思路、研究方式、研究手段和研究工具。心理学不仅能够为别的学科提供重要的学术支持，而且可以从相关学科中获得各种学术资源。心理学已经成为学科的交叉与跨界的核心性学科或支撑性学科。

---

① 杨永福，等."交叉科学"与"科学交叉"特征探析[J].科学学研究，1997(4)：5—10.
② 张明根.交叉学科、跨学科研究及其启示[J].国际关系学院学报，1994(1)：24—32.
③ 曹河圻.心理和行为研究中的学科交叉[J].心理发展与教育，2003(4)：92—95.

第二章　心理学的分化与整合

心理学的分化与整合涉及心理学的多元与一体、分裂与统一等问题，对于心理学来说是十分重要的问题。心理学的分裂是伴随着心理学学科独立而体现出来的。心理学中分化出了思想基础、理论形态、研究方式、研究取向、研究方式、考察手段、应用途径和应用工具等有所区别或完全不同的探索。心理学的分化与心理学的分裂具有完全不同的含义。因此，在心理学追求一体化和统一性的进程中，一体与统一也就具有不同含义。心理学如何才能整合，怎样才能统一，是心理学发展面对的重大课题。

第一节　心理学的分化

心理学的分化体现在心理学的科学观、价值观、中心观和学科观等不同方面。心理学的科学观、价值观、中心观和学科观等，都是多样的、多重的或多元的。这种心理学研究中的分化或多元，也常常被看成是心理学存在和心理学研究的分裂。

一、科学观的多元

心理学确立的科学观经历了历史性的演变，在各种不同的科学研究框架中尝试过不同的道路。这可以看成是心理学在自己科学道路上的一种摸索或探索，也可以看成是心理学多样化的研究定位。心理学在对自己学科性质的界定中，在对自己发展历程的定位中，既持有和贯彻过自然科学的科学观，也持有和贯彻过社会科学的科学观，还持有和贯彻过人文科学的科学观。或者，关于自身学科属性的归属，心理学曾经把自己归属于自然科学，也曾经把自己归属于社会科学，还曾经把自己归属于人文科学。当然，曾经有很多的研究把心理学归属于跨越自然科学、社会科学和人文科学的中间学科，兼具自然科学、社会科学和人文科学的属性。心理学的科学观本身也具有文化的内涵，是特定文化的体现，是特定研究文化传统的延续。

心理学曾经贯彻过自然科学的科学观，把自己归为自然科学家族中的一员。物理学是最早从哲学中分离出来的科学学科。物理学为了在研究中剔除哲学的思辨，而把物理学的研究对象确定为物理现象。对物理现象的研究必须采用客观的、实证的、精确的研究方法或观察的、实验的、定量的研究方式。物理学在脱离哲学的思辨而成为实验科学之后，就有了突飞猛进的发展和日新月异的进步，成为科学研究的楷模。心理学在早期成为实验科学之时，就是以物理学为榜样的，甚至科学心理学在研究中不惜把人的心理行为还原为物理的事实和规律。

心理学也贯彻过社会科学的科学观，把自己归为社会科学家族中的一员。心理学与许多的社会科学门类都有着十分密切的关联。因此，在心理学庞大的分支学科群中，就有许多是与社会科学门类相结合的心理学分支学科，如经济心理学、政治心理学、社会心理学、司法心理学和商业心理学等。这些心理学的分支学科也都确立了心理学在社会科学中的性质和地位。这可以通过考察心理学与特定社会科学分支的关系来加以确定。

心理学也曾经把自己归为人文科学的一个门类，并因此而持有人文科学的科学观。心理学也与人文科学的众多分支，如人类学、语言学、文化学、文学、哲学等，有着千丝万缕的联系。心理学曾经跻身于这些人文科学的分支之中，人文科学的科学观也就渗透到心理学的研究中。

二、价值观的多元

当代心理学研究是否有价值的取向和定位，或者心理学是价值无涉的科学还是价值涉入的科学，这是心理学研究必须面对的一个重大问题。心理学作为一门科学的出现，受到传统自然科学的影响。因此，心理学力求在自己的研究中避免价值的涉入。无疑，这给心理学带来了巨大的进步，使心理学研究力求避免主观性和思辨性。但是，在涉及心理行为时，必然要有价值的涉入。价值无涉的立场限制了心理学的影响力，甚至限制了心理学研究的科学性。心理学如何和怎样才能成为价值涉入的科学，就是心理学发展中的一个至关重要的问题。所谓的价值无涉是指一种中立客观的立场。它要求研究者不能在研究中把自己的偏见、好恶、情感、主张等强加给研究对象。所谓的价值涉入是指一种价值的导向和引领。它强调研究者和研究对象的一体化，突出了人的意向性和主观性，注重了人的自主性和主动性。心理学研究要涉及人的价值取向，就要涉及人的意向问题。人的意向在科学心理学研究中得到回避。意向、意向性成为心理学研究中难以逾越的障碍。许多心理学家都选择了放弃。因此，怎样面对价值的问题，怎样解决价值的问题，是心理学未来发展的核心问题。

心理学成为独立科学门类之后，就力图以自然科学的研究规范来约束自己。自然科学面对的对象是自然事物。自然事物没有价值选择的目的，没有价值评判的限制，没有价值定位的自觉。但是，人与自然事物是完全不同的。人有自己的价值取向。因此，心理学研究无法回避人的价值问题，必须有价值的涉入和引导。在科学心理学的历史发展进程中，实证主义的心理学就否认和放弃价值的问题，而把科学心理学定义为价值无涉的科学。人本主义的心理学则力主心理学是价值涉入的科学，不应该回避价值的问题。科学心理学的发展必须面对价值问题，并通过对价值的研究来创造和引导人的现实生活。

心理学研究中的价值问题实际上体现在两个方面。一是关于人的价值取向、价值定位、价值观念、价值评判等心理的研究。这就涉及心理学是否能够通过自己的科学研究方式来揭示、解释人的价值心理。二是关于心理学研究的价值取向、价值定位、价值观念、价值评判等定位的研究。其实，这两个问题是直接相关的。涉及人的心理的价值问题，就要涉及学科研究的价值问题。在心理学的科学研究中，对客观性的追求显然消除了心理学研究的价值取向的问题，也就放弃了心理学对人的心理行为的价值取向的研究。心理学成为没有“价值”的学科，其根由就在于心理学的价值无涉、价值中立、价值回避和价值逃避。

心理学研究应该面对人的价值取向的问题，也应该面对学科的价值定位的问题。这就必须重新考虑和设定心理学研究。心理学研究应该超越主体与客体、主观和客观的分割，追求一体化的研究。

无论是心理学学科和心理学研究的价值取向，还是心理学对象和心理学内容的价值探讨，价值的问题都是心理学的重大问题。心理学研究是价值无涉的，还是价值涉入的？心理学研究对象有关价值取向，还是无关价值取向？这些都是心理学研究者必须关注的问题。

在心理学研究中，价值无涉的主张正在受到挑战。心理学研究是有价值取向的，这逐渐成为心理学研究的基本预设和前提。在此基础之上，心理学面对的问题是：心理学的价值取向是单一价值的取向，还是多元价值的取向？在文化多元、生活多元、取向多元、思想多元的时代，心理学研究的价值观的多元也就成为必然。

三、中心观的多元

在心理学研究中，存在着不同的理论原则。这些理论原则会成为心理学研究者依据的尺度或纲领，或者，在心理学的发展中，心理学有过以什么为中心或以什么为核心的研究定位。这支配了心理学研究者在心理学研究中的基本追求，也成为心理学研究者在学术性活动中的基本守则。心理学曾以不同的原则作为研究的核心依据，包括以探讨的问题为中心、以研究的方法为中心、以干预的技术为中心。这带给心理学研究的是完全不同的学术偏重，是根本不同的学科建树，是基础不同的学理发展。

1. 问题中心

在心理学的发展和演变过程中，有过问题中心主义占有支配地位的时期。在这样的时期，衡量心理学研究是否具有价值和意义的最根本的尺度，就是看心理学研究着眼的问题和解决的问题。心理学研究实际上就是为了发现和解决心理行为的问题。能够确定心理的问题，解决心理的问题，是心理学本身存在的价值。那么，相对于心理学要考察的问题来说，方法和技术都是附属性的，都是为解决问题服务的。

心理学研究以问题为中心和心理学研究的问题中心主义是有区别的。心理学研究以问题为中心指的是心理学研究的主要目的是针对问题的，是为了解决人的心理行为的问题，是从问题出发的。心理学研究中的问题中心主义则是指心理学研究以问题或以解决问题替代了方法的重要性，取消了方法的规范性，忽视了方法的科学性。心理学研究应该强调问题中心，反对问题中心主义。但是，心理学研究更应该警惕以反对问题中心主义来排斥问题中心。

心理学研究以问题为中心，说明了心理学研究最为重要的是发现、提出和确定最有意义、最有价值、最具重要性、最具合理性的问题。应该说，心理学研究能否做到这一点，既取决于心理学研究者的学术修养、理论素养和研究积累，也取决于心理学研究者的学术视野、学术鉴别力和学术定位。这是学术研究的起点和要义，也是学术研究的定向和核心。心理学研究提出好的问题会推动心理学持续顺利发展。因此，对于心理学研究者来说，提出理论假设的能力，进行理论建构的能力，就决定了研究者的学术命运和学术前途。

心理学家提出要研究的问题可以表现在两个关键点上。一个是发现人的心理行为的重要方面，从而带动对人的心理行为的一系列更全面和更深入的理解。一个是发现心理学知识体系和理论构成中的重大问题，从而提供新的理论设想、理论建构、理论概念。这两个方面的问题是心理学研究应该和必须关注的。心理学研究可以把人的心理行为作为研究的对象，也可以把心理学学科自身作为反思的对象。无论是关注哪一个方面，心理学研究都是为了解决问题而进行的考察。

美国人本主义心理学家马斯洛就在心理学研究中倡导问题中心的原则。有研究者在考察马斯洛的问题中心原则时指出，马斯洛的问题中心原则有两个含义。一是科学的目的是解决有价值的问题。科学不是为了形成"一套规则和程序"，而是为了解决"可以为之奉献精力的最关键和最紧迫的问题"。马斯洛本人就开列了学习、知觉、情绪、动机、智力、认识、思维、人格等一系列值得研究而为传统心理学所忽视的问题清单，认为心理学应以解决这些问题为目的。二是科学研究是问题决定方法。科学的目标或者科学的目的使方法显示出重要性和合理性。科学家必须关心和重视自己的研究方法，但前提是方法能够有助于达到自己合理的目的，即解决重要的问题。方法只是一种研究的工具，它是受研究的目的制约的，是为研究者所操纵的。方法要适合问题，为问题服务，而不是相反。研究方法再完善，如果不能解决有价值的问题也是无用的。①

尽管问题中心不是西方心理学中的主导力量，但它一直是西方心理学中一股矫正的力量。它给予心理学研究的是一种人生的关切、生活的关切、向善的关切。

2. 方法中心

在心理学研究中，问题中心与方法中心是相互对立和彼此对应的。有的研究者主张心理学研究应该以方法为中心，有的研究者则主张心理学研究应该以问题为中心。这成为心理学发展中延续了很长时间的学术论争。心理学研究中的问题中心和方法中心，有着不同的研究原则、研究主张、研究重心、研究内容、研究结果。

马斯洛曾经考察了科学研究中的问题中心与方法中心。在他看来，方法中心认为科学的本质在于仪器、技术、程序、设备和方法，而非疑难、问题框架、思想和目的。持方法中心论的科学家往往不由自主地使自己的问题适合自己的方法。方法中心论的另一个强烈倾向是将科学分成等级。马斯洛认为，这种划分科学等级的做法对科学和研究都是非常有害的。因为，在这个等级中，物理学被认为比生物学更“科学”，生物学比心理学更“科学”，心理学则又比社会学更“科学”。只有依据方法和技术的完美、成功和精确，才有可能设想这样的一个等级序列。方法中心论往往过于刻板地划分科学的各个部门，并在不同的科学部门之间筑起高墙，使这些部门分属彼此分离的疆域。科学中的方法中心论在科学家与其他寻求真理的人之间，在理解问题与寻求真理的各种方法之间制造了巨大的分裂。方法中心通常不可避免地产生一种科学上的正统，这就会制造出科学上的异端。②

所谓的方法中心是指在心理学研究中，能够起决定作用，能够引导研究的是方法。心理学研究是不是科学的，要看是否采用了科学的方法。方法的性质决定了心理学研究的性质。所谓的问题中心是指在心理学研究中，能够起决定作用的、能够引导研究的是问题。问题的确定和解决决定了心理学研究的性质。心理学研究是不是科学的，要看提出问题和解决问题的

① 刘学兰. 论马斯洛的问题中心原则[J]. 心理学探新，1992(4)：8—10.

② 马斯洛. 科学中的问题中心与方法中心[M]//动机与人格. 许金声，等，译. 北京：华夏出版社，1987：14—22.

科学性。

在科学心理学诞生和发展的过程中，就曾经有过方法中心主义占有支配地位的时期。例如，在科学心理学发展史的研究中，就有这样的主张和观点。通常认为，德国心理学家冯特在莱比锡大学建立了世界上第一个心理学实验室，这是科学心理学诞生的标志。心理学运用了实验的方法，使心理学摆脱了哲学的思辨，成为现代意义上的科学。那么，在心理学研究中，是否运用了科学的方法，就成为心理学研究是否科学的根本标准。

心理学研究以方法为中心和方法中心主义也是有所区别的。以方法为中心是强调心理学研究应该把方法的合理性、方法的科学性、方法的适用性放在重要的位置上，保证心理学研究可以通过科学的方法来有效地揭示和解释人的心理行为。方法中心主义则是在心理学研究中把方法放在决定性的位置上，以方法的合理性和科学性来评判研究的合理性和科学性。在方法中心主义的心理学研究中，研究的中心和重心就放置在方法的规范化和精致化上，而忽视了问题的重要性和合理性，忽视了理论建构的核心性和创造性。

有研究对心理学中的方法决定论或方法中心主义进行过否定和批评，认为西方心理学在借用自然科学的研究方法时，并没有认识到研究对象上的区别，而盲目地相信方法万能。方法决定论或方法中心论对心理学研究的损害在于如下几个方面。一是人类与动物不分，把人类与动物放在了同样的地位上，忽视或漠视人类与动物的心理行为的根本区别。二是心理与生理不分，混淆了心理学与生理学的界线。三是整体与部分脱节。心理学研究为追求所谓的“客观”和“精确”，把人的心理行为分割为互不相干的碎片，或者是对人的心理行为进行人为阉割，如将意识排除在心理学的研究对象之外。该研究指出，解决心理学弊端的重要方面就是抛弃方法决定论，从方法决定论转向对象决定论。①

心理学在追求科学化的历程中，把科学方法的运用视为保证心理学研究科学性的基础条件。这的确为心理学的科学化进程带来了根本性的改

---

① 郭斯萍. 从方法决定论到对象决定论——试论 21 世纪心理学的发展方向[M]//杨鑫辉. 心理学探新论丛. 南京：南京师范大学出版社，2000：132—133.

变。但是，方法，尤其是科学方法，在占有了根本性的、决定性的地位之后，却忽视并排斥了心理学要研究的问题的重要性和关键性，这也给心理学研究带来了一系列的弊端。

3. 技术中心

关于现代科学心理学的不同研究类别及其不同顺序，可以有不同的设想和设计，这决定了心理学研究的定位和发展。在科学心理学研究中，原有的关于研究顺序的理解和认识曾经给心理学带来了影响和促进，但也一直给心理学带来了不利和阻碍。所以，重要的是了解原有的研究顺序，并且给出应有的研究顺序。

在心理学的研究和演变中，心理学的理论研究、方法研究和技术研究的顺序，曾经有过不同的变化。首先是理论、方法、技术的顺序。在这个顺序中，理论占有首要或支配的地位。理论的范式、理论的框架、理论的假设、理论的主张、理论的观点等成为心理学研究的核心部分。其次是方法、理论、技术的顺序。在这个顺序中，方法占有首要或支配的地位。方法的性质、方法的构成、方法的设计、方法的运用、方法的评判等成为心理学研究的支配部分。在这样两个不同甚至对立的心理学研究类别顺序中，技术都处于最末的位置。显然，技术被认为具有附属的性质和从属的地位。这在心理学的当代发展中，是应该被颠覆的。

心理学研究应有的顺序是技术、理论和方法。这是技术优先的思考。所谓的技术优先或心理学研究的技术优先，指的是重视心理学研究中的价值定位、需求拉动、问题中心、效益为本。价值定位是指在心理学研究中，研究者和研究者的研究都应该拥有非常明确的价值取向。原有的实证主义心理学研究是主张价值中立或价值无涉的，研究者必须在研究中持有客观的立场。但是，技术中心的心理学研究则必然要有价值的取向。需求拉动是指心理学研究是人的现实生活的需要拉动的。越是发达的社会，越是高质量的生活，就越是重视人的心理生活，就越是重视人的心理生活的质量。满足人的需求，满足人的心理需求，是心理学研究的根本目的。问题中心是指心理学研究必须以确定问题、研究问题、解决问题作为自己的核心。效益为本则是指心理学研究也必须考虑自己的投入和产出，即怎么样以最少的投入获得最大的收益。在技术、理论、方法的顺序中，技术是由理论支撑的，理论是由方法支撑的。因此，所谓的技术优先也并不是脱离了理论和方法的单纯的技术研究。

那么，心理学关于研究对象的理解或者定位，就应该有一个根本的转变。这就是从以心理现象作为心理学的研究对象，转向以心理生活作为心理学的研究对象。所谓的心理现象是已成的存在，所谓的心理生活则是生成的存在。人的心理生活是创造性生成的过程，是人建构出来的结果。关于心理现象的研究是建立于心理学研究中研究对象与研究者绝对分离的基础上的，研究者通过自己感官观察得到的就是心理现象。关于心理生活的研究则是建立于心理学研究中研究对象与研究者相对统一的基础上的，研究者就是生活者。生活者通过自己的心灵自觉来把握、体验和创造自己的内心生活。① 对于心理生活来说，最重要的就是生活规划、规划实施和实施评估。人的心理生活是以创造为前提的，或者说人的心理生活是人自主创造出来的。

其实，人的心理不是自然天生的，不是遗传决定的，也不是固定不变的；人的心理是后天形成的，是创造出来的，也是生成变化的。把人的心理看成是已成的存在与看成是生成的存在，这有着根本的不同。心理学研究不应该着重于已成的存在，而应该着重于生成的存在。或者说，人的心理意识不仅是已成的存在，而且更重要的是生成的存在。心理学研究不应该仅仅着重于已经存在的心理意识，而更应该着重于创造生成的心理意识。心理科学通过生成或创造心理生活来揭示和阐释心理生活。心理科学促使生成的、创造出来的心理生活，才会是合理的、优质的心理生活。

4. 话语中心

也有研究从话语分析的角度去考察现代心理学的存在状态和研究立场。对话的方式，被视为心理学研究中应该采纳的方式，对话的方法论也就被认为是心理学研究中应该具有的方法论。

有研究对话语心理学的发生和视域进行了考察。研究指出，话语心理学作为心理学研究的一个新路向，于 20 世纪 80 年代中后期开始见诸学术文

① 葛鲁嘉. 心理生活论纲——关于心理学研究对象的另类考察[J]. 陕西师范大学学报（哲学社会科学版），2005(2)：112—117.

献。在过去的十多年间，话语心理学已日益引起具有人文取向的心理学家的关注。在某些心理学家那里，这甚至已被当成取代主流心理学范式的一种新范式。目前，这一取向的研究及理论概括基本上是围绕着对传统的科学心理学的批判而展开的。

心理学在行为主义的庇护下度过了半个多世纪。在严格的机械主义科学传统中，人的存在、心理行为都被视作具有机械性质的、线性的存在。这一观念带来的直接后果是心的自然化。在认知革命带来的新范式中，人是显性或隐性认知过程的观望者的观点，被完整地保存了下来。认知心理学的一个基本假设是，存在一个中枢加工机制替人进行思维。自然界的万物具有客观性，受因果律支配。然而，社会性世界中人的行为则具有广泛的主观性，受意向支配。如果说因果性产生了物理性世界，人则通过符号体系的运用建构了社会性世界。如果说自然的环境世界——直接置身其中的他者世界——由处在时空中的事物组成，社会的环境世界则由存在于人和会话中的言语行为组成。因此，对社会性及心理性世界的体验只有通过言谈才能达到。

话语心理学被认为是一门体现了话语转向的"新"认知心理学。相对于"传统的"主流心理学，话语心理学有其独特的原则。一是许多心理现象被解释成话语的特性。话语可以是公共的，也可以是私人的。公共话语是行动，私人话语则是思想。二是对符号体系的个体的及私人的运用构成了思维。这一运用来自人际话语过程。这个过程正是人文环境的主要特征。三是心理现象（如情感、决定、态度、人格等）的产生，在话语中都有赖于行动者的技能，有赖于他们在共同体中相关的道德立场以及展开的故事线索。这些原则的内在意义表明，话语现象并不是隐匿的主体性心理现象的显现。话语现象就是心理现象。话语背后并不存在心之活动的影子世界。人们不过是在人际话语过程中，将私人话语转变为公共话语，也就是将思想转变成行动而已。①

有研究探讨了心理学的三种话语形态。传统的科学心理学是"我"的心

① 邵迎生．话语心理学的发生及基本视域[J]．南京大学学报（哲学・人文科学・社会科学），2000(5)：109—115.

理学，是心理学的第一种话语形态。传统的常识心理学是“你”的心理学，是心理学的第二种话语形态。“我与你”的心理学则是心理学的第三种话语形态。

“我”的心理学是近代科学主义的产物，是一种科学主义的话语形态。“我”的心理学实质上是心理学专家的心理学，服从科学理性的法则，最终陷入科学话语的独白之中。普通民众的心理学在对象化的研究中被指称为“你”的心理学。在心理学专家看来，“你”的心理学缺乏对普遍性的理解以及对未来生活的预测和控制，是常识性的存在，因而是不可靠的。无论是“我”的心理学，还是“你”的心理学，都是处于话语的独白状态，二者是割裂的。“我”的心理学极度渲染了心理学的合理性，而“你”的心理学则执著于心理学的合情性。两种话语的分裂导致心理学发展的困境：一方面，“我”的心理学沉迷于研究的程序性与逻辑性，不关注日常生活的真实样态；另一方面，“你”的心理学埋头于日常生活经验的网络之中，运用常识解决各种问题，凸显了现实性与合情性，却抛弃了对心理生活的反思，带有盲目性。

在话语形态上，应当将“我的”与“你的”心理学转换成“我与你的”心理学。在“我与你”之间进行对话，打破独白的话语形态。“我与你”的心理学打破了传统的话语独白形态，追求一种对话与交往。“我与你”的交往关系是一种相互理解的范式。双方进入了人与人之间的关系，从而打破了研究中“人—物”的关系。从“我”的心理学和“你”的心理学两种独白的话语形态到“我与你”的心理学的话语形态的转换，意味着心理学研究应该寻求现实性与真实性。①

按照周宁等的理解，在心理学研究中存在三种话语形态：理论话语、实证话语和常识话语。长期以来，心理学的中心话语是实证话语和理论话语，常识话语被严重边缘化。心理学的理论话语和实证话语都是建立在自然科学的客观主义基础上的，忽略了心理生活的常识性。所有的科学研究和理论探索都来源于问题，这些问题首先来自人们的日常心理生活，来源于人们的常识。常识话语构成了人类心理生活的真实一面。要解释人类心理生

① 周宁.“我与你”的心理学——心理学的三种话语形态[J]. 南京师大学报（社会科学版），2004(4)：81—85.

活，要解决现实心理生活问题，心理学还必须具备常识话语。

常识话语具有三个原则。一是“日常性质”原则。常识话语的心理学抛弃了对心理行为的形式化解释，避免用抽象的原则来替代现实的关系。理解不是解释或说明，而是关注事实本身，即事实在具体情景中的意义。人们最先接触的是生活世界，生活世界的意义是一切科学认识的基础与前提。二是“价值多元”原则。常识心理学的内涵实质是文化意义，是从文化多元论的视角来审视心理学研究，要求打破价值中立的原则，主张研究的文化性，从文化的视野探究心理生活的奥秘。三是“问题中心”原则。常识话语的心理学在常识水平上抛弃了“方法中心”原则，一切研究应该围绕问题展开。

当代心理学不应该局限在单一的话语之中，而应当走整合的道路，将多种话语形态有机地融合起来。不仅关注理论话语和实证话语，还应该更多地关注日常问题，关注心理学的常识话语形态，赋予心理生活现实意义，避免心理学研究脱离人们的生活世界。心理学来源于常识，心理科学是常识的延续。①

有研究通过话语分析，探讨了心理学研究的对话。话语分析最初引入心理学时被当作一种与传统的研究方法并列的方法论，随着与心理学对话的深入展开，作为一种高于一般方法的研究立场，其优势开始慢慢地彰显，表现在无论从研究方法上还是研究领域上，话语分析都对心理学的发展产生了积极作用。

话语分析是对主流心理学理论和方法的补充。首先，话语分析强调对话性、互动性和建构性。其次，话语分析强调研究过程而不仅仅是结果。最后，话语分析强调对文本的研究。现代心理学研究对象是“客观心理的本质”。然而，在话语分析者眼中，绝对的本质如同绝对的真理一样是不存在的。心理学研究应该将目光集中在具有意义的文本上，通过对文本的分析，来探寻文本的发出者与文本之间的互动，以及不同话语之间的冲突、分歧、权力分配等问题。

话语分析加速了“独白的”心理学向“对话的”心理学的过渡。“独白的”

① 周宁，葛鲁嘉. 常识话语形态的心理学[J]. 辽宁师范大学学报(社会科学版)，2004(1)：49—51.

心理学与“对话的”心理学是话语分析特色鲜明地与心理学进行对话与互动的过程中产生出来的一个研究立场。话语分析的核心假设之一是话语的建构性，这是对话心理学理论的主要支撑。

话语分析推动了心理学本土化的进程。话语分析强调情景、对话、互动、建构等特性，对于心理学的本土化发展有着指导意义。运用话语分析可以使本土的文化、思想与早年引入的西方心理学研究体系进行更为有效的对话。心理学在本土化的过程中可以通过话语分析来厘清中西方心理文化的复杂关系，通过重塑中国主体性的话语来保持中西文化的平衡，保证中国心理学与国际主流心理学的平等对话。①

心理学研究，以及心理学关于人的心理行为的探讨，都有独特的话语方式。原本心理学研究也许并没有关注到话语方式在心理学研究中的存在和作用，但是在当代心理学的演进中，分析心理学的话语方式就成为揭示和解释心理学研究的重要方面。

5. 创造中心

应该说，心理学以什么作为自己的中心原则，或者以什么作为自己的立身之本，理论、方法、技术都曾经是重要的选项。但是，单一的或片面的选择总是在给心理学研究带来巨大改变和进步的同时，也给心理学研究带来许多不利的影响和阴影。那么，心理学在调整自己研究的中心原则时，就应该考虑到怎样超越原有的道路或思路。

无论是人的心理生活，还是总的心理科学，最核心的或最根本的性质就是其创造性或创新性。人的心理生活是创造出来的，是创造性生成的。总的心理科学也同样是创造出来的，是创造性生成的。这种双重的创造性，就是心理科学的使命，也是心理学家的使命。那么，心理学研究就不仅仅在于揭示和说明人的心理生活，而且也在于创生和创造人的心理生活。心理学的反思就不仅仅在于考察和解释心理学学科，而且也在于创新和创生心理学学科。心理生活的创造、心理科学的创造，就是心理学家的核心任务。

正因为人的心理生活是文化的存在，具有文化的性质，心理生活的创造

① 薛灿灿，叶浩生. 话语分析与心理学研究的对话探析[J]. 心理学探新，2011(4)：303—307.

就是文化的创造历程和创造结果。正因为总的心理科学也是文化的存在，具有文化的性质，心理科学的创造也就是文化的创造历程和创造结果。这就是文化心理的创造过程和心理文化的创造过程。人通过自己的创造性活动，创造了自己的文化，形成了自己的文化传统。这也就是人创造了自己，人创造了自己的心理生活，人创造了属于自己的心理科学。

心理学在自身的发展历程中，以理论为中心带给心理学的是理论的繁荣，以方法为中心带给心理学的是方法的精致，以技术为中心带给心理学的则是技术的进步。但是问题在于，怎样才能够超越理论中心、方法中心、技术中心。超越理论中心原则，超越方法中心原则，超越技术中心原则，最重要的就在于能够确立起创造中心原则。只有把创造看成是人的心理生活的根本，把创造看成是总的心理科学的根本，才可以把心理科学引入当代最合理、最正当、最根本、最明确的轨道。

中国心理学的科学化和本土化，都必须走创新之路。因此，创造和创新应该成为心理学发展或中国心理学发展的核心原则和核心理念。心理生活的创造和心理科学的创造，是中国本土的心理学研究脱离模仿、摆脱跟随、走向现实、走向未来的根本道路。

心理学的创造包括关于对象的创造和关于学科的创造两个方面。这也就决定了心理学研究不仅仅是关于心理现象的描述和说明，心理学的推进不仅仅涉及心理学科的复制和抄袭。心理学家应该追寻的是突破和创新。改变和创造人的心理行为或心理生活，改变和创新总的心理科学或学科门类。当然，心理学有自己的理论、方法和技术，理论、方法和技术的创新，应该成为心理学的学科追求。

任何创造或创新都需要深厚的基础，心理学的创造或创新也是如此。任何缺乏深厚基础的创造或创新，都只能是空虚的杜撰和空洞的幻想。可以说，心理学的发展或科学心理学的发展已经走到了这样一步——心理学已经在自身的发展进程中，奠定、累积和确立了文化的基础、社会的基础、思想的基础、理论的基础、知识的基础、方法的基础、工具的基础、学术的基础、研究的基础，等等。把创新确立为心理学研究和心理学发展的核心价值、核心任务、核心追求，这应该是心理学研究者的根本关注，也是心理学研究者的职业素养。

四、学科观的多元

所谓心理学的学科观就是心理学确定的自身的学科性质。学科的性质和门类包括了自然科学、社会科学、人文科学和中间科学。那么，心理学的学科性质是自然科学、社会科学、人文科学，还是中间科学。在心理学的发展中，存在着对心理学的学科性质的不同认定。但是，将心理学归于任何一个学科门类，都不能完全涵盖心理学的研究。因此，心理学的学科属性是多元的，这是由心理学多元的学科观决定的。心理学对于自己的学科性质的定位包括了自然科学、社会科学、人文科学和中间科学。这在心理学的学科建设中都得到过实际的、特定的贯彻和执行。

1. 自然科学的学科定位

西方心理学在早期的学科建设之中，是按照自然科学的性质和特征来定位和界定自身的。因此，心理学将自己归属到自然科学的家族之中。在心理学成为独立的学科门类之时，物理学是当时最先发展起来的自然科学门类。因此，物理学就成为心理学将自己建设成为实验科学时的榜样。心理学为了使自己如物理学一样客观和精密，甚至通过还原主义的方式，将人的心理行为还原为物理的事实和规律。

物理学作为自然科学的研究典范，成为早期的心理学家特别是行为主义心理学家所效仿的科学榜样。[①] 但是，心理学对物理学的全面追随和模仿，就连物理学家都觉得无法理解和难以接受。20 世纪中期，美国物理学家奥本海默就曾应邀在美国心理学年会上发表演说。演讲的全文发表在《美国心理学家》杂志上。奥本海默反对将一门学科的概念和方法运用到另一门学科中，比如用机械论解释心理现象。他认为心理学家追随的是一种过时的物理学，就连在物理学中已经过时的理论，都被心理学家视为科学的典范。这其实是对当时在美国甚至世界盛行的行为主义心理学的批评。奥本海默对格式塔心理学的研究借用现代物理学的“场”的概念也非常反感，认为物理学家和心理学家都用同一个“场”字是非常不合适的，并反对将物理学中的概念和方法应用到心理学中。[②]

---

① 郭永玉. 论物理学作为心理学的榜样[J]. 教育研究与实验，2002(4)：41—43.
② Oppenheimer, R. Analogy in Science. *American Psychologist*, 1956(11): 127 - 135.

但是，也有研究认为，心理学应该以现代物理学的世界观和方法论为基础，起码应该关注和重视现代物理学对心理学的意义。心理学家可以从现代物理学中得到方法论的启示。超个人心理学就试图从现代物理学中寻求这种方法论的支持。其实，从传统的物理学到现代的物理学已经发生了重大变革。心理学立足和借鉴传统的物理学，这已经远远落在了物理学发展的后面。当代物理学已经颠覆了传统的客观性原则、决定论原则和统一性原则。在原则上，试图单靠可观察和可定量来建立理论，是完全错误的。在对微观客体的研究中，纯粹客观的研究是不可能的，因为观察的方式会影响到观测的结果。决定论原则也不适合微观的高速运动的物质世界，物质运动的可预测性是有限的，原子通常没有固定的轨迹，许多现象都只能借助统计学的概念。传统因果决定论的适用范围是有限的，而在量子力学中已经不再适用。心理学贯彻传统的决定论就存在严重的问题。这为心理学探索人的精神活动和自由意志等心理行为提供了启示，提出了挑战，开辟了道路。在现代物理学中，世界不再是一台巨大的机器，而是紧密相关的有机整体。现代物理学从根本上动摇了自笛卡尔和牛顿以来占统治地位的世界观和方法论，现代物理学与东方宗教哲学在宇宙观上有着惊人的相似性。因此，这也就全面改变了心理学与物理学之间的关系。心理学家可以学习物理学，但不可以效仿物理学，更不能“将心理学变成物理学”。①

化学与心理学也有着十分重要的关系。无论是在学科诞生之初，还是在当代发展中，心理学都与化学不可分割。化学曾经为科学心理学早期的发展提供了思想和理论建构的描述方法。化学的当代发展也为心理学解释人脑的心理意识提供了神经生物学和生物化学的知识和方法。这在许多层面上，极大地推动了心理学研究进步和研究扩展。化学对科学心理学的影响，首先在于化学提供了元素分析的、分解化合的、物质合成的研究内容和研究方式。这在科学心理学诞生初期，曾经极大地激发了科学心理学家的想象力和创造力。所以，最早出现的心理学派别就是元素主义的心理学。这种心理学研究就是寻找和确定最基本的心理元素，以及考察这些心理元素分解和聚合的基本规律。化学对科学心理学的影响，其次是在于化学对

---

① 郭永玉. 论物理学作为心理学的榜样[J]. 教育研究与实验，2002(4)：41—43.

影响人的心理行为和成为心理行为基础的神经传导化学递质的研究。这在非常精细的层次上，揭示了人的心理行为的实现基础和基本机制，提供了对人的心理行为的科学解说。

目前，认知神经科学已经成为一门重要的跨学科研究分支，而且得到快速发展。认知神经科学的研究在于揭示心理活动的脑基础和脑机制。或者说，认知神经科学的任务就在于阐释心理与大脑的关系。认知神经科学是认知科学与神经科学相结合的产物，建立在认知心理学和神经科学的基础之上，具有跨学科和学科交叉的特性。认知神经科学具有许多的研究分支，其中包括认知神经生物学的研究。认知神经生物学的研究层次是在分子水平、细胞水平、脑区水平，研究对象包括从低等动物到哺乳动物，研究方法包括生物化学测量和生物物理研究。①

应该说，对心理学研究影响最大的化学学科分支是生物化学。生物化学对其他各门生物学科的深刻影响首先反映在与其关系比较密切的细胞学、遗传学、生理学、微生物学等领域。通过对生物高分子的结构与功能进行的深入研究，揭示了生物体的遗传基因、物质代谢、能量转换、光合作用、神经传导、肌肉收缩、激素作用、机体免疫和细胞间通信等许多奥秘，使人们对生命本质的认识跃进到一个崭新的阶段。“生物化学”这一名词的出现，大约是在 19 世纪末 20 世纪初，但其起源可以追溯得更远。生物化学早期的历史是生理学和化学的早期历史的一部分。

对心理学的发展和研究产生最重要影响的是生物学。心理学也曾经将自己归属于生物科学。显然，生物学及其一系列重要的分支学科，如遗传学、生理学、脑科学、神经科学等，都为深入探讨和全面揭示人的心理行为提供了生物学的基础。在科学心理学的发展历程中，生物科学扮演了十分重要的角色。生物进化论从诞生之初，就对科学心理学的进步产生了决定性作用。其中，遗传学关于遗传基因的研究揭示了人的心理行为的遗传基础，神经生理学关于神经系统的研究揭示了人的心理行为的生理基础。脑科学则是目前发展最快的大科学，提供了关于人的心理行为的大脑机制。历史上，生物学和生理学的研究曾经一度支配、替代，甚至成为心理学

① 郭本禹. 当代心理学的新进展[M]. 济南：山东教育出版社，2003：359—382.

研究。

2. 社会科学的学科定位

心理学也曾经把自己归为社会科学家族的一员，并因此而持有社会科学的科学观。心理学与许多社会科学门类都有着十分密切的关系。经济学是非常强盛的、举足轻重的社会科学门类。近年来，经济学与心理学的学科汇合已经成为经济学学科的重大发展契机，也必然会成为心理学学科的重大发展契机。经济学对心理学的贡献在第五章第一节有详述。

社会学是非常重要的社会科学门类。社会心理学是社会学中涉及人的社会心理行为、群体心理行为、人际心理行为等的分支学科，提供了一系列的关于人的群体心理和社会心理的描述和解说。这包括了社会生活环境中的个体化心理，小群体心理和大群体心理，文化心理与行为、文化人格与自我等方面的研究。社会学中的社会心理学是从社会学的视角，以社会学的方式，对人的社会心理行为的研究。

心理学按照社会学的方式探讨和解说人的社会心理，涉及的是社会互动、社会关系、社会角色、社会群体、社会大众等内容。这显然就要按照社会科学的性质和轨道来发展心理科学。社会互动所决定的是社会整体的心理行为，是社会关系的心理表达，是社会角色的心理规范，是社会组织的心理结构，是社会大众的心理模式。因此，这种心理学的探索就应该是在社会科学的方式之下，并且与社会科学构成一个系统，不仅接受社会科学的研究引导，而且为其他的社会科学门类提供依据和借鉴。

3. 人文科学的学科定位

有研究探讨了什么是人文科学，指出人文科学与自然科学、社会科学的区别在于对人的研究有各自的内涵。自然科学探讨的是人的自然生命及人与自然的联系，社会科学探讨的是人的社会生命及人与社会的联系，而人文科学探讨的是人的文化生命及人与文化的联系。人文科学的基本任务是探讨人的本质，建立价值体系，塑造精神家园。人文科学的构成要素包括人文学者、人文精神、人文方法和人文著述。

对于人文科学与自然科学、社会科学的区分，以往的研究者多从各自的研究对象入手，通过研究对象的不同来划分它们的界线。但是，近百年来的科学发展，使得这些学科的研究对象逐渐趋于模糊，这一思路在今天已难以继续沿用了。有研究认为，可以从考察人文科学与自然科学、社会科学在研究对象上的联系入手，来对这三者进行区分。从研究对象上来看，不论是人文科学、社会科学，还是自然科学，都有一个共同点——它们都研究人。对于人的研究，构成了这三者在研究对象上的联系。这种联系，一方面模糊了三者之间研究对象的区别，而另一方面又为三者之间的划界找到了新的入手处。

对于人的生命存在与生命活动的研究，可以从不同领域、不同视角、不同目的出发，由此而产生了不同的学科。可以把人的自然生命与人的文化生命加以区分，把人与自然的联系与人与社会的联系加以区分。对人的自然生命、对人与自然的联系的研究，就形成了自然科学（作为自然科学的应用化的结果，又有了技术科学）；而对人的文化生命、对人与社会的联系的研究，则形成了人文科学和社会科学。

人文科学与社会科学的区别在于，对人的文化生命的研究同对人与社会的联系的研究是不相同的。前者探讨的是人的生命存在和生命活动的本身，即人的本质；而后者探讨的则是人的生命活动在人与社会联系中不同方面的表现，即人的行为。对于前者的探讨，形成了人文科学；对于后者的探讨，形成了社会科学。

人的文化生命的存在与活动，具有不同的方式，如语言、诗歌、艺术、历史，对它们的分别研究，就形成了语言学、文学、文艺学、历史学。而对人的文化生命存在的本身进行反思，则是哲学的任务，这就构成了人文科学的各分支学科。①

人文科学由于自己独特的研究关注、研究方式、考察视角和考察结果，形成了不同于自然科学、社会科学而相对独立的研究视野和考察方法。心理学研究中，也贯彻过人文科学的科学观。心理学也与人文科学的众多分支（如，人类学、语言学、文化学、文学、哲学等）有着十分密切的关联，人文科学的科学观也渗透到心理学研究之中。

人类学是人文科学的重要学科分支。人类学与文化学的跨界研究构成了文化人类学。文化人类学为心理学的研究提供了重要的学术资源。心理

① 李维武. 什么是人文科学[J]. 武汉大学学报（哲学社会科学版），1999(4)：49—54.

学与文化人类学之间的互动形成了两个新的学科，一个是民族心理学，一个是心理人类学。民族心理学侧重于采用文化人类学的观点研究心理学，心理人类学则侧重于采用心理学的观点研究文化人类学。

无论是民族心理学还是心理人类学，都是在人文科学的范围中，按照人文科学的约束进行的探索和研究，注重的是民族文化、民族传统和民族心理之间的关系的探讨，是种族心理、国民心理、文化性格之间关联的探索。这不仅涉及少数民族的心理行为的考察，而且涉及不同国度的国民性的探索。这种心理学的研究广泛吸纳了民族学和文化学的学科构成，包括基本的研究内容和研究方式。这也是心理学研究跨界到民族学和文化学的探索，并且使得心理学具备了人文科学的基本性质和重要属性。这也导致心理学更为重视民族传统和民族文化对心理行为的影响。正是由于心理学的介入，也使得民族学和文化学的探索开始摆脱早期主要研究远离现代文明的、人口较少的原始族群，扩展到当代不同文明程度的、人口众多的民族。

随着文化人类学界对民族心理研究的不断深入，一些文化人类学家已经不满足于把自己的研究限制在文化与人格的范围之内，他们希望通过改变学科名称来达到扩大研究范围的目的。在 20 世纪 70 年代，美国人类学家许烺光就建议将人类学中有关“文化与人格”的研究改称为“心理人类学”。美国人类学界采纳了这一建议。1973 年，在美国芝加哥举行的第九届国际人类学民族学大会上，正式确立了“心理人类学”这一学科名称。心理人类学独立以后，研究者把心理人类学定义为研究文化与心理、文化与行为关系的科学，认为心理人类学不仅继续研究文化与人格这一传统的课题，而且研究文化与认知、文化与情感、文化与意志、文化与态度、文化与行为、文化与心理发展、文化与精神异常等一系列全新的课题。

人文科学的学科定位使得心理学关注人的本性、人的生活、人的历史、人的创造、人的成长。心理学的研究方式也开始摆脱完全的自然科学的支配性影响。这也就使得心理学更靠近人的科学、人的生活、人的存在。其实，不仅是心理学的研究对象更为注重人的本性和本心，而且心理学的研究方式也更加重视文化存在和文化品性。有学者在关于心理学学科的考察中，就注重的是心理学的文化品性。这实际上是通过文化来解读心理学的基本性质和心理学研究的基本属性，是学科之间的一种互动。[①] 通过文化去解读心理学的存在、发展和探索，也被称为心理学的文化品性。这与心理学的文化思潮和文化转向，都有着非常密切的关联。这关系到心理学研究的发展，心理学探索的丰富，心理学考察的转向，心理学思路的扩展，心理学分支的分化。[②] 这决定了心理学更为宽广的视域和领域，也决定了心理学更为丰满的存在和作用。

当然，心理学的人文科学学科定位与心理学的自然科学学科定位和社会科学学科定位并不是相互矛盾、相互排斥的，而是相互支撑、相互补充的。尽管心理学有着属于自己独特的学科定位，但是这并没有封闭心理学多元定向的门户。这也就促进了心理学更为人性化的探索，更为人本化的阐释，更为人情化的应用。

第二节　心理学的分支

心理学在自身的发展过程中，形成了大量的分支学科。这实际上是与社会生活和人类心理的存在相匹配的。在人的所有社会活动领域，在人的所有心理行为表达等不同方面，都存在与之相应的心理学分支学科。当然，大量分支学科的存在也给心理学研究带来了问题，即心理学的分化与整合的问题。

一、心理学研究的分支

有研究在探讨当代心理学的分裂与学科的多元化整合时，对于心理学的学科分支的分化，采用了心理学分支领域的“恶性分化”的说法。研究指出，心理学的发展造就了众多分支领域，这些分支领域与其他学科的分支领域交叉结合，促进了更多的分支领域和学科前沿的出现。这一现象本来是科学进步的标志。但是，心理学的学科分化却面临着严重的问题。其一是

① 韩忠太，张秀芬. 学科互动：心理学与文化人类学[J]. 云南社会科学，2002(3)：60—65.

② 孟维杰. 心理学文化品性分析：心理学性质重新解读[J]. 山东师范大学学报(人文社会科学版)，2007(1)：119—123.

这些分支领域开始脱离心理学的主干。许多研究领域在自己的名称中抛弃了“心理学”这个名词，例如发展科学、认知科学、神经科学。有许多领域则正在运用心理学的原理建立新的分支，如行为经济学等。这将导致心理学本身在这种分化中趋于消逝。其二是各分支领域狭隘偏执、各自分离，形成了一个个绝缘的知识孤岛。在这样的学科氛围中，产生的知识越多，学科越是破碎。其三是这些分支不是一种互尊互助、协作共赢的关系，而是相互诋毁和指责。在心理学的各个领域中，都可以观察到隔阂甚至彼此的蔑视。生物心理学家可能认为，自己的发现比其他心理学家更基础；认知心理学家可能相信，当一切尘埃落定后，社会心理学和临床心理学等领域研究的许多问题，实际在本质上都是认知的。生物心理学家和社会心理学家可能根本就瞧不起临床心理学家，可是临床心理学家认为自己的研究要比生物的和认知的研究有用得多。①

心理学的分支可以按照不同的尺度或标准来进行划分。例如，可以按照基础心理学、应用心理学、发展与教育心理学来进行划分。在每一个方面，还都可以划分出大量的心理学分支门类。在基础心理学的领域，可以包括普通心理学、生物心理学、生理心理学、神经心理学、认知心理学、感知心理学、思维心理学、情感心理学、气质心理学、人格心理学、比较心理学、社会心理学等。在应用心理学的领域，可以包括变态心理学、心理咨询学、犯罪心理学、临床心理学、医学心理学、管理心理学、职业心理学、文化心理学、经济心理学等。在发展与教育心理学的领域，发展心理学可以包括种系发展心理学、种族发展心理学、个体发展心理学等，也可以包括毕生发展心理学、胎儿心理学、婴儿心理学、幼儿心理学、儿童心理学、少年心理学、青年心理学、中年心理学、老年心理学等，教育心理学可以包括教学心理学、学习心理学、学生心理学、教师心理学、德育心理学等。按照个体生活领域划分的心理学分支，可以包括生活心理学、游戏心理学、交往心理学、婚恋心理学、职业心理学等。按照社会生活领域划分的心理学分支，可以包括环境心理学、教育心理学、管理心理学、商业心理学、司法心理学、军事心理学、体育心理学、工程心理学、人事心理学等。在商业心理学中，可以包括营销心理学、广

① 叶浩生. 当代心理学的分裂与学科的多元化整合[J]. 社会科学，2011(7)：130—137.

告心理学、市场心理学、消费心理学、服务心理学等。

心理学研究分支的分化和存在，既表明了心理学研究追求的细化和深化，也映衬了心理学研究主干的弱化和退化。这提示出来的问题就是，心理学的主干是否可以整合心理学大量蔓延的分支。

二、心理学研究的分化

有研究对心理学的多元化提供了特定的理解。研究指出，多元论为心理学的边缘领域提供了发展空间。后现代主义观点认为，心理现象和心理学理论具有社会性、情境性，是渗透着价值的。量化研究无法兼顾心理学的各个方面，需要多角度研究进行有效的补充，因此多元化对心理学来说是有益的、必要的。当代心理学研究，特别是边缘的研究领域需要多元论提供思想上的宽容和方法上的支持。具体来讲，心理学多元化涉及三方面的内容：认识水平上的多元化、方法水平上的多元化和学科水平上的多元化。

一是认识水平上的多元化。人类心理在本体论和认识论水平上具有多元化的特征。多元心理学来源于认识论及方法论的多样化。二是方法水平上的多元化。当代心理学需要多元化的研究方法。主流心理学研究方法中包含了唯物主义、还原主义、客观主义、科学主义、实证主义和决定论的自然主义假设。除此之外，心理学领域还存在建构主义、解释学、现象学和话语分析等研究原则和方法。多元方法论坚持问题决定方法的观点，提倡总结多种研究方法以供不同研究问题选用。三是学科水平上的多元化。心理学学科水平的多元化来源于心理的本体论和认识论的差异，是运用不同方法论思想的结果。社会建构论是当代西方心理学中一股重要的学术思潮。它打破了心理的实在论基础，认为人的心理不是对客观现实的反映，而是来自话语的建构；主张采用话语分析的方法，审视关于心理的宏大话语是怎样在社会生活中起作用的；关于心理的认识也只是被建构和约定出来的，是社会协商出的一致意见。

当代心理学的多元化并不意味着分裂。从实用主义的观点来看，多元化的现状与当代心理学的应用性转向是相符的。实用主义是实现心理学的真理性与实用性、质化与量化、实证主义与非实证主义融合的契合点。①

---

① 苏得权.实用主义视域下心理学的多元化[J].心理学探新，2011(3)：195—199.

在心理学研究中，在心理学的多元化进程中，心理学的分支、分化和分裂是有着重要区别的。心理学的分支是依据心理学研究对象的分类、心理学研究的性质和心理学针对的领域而进行的研究上的分类或学科上的划分。心理学的分化则是由心理学研究的发展、心理学研究的成熟和心理学研究的细化而导致的学科的专门化或学科的领域化。心理学的分裂则是心理学在自己的研究基础、研究取向、研究思路、研究观点、研究方式等方面产生的对立、对抗和对垒。

心理学的分化可以导致心理学研究的多样，也可以导致心理学研究的多元，还可以导致心理学研究的分裂。心理学的分裂一直是心理学学科存在的核心问题，心理学发展中的诸多问题都是由此导致的。这包括在理论预设上的分裂和对抗，包括在研究方法上的分裂和对抗，也包括在应用技术上的分裂和对抗。因此，心理学的学科整合十分关键。

第三节　心理学的整合

心理学学科和心理学研究面临的多样性、多元化，给心理学提出了一个重要的任务，那就是心理学研究的整合。心理学研究的整合也成为心理学怎样避免学科的分裂，怎样保证学术的完整，怎样确立学科的地位等一系列重大的学科发展问题的关键所在。心理学研究的整合会涉及许多非常重要的方面。例如，涉及后现代主义背景下心理学研究的整合问题、心理学研究的交叉问题、心理学研究的主干问题。

一、后现代主义背景下心理学研究的整合

后现代心理学是与所谓的后现代社会、后现代思潮、后现代主义相关联的心理学探索。从现代到后现代，从现代主义到后现代主义，这成为社会演进和思想演变的重要进程。所谓的后现代主义是指一种与现代主义相对应的文化思潮。这一思潮起始于 20 世纪 60 年代的法国和美国。20 世纪 80 年代则风靡了整个西方，并扩展到全世界，成为世界盛行的一种思潮。1979 年，法国哲学家利奥塔德发表了《后现代状态》一书，从认识论角度论述后现

代即当今西方社会的文化特征。① 实际上，后现代主义思潮是一种既具有多元性又具有某种一致性的思维方式，是一种企图解构和超越现代哲学和文化理念的思想潮流，它集中体现了西方哲人对现代哲学的强烈不满情绪。实质上，后现代主要不是指时代性意义上的一个历史时期，而是指一种思维方式，这种思维方式以强调否定性、去中心、不确定、非连续和多元性为特征，大胆的标新立异和彻底的反传统、反权威精神是这种思维方式的灵魂。②

在有的研究看来，"后现代"是相对于"现代"而言的，具有两重不同而又相关的含义。一是就社会进程与时代特征而言，现代社会指西方近代以来发展资本主义造就的工业文明社会，那么现代性就是其经济、政治、社会机制和启蒙时代确立的以人为主体和以人为中心的理性主义、个体主义、自由主义等基本价值。那么，相对于现代社会和现代性而言，后现代社会与后现代性则代表着西方工业文明的社会状态、思想机制和文化价值在当代的重大变迁、转折。二是就文化样态和文化精神而言，现代主义是 19 世纪末 20 世纪初出现在西方的、反抗近代资本主义传统价值的非理性主义文化思潮，如尼采哲学、文学艺术中的达达主义、象征主义、未来主义、先锋主义。后现代主义对这种现代主义文化既有传接和承袭，也有批判和更新。后现代主义文化有自己的不同的思想主张，其首要和核心的哲学思想是法国的后结构主义和美国的新实用主义。这种哲学思想的基本倾向是反对传统哲学，放弃了对人的主体性的弘扬；反对历史主义，将人类全部文化创造的历程看成是受无意识支配的文化碎片。也有一些后现代的思想家不满于上述摧毁性的思想立场，提出了建设性的后现代思想。③

有研究指出，"现代的"西方心理学显然具有以"现代性"为特征的问题，这包括：以实证主义为基础的研究思路；以机械论、还原论和自然论为基础的人性假设；以价值无涉为基础的心理学研究的价值中立观点。后现代心理学的观点主要有放弃追求普适性，承认历史性和具体性；批评主张唯一性，提倡多元性和差异性；坚持心理学的中间学科地位等。④

---

①③　姚介厚."后现代"问题和后现代主义的哲学与文化[J].国外社会科学，2001(5)：10—17.
②④　刘金平.试论后现代主义思潮与后现代心理学[J].河南大学学报，2003(5)：43—47.

有研究则认为，作为后现代主义文化重要组成部分的后现代心理学，不仅在反思现代主义心理学的基础性前提方面提供了批判性的精神资源，而且在认识论、方法论和应用性等方面提供了建设性的思想资源。后现代主义思潮对当代心理学的贡献，主要表现在对现代科学公共知识的进一步约束和完善上。作为后现代思潮的社会建构主义提供了关于知识构成和知识积累的核心假设。这就为理解心理学的知识演变和理论发展奠定了知识论和认识论的基础：后现代心理学的批判性精神资源能够促进心理学科自身的不断反思与进步；后现代心理学中的建构主义思想在理论上丰富了科学认识论的实质性内容；后现代主义有助于推动心理学界科学知识公共程序的进一步完善。①

有研究则认为，倡导心理学后现代转向的心理学研究，都对科学主义心理学研究法则和理论设定深感不满。这些研究主张用整体论、建构论、去客观化、或然论和定性研究来取代心理学研究中因袭已久的原子论、还原论、客观论、决定论和定量分析等。这在一定程度上开启了心理学研究多元化、系统化的局面，为心理科学在后现代境遇中真切、多样和系统地研究人的心理行为提供了可能。后现代的主张和现代的主张的区别和对立在于整体论对原子论，建构论对还原论，去客观对客观论，或然论对决定论，定性研究对定量分析。②

当代西方心理学中存在现代主义取向和后现代主义取向的对立和冲突。冯特以来的西方心理学流派大多属于现代主义的范畴。现代主义体现出来的特征：一是重视科学价值，强调科学的方法；二是信奉经验主义，强调经验的证实；三是主张个体主义，确立个体的地位。后现代主义取向的核心是社会建构主义，其主要特征包括：通过批判对现代心理学的理论基础进行解构；把社会建构论当作自己的认识论基础；促进心理学研究实践从重视语言形式向重视语言的意义和作用转变，从重视个体中心向重视关系模型转变，从重视经验实证向重视话语分析转变。尽管现代主义和后现代主义形

① 霍涌泉. 后现代主义能否为心理学提供新的精神资源[J]. 南京师大学报(社会科学版)，2004(2)：86—91.

② 高峰强. 论后现代视界对科学主义心理学研究法则的超越[J]. 山东师大学报(社会科学版)，2000(4)：66—70,76.

成了鲜明的对照，但两者也存在一些共同方面，从而构成了超越两者的基础。对于两种取向的超越，需要以科学实在论作为元理论的基础，并需要双方的互补、合作和开放的态度。超越两种取向的对立的关键，就在于双方能够采取合作的态度。事实上，持有两种不同取向的心理学家已经意识到彼此相互理解、相互沟通和相互合作的重要意义，认识到相互吸收、坦诚合作对双方都有益。两种取向的超越需要在方法论上持开放的观点。①

后现代心理学包含许多截然不同的理论体系，如社会建构论心理学、话语心理学、叙事心理学、女性主义心理学、多元文化心理学等。其中，社会建构论心理学处于中心的地位。这些理论观点以对西方现代主义心理学的解构和重构为特征而维系在一起，共同构成了西方心理学中的后现代主义取向。后现代心理学主张心理的社会建构性，强调互动的基础作用，关注话语的建构中介意义，坚持问题中心主义的多元方法论。②

有研究对后现代主义的反主流心理学整合观进行了思考。这着眼的是反主流的或非主流的心理学研究。研究指出，后现代主义对主流心理学批判的一个重要方面，就是对整合观的否定，这在很大程度上击中了主流心理学的要害，对认识并克服心理学发展中存在的问题，促进心理学的健康快速发展很有帮助。

后现代心理学从反对整体性、普遍性，主张多元性、宽容性的态度出发，强调科学的生命力就在于分化，也正是通过分化，科学才得以在更深入的层次上发展、精确和深化。因此，当前心理学研究中存在的多样化、多元化现象是正常的。在后现代主义者眼里，科学的分化使得不同学科和学科内不同分支的科学家间出现隔阂与分裂，以至难以找到共同的话语。这并不是科学危机，而是后现代科学的实际状况。后现代主义主张分化和分歧，鼓吹多元和共生，强调异质和共存。为了使心理学更好地发展，就有必要从系统论出发，把心理学的各种研究取向、各种探索领域、各种理论观点都联系起来，以使这些取向、领域和观点相互取长补短，共同发展。

后现代主义主张，所有的研究范式都是平等的，都有自己的逻辑。

---

① 叶浩生.西方心理学中的现代主义、后现代主义及其超越[J].心理学报，2004(2)：212—218.

② 况志华，叶浩生.当代西方心理学的三种新取向及其比较[J].心理学报，2005(5)：702—709.

知识是杂乱无序、形式多样的，不存在普遍性的、共同性的、一致性的知识，无法把不同的知识整合成统一的科学。因此，主流心理学假定的统一的、整合的知识体是不存在的。现代科学寻求的“同一性”不仅不能实现，反而很容易导致知识霸权。由此，可以用“差异性”取而代之。之所以强调差异性，是因为科学知识总是在特定历史和具体文化背景下产生和发挥作用的，不能简单地从自然中读取，心理学知识也不例外。

对于心理学整合的基础，尽管不同的主流心理学家的观点各不相同，但都是从本质主义、实在论出发，认为这种基础是存在的。这一基础实际上就是心理活动或行为的普适性规律和普遍性知识。然而，后现代主义从不可通约性、多元论和相对主义出发，认为根本就不存在不依赖于主体的本质或规律，一切都是主观的建构。这也就从根本上否认了各种理论思想的联系与共同之处，进而否定了心理学整合的基础。①

后现代主义的思想主张强调多元性、差别性、异质性。这也就导致后现代主义的整合只能是有差别的统一。这对于现代主义追求的统一性、一致性、合理性、逻辑性、衔接性等，都是颠覆性的。

二、心理学研究的交叉

心理学研究正是由于研究对象的复杂性，由于研究方式的多元性，由于分支学科的多样性，因而具有交叉学科的性质和特点。心理学研究汇聚了一系列相关的学科，体现了一系列学科分支的探索，也需要一系列学科门类的整合。心理学研究对象和研究课题需要的是多学科交叉的研究。

有研究对交叉学科进行了探讨。研究指出，交叉学科是指形成于数学、哲学、自然科学、社会科学之间交汇区域的跨界学科或边缘学科。交叉学科与边缘学科、综合学科、横向学科有程度不同的重叠关系，但并不完全等同。交叉科学作为所有交叉学科的集合，具有整合性、远缘性、宜人性等特征。交叉科学在科学体系中占据着承上启下的特殊地位，发挥着转移研究方法和传送研究成果的特有作用。

---

① 李炳全. 对后现代主义反主流心理学整合观的理性思考[J]. 山东师范大学学报(人文社会科学版)，2003(4)：106—109.

广义的交叉学科概念认为，交叉学科既生成于自然科学、社会科学、思维科学之间的边缘区，又生成于自然科学内部的各学科之间和社会科学内部的各学科之间。前者被称为二元交叉或多元交叉型交叉学科，后者则被称为单元交叉型交叉学科。狭义的交叉学科概念认为，应该将交叉学科的生成区域限定在数学、哲学、自然科学、社会科学之间的边缘区域。

据此可以对交叉学科进行如下界定：所谓交叉学科是指形成于数学、哲学、自然科学、社会科学之间交汇区域的跨界学科或边缘学科。这个定义没有直接涉及系统科学、思维科学这两个科学部类。考虑到历史渊源关系，可将系统科学归入数学和自然科学这一“营垒”，将思维科学归入哲学和社会科学这一“营垒”。

广义交叉学科概念的倡导者通常将边缘学科、综合学科、横向学科都等同于交叉学科，或者认为，交叉学科就包含边缘学科、综合学科、横向学科。狭义交叉学科概念的倡导者则认为，交叉学科并不能等同于边缘学科、综合学科、横向学科，而应该有自己独特的边界。

该研究认为，交叉学科只是边缘学科的一部分，边缘学科包含交叉学科，其外延远远大于交叉学科。交叉学科与综合学科有较大面积的重叠关系，但两者并不完全重合；有些综合学科不是交叉学科（如仿生学、知识学等），有些交叉学科不是综合学科（如数理社会学、计量经济学等）。交叉学科与横向学科只有小面积的重叠关系，大多数横向学科不属于交叉学科。①

有研究考察了心理行为研究中的学科交叉。研究指出，自从 20 世纪 50 年代以来，心理学研究经历了两次重大的变革：一次是认知科学革命，是指将信息加工的概念引入心理学研究的主流；一次是认知神经科学革命，是指从 20 世纪 80 年代中期到现在，心理学研究把探明心理活动的神经基础作为自己的目标。可以看出，这两次变革都是学科交叉带来的结果。在 21 世纪，人们对学科交叉研究方法在心理行为研究中的重要性的认识愈发清晰。②

有研究就对发展心理学领域中的交叉学科进行了考察。研究指出，在

---

① 王续琨．交叉学科、交叉科学及其在科学体系中的地位[J]．自然辩证法研究，2000(1)：43—47.
② 曹河圻．心理和行为研究中的学科交叉[J]．心理发展与教育，2003(4)：92—95.

当代的科学发展中,整体化已经成为主要的趋向。当代科学整体化的特点是在高度专门化基础上的高度整体化。心理学发展的整个历史过程也正是顺应了科学发展的这种规律。心理学先是出现了许多分支学科,如发展心理学就是心理科学的一个部分或分支,与此同时,其他学科也出现了分支学科,然后分支与分支交错重叠,形成不同领域、不同形式、不同层次的交叉学科。由于这些交叉学科彼此之间的某些部分或边缘相交错重叠,故又可以称为边缘学科。有人把心理学本身就看成是跨自然科学与社会科学的交叉学科。就此而论,在这个“大”的交叉学科中,又出现许许多多分支与分支相结合的“小”的交叉学科。比如,发展心理学与心理语言学结合产生的发展心理语言学,其中心理语言学又是心理学和语言学相交叉的产物。发展心理学与心理生物学相结合形成的发展心理生物学,其中心理生物学又是心理学和生物学相交叉的产物。正是这些不同领域、不同形式、不同层次的交叉学科的出现,使学科与学科之间的明显界限被打破了,呈现出的是学科之间的相互融合和彼此渗透。就宏观意义上讲,整个科学研究呈整体化状态。发展心理学领域中交叉学科的出现,则是由科学发展的大趋势决定的。①

心理学研究的多样和交叉,实际上构成了心理学研究的整体。心理学探索的分化并不是分离和分隔,心理学探索的多元也并不是分裂和分割。有了分化才有相容,有了多样才有相通。心理学研究的交叉可以是心理学与其他学科门类的交叉,如心理学与生物学的交叉;也可以是心理学自身分支的交叉,如神经心理学与教育心理学的交叉。

三、心理学研究的主干

心理学研究已经分化出大量的分支学科,但与此不相称的是心理学的主干却十分虚弱。这导致心理学的发展枝叶繁盛,但是根基不牢。因而有人认为,心理学分支的分化导致的不是心理学学科的繁荣,而是心理学学科的分裂。那么,要分化而不要分裂,要合作而不要对抗,就成为强化心理学学科主干的重要任务。

---

① 李虹.发展心理学领域中的交叉学科[J].北京师范大学学报(社会科学版),1992(1):82—87.

理论心理学成为心理学的学科分支，既是心理科学的发展历程，也是学科完善的重要标志。理论心理学的兴起表明，心理学开始拥有自己的理论框架，开始寻求自己的理论根基，开始致力自己的学科统一，开始确立自己的学科地位。建构理论心理学的内容体系，应该汇聚心理学的理论资源，迎合学术发展的历史潮流，扶持高素质的理论心理学家，开展更深入的理论研究，确立本土理论心理学的发展道路。

心理学作为一门学科，一直都有自己的理论学说、理论建构、理论发展和理论创新。但是，把心理学的理论探索汇聚在理论心理学的学科门类之下，并支撑心理学的学术体系，这是心理学学科成熟的重要标志。

理论心理学研究对心理学的发展来说，具有十分重要的理论功能。① 当然，理论心理学研究更为直接的功能是对当代心理科学发展的引导和促进。② 心理学研究不可否认地有着自己的理论前提或前提假设。在心理学独立成为实证的科学之后，心理学家就一直矫枉过正，在反对哲学思辨的同时，强烈地反对任何形式的哲学研究进入心理学研究领域，认为这是安乐椅中玄想的心理学，没有任何科学的意义和价值。这在某种程度上维护了心理学的实证科学的性质，但也在相当程度上使心理学一直对自己的理论基础或理论前提缺乏反思。这导致心理学实证研究的资料迅速增加，但理论根基却十分薄弱。这体现为心理学缺少统一的理论根基，缺少多样的理论创造。③ 无论是对心理学的学科性质和学科发展的理解，对心理学的理论概念和理论学说的建树，还是对心理学研究方式和研究方法的确立，对心理学的应用手段和应用技术的实施等，都没有统一而普遍的认识、理解和采纳。理论心理学研究可以在如下一些方面引导和促进心理学的发展。

一是构建心理学的理论基础。科学心理学诞生之后，在短短一百多年的历史中就经历了非常迅猛的发展、壮大和扩张。例如，心理学的分支学科高度分化，心理学通过这些分支学科广泛深入人类心理和社会生活的方方

① 叶浩生. 论理论心理学的概念、性质与作用[M]//杨鑫辉. 心理学探新论丛(第1辑). 南京：南京师范大学出版社，1998：65—74.

② 威廉姆斯. 理论心理学探索[M]//杨鑫辉. 心理学探新论丛(第1辑). 南京：南京师范大学出版社，1998：75—90.

③ 葛鲁嘉. 心理文化论要——中西心理学传统跨文化解析[M]. 大连：辽宁师范大学出版社，1995：5.

面面。尽管这在某种程度上代表了心理学的繁荣,但是也在某种程度上显示出心理学理论基础的薄弱。这就是所谓的枝繁叶茂,但主干虚弱。这极大地限制了心理学的进一步发展。可以说,科学心理学在很大程度上是受其研究对象的多样化和复杂化的影响,因此在对研究对象的所谓客观描述和说明上迅速地积累了大量的所谓客观知识。但是,这些所谓的客观知识却缺乏彼此的关联,甚至相互矛盾和对立冲突。这充分显示出心理学的发展其实还受到自身的思想或理论根基的影响。它们决定了心理学研究的思想取向、研究立场、理论构想、方法设置、技术运用等。心理学哲学的研究或探索,有助于构建心理学的理论基础,强化心理学的理论根基,挖掘心理学的理论源泉。其实,任何学科的科学研究都有自己的理论核心或理论内核,心理学研究也不例外。心理学哲学的研究理应成为心理学研究的理论核心或理论内核。

二是推动心理学的学科统一。心理学从诞生成为独立的科学门类之日起,就一直没有统一过,始终处于四分五裂的状态之中。心理学研究无论是其学说流派、思想观点、理论主张、研究方法、考察手段、应用技术等,都是五花八门,层出不穷。这在心理科学诞生之初,还是受到赞扬,得到鼓励的,因为这说明了心理科学的壮大和繁荣。但是,这很快就成了心理学发展的制约和负担。已经有心理学家指出,一门陷入分裂和缺乏统一的学科,根本就不可能是真正意义上的科学。心理学学科独立之后,就一直受到这样的指责。因为,在心理学研究中,更为多见的是彼此对立、相互指责,甚至是彼此攻击、相互拆台。目前,探讨心理学统一的可能,寻求心理学统一的实现,开辟心理学统一的途径,已经成为心理学十分重要的理论工作。心理学应该寻求什么样的统一,应该怎样寻求心理学的统一,这已经成为影响心理学学科进步的重大问题。其实,心理学的统一应该追求科学观的统一。① 正是在统一的科学观的基础之上,心理学可以有不同的理论探索、不同的研究方法、不同的技术手段。那么,心理学哲学的研究就会给心理学的统一提供必要的思想或理论基础,使心理学研究可以自觉地建立在自己的明确的理论设定或理论前提之上,使心理学的发展和进步可以在一个特定的平台上寻

---

① 葛鲁嘉.大心理学观——心理学发展的新契机与新视野[J].自然辩证法研究,1995(9):18—24.

求统一的可能。这也就包括在不同文化基础之上的心理学探索或理论心理学探索。有研究称其为东方与西方的相遇。①

心理学研究，尤其是理论心理学研究，一直都希望能够强化心理学的主干。心理学主干的虚弱是心理学研究者经常忧心的问题。心理学越是不断分化，越是分支众多，心理学主干虚弱的问题就越是突出，对心理学的不利影响也越明显。强化心理学的理论研究，增进心理学的理论创新，可以增强心理学的主干。主干强则枝繁叶茂。

第四节　心理学的统一

科学形态的心理学从诞生起就不是统一的科学门类。心理学家并没有放弃过统一心理学的努力，但这至今仍然是个无法实现的梦想，因为他们并没有从心理学的科学观上去追究不统一的根源。心理学从近代自然科学中直接继承了实证科学观，这种科学观可被称为心理学的封闭的科学观。心理学的新科学观应该是开放的科学观，心理学走向成熟也在于能够拥有自己的开放的科学观。心理学开放的科学观会带给心理学一个大视野。这不是要铲除而是要超越封闭的心理学观，从而使心理学全面改进自己的研究目标和研究策略，重新构造自己的研究方式和理论内核，以全面深入地揭示人类心理，有力有效地参与社会发展和人类进步的事业。心理学统一的努力应是建立统一的科学观。

一、心理学的分裂与统一

在心理学的历史发展进程中，在心理学的当代演变过程中，植根于西方文化传统的科学形态的心理学从诞生起就不是一门统一的科学门类。这已经成为心理学研究面对的重大问题。西方心理学在诞生之后和发展之中，就一直是流派众多、学派林立、思想对立、学说各异、观点纷杂，就一直处于

① Paranjpe, A. C.. *Theoretical Psychology: The Meeting of East and West*. New York: Plenum, 1984.

四分五裂和内争不断之中。因此，心理学能否成为一门统一的科学是心理学发展的核心问题。心理学的分裂和对抗体现在学科发展的许多方面，包括理论、方法和技术。理论的不统一涉及心理学拥有互不相容的理论框架、理论假设、理论建构、理论思想、理论主张、理论学说、理论观点等。方法的不统一涉及心理学研究采纳了各种各样的研究方法，而且方法与方法之间有相当大的差异和分歧。技术的不统一则涉及心理学进入现实社会，干预心理行为，引领生活方式，提供实用手段的途径和方式多样化。

其实，心理学可以有多样的理论建构，可以有多样的研究方法，还可以有多种的应用技术。心理学的不统一并不在于多样化，而在于多样化形态和方式之间的相互排斥与倾轧。这使得心理学内部争斗不断，彼此对抗。随着心理科学的进步、发展和成熟，避免心理学的分裂和促进心理学的统一就成为重大的问题。① 有研究对涉及心理学分裂与统一的探讨进行了评述。② 心理学的统一问题也可以称为心理学的整合。③ 分裂是心理学的危机，整合则是心理学的出路。④

任何的研究都是有立场的。研究总是从特定的起点出发，从特定的视角入手，从特定的思考开始。心理学也是有立场的，其理论、方法和技术都会由于立场的不同而千差万别。心理学的研究立场有时被描述为心理学的研究取向。这决定了对研究对象和研究方式的理解。心理学最根本的分裂是研究取向分裂为科学主义的和人文主义的，或是实证论的和现象学的。两种取向相互对立、相互竞争，构成了现代心理学发展和演变的独特景观。⑤ 西方科学心理学的发展并不是统一的历程，而一直是处于四分五裂的境地。最根本的分裂或最核心的不统一，就是实证与人本的分歧。⑥ 关于研究对象的理解，实证立场的心理学持有物理主义的世界图景。关于研究方式的理解，实证立场的心理学运用实证论的研究方式。实证取向的心理学走自然科学的

① 叶浩生. 心理学的分裂与心理学的统一[J]. 心理科学，1997(5)：469—470.
② 徐冬英. 心理学的分裂与统一研究述评[J]. 徐州师范大学学报(哲学社会科学版)，2005(5)：124—128.
③ 叶浩生. 论心理学的分裂与整合[J]. 陕西师范大学学报(哲学社会科学版)，2002(6)：105—112.
④ 韩立敏. 心理学分裂的危机及整合的道路[J]. 河北师范大学学报(教育科学版)，2001(4)：57—62.
⑤ 葛鲁嘉. 新心性心理学宣言——中国本土心理学原创性理论建构[M]. 北京：人民出版社，2008：126—128.
⑥ 叶浩生. 西方心理学中两种文化的分裂及其整合[J]. 心理学报，1999(3)：349—356.

道路，这也是西方心理学的主流。主流心理学家力图把心理学建成自然科学的一个分支。他们采纳传统自然科学得以立足的理论基础，即物理主义和实证主义。物理主义是有关世界图景的一种基本理解，实证主义则是有关知识获取的一种基本立场。这形成了主流心理学对研究对象的理解，以及对研究方式的主张。关于研究对象的理解，人文立场的心理学持有人本主义的世界图景。关于研究方式的理解，人文立场的心理学运用现象学的研究方式。人文取向的心理学走人文科学的道路，是西方心理学的非主流。非主流的心理学家力图使心理学摆脱自然科学的专制，使心理学的发展立足人本主义和现象学的理论基础。人本主义是有关人的基本理解，现象学则是获取有关人的知识的一种基本立场。这形成了非主流心理学对心理学研究对象的理解，以及对心理学研究方式的主张。

目前，心理学发展的最重要努力就是科学化和统一化，以使心理学成为一门统一的科学，或是成为一个统一的科学门类。在心理学的发展历史中，由于心理学学科发展的四分五裂，心理学思想原则的相互对立，心理学理论建构的相互排斥，而出现过各种不同的统一尝试。但是，如何才能够统一心理学，如何才能够整合心理学研究，如何才能够聚集心理学的探索，心理学家之间有着重大的分歧。有研究从哲学基础上探寻过心理学的分裂与统一，①有研究从思维方式上寻求心理学的整合，②有研究则从研究视野上把握心理学的统一。③

心理学分裂与统一的核心问题是心理学的科学观问题。正是心理学研究中的科学观的差异，导致对什么是科学心理学的科学性的不同认识和理解，导致心理学研究的不同的方式和方法。很显然，心理学的科学观涉及的是心理学科学性质的范围和边界，心理学研究方法的可信和有效，心理学理论构造的合理和合法，心理学技术手段的适当和限度等。心理学科学观的确立涉及心理学研究目标和研究设计的确立和达成，决定心理学研究方式和研究策略的制定和实施。心理学的发展应该确立起大心理学观，或心理

① 冯大彪，刘国权. 从类哲学看心理学的分裂与统一[J]. 山西师大学报(社会科学版)，2007(3)：23—27.

② 叶浩生. 思维方式的转变与心理学的整合[J]. 南京师大学报(社会科学版)，1999(1)：78—82.

③ 彭运石. 心理学的整合视野[J]. 湖南师范大学教育科学学报，2002(1)：107—112.

学的大科学观。[①] 这可以使心理学从实证主义的小科学观中解脱出来,从而容纳不同的心理学探索。因此,心理学统一的努力应是建立统一的心理学科学观。[②]

对于心理学的分裂与统一的问题就会集中在心理学的科学观方面。正是心理学的科学观有可能存在的问题,才导致了心理学的四分五裂。建立开放的心理学科学观,才使得心理学有可能去容纳不同的研究,也使得心理学有能力去聚合不同的探索。因此,无论有多少种心理学统一的方案,最后还是要回到心理学科学观的探讨上。

二、心理学的科学观问题

可以毫不夸张地说,心理科学在其百多年的发展中,一直患有较为严重的体虚症。这主要在于缺乏必要的理论建设。显然,这不仅影响了心理学自身的迅速成长,而且也影响了心理学在人类生活中的作用的发挥。但是,心理学已经迎来了一个有利于其理论突飞猛进的发展契机,关键是心理学家必须相应地改变自己的封闭的心理学观,而建立一种开放的心理学观。

心理学从来就没有摆脱危机的困扰,心理学最严重的危机就在于心理学从来没有成为一门统一的学问。当代心理科学的发展也同样面临这一危机,而且心理学的这种不统一正在变本加厉。一些心理学家对当代心理学的支离破碎和形同散沙深感忧虑。斯塔茨(Arthur W. Staats)曾经痛陈心理学面对的这种"不统一的危机",并认为除非统一整个心理学,否则心理学就不可能被认为是一门真正的科学。[③] 心理学具有现代科学多产的特征,却没有能力去联结自己的研究发现,结果产生了越来越严重的分歧,形成了越来越多的毫无关联的问题、方法、发现、理论语言、思想观点、哲学立场。心理学拥有如此之多的四分五裂的知识要素,以及如此之多的相互之间的怀疑、争执和嫌弃,使得心理学面临的最大问题就是难以得出一般的理论。混乱的知识,也就是没有关联、没有一致、没有协同、没有组织的知识,并不是

① 葛鲁嘉.大心理学观——心理学发展的新契机与新视野[J].自然辩证法研究,1995(9):18—24.
② 葛鲁嘉.心理学的科学观与统一观[J].吉林大学社会科学学报,1996(3):1—6.
③ Staats, A. W. Unified Positivism and Unification Psychology [J]. *American Psychologist*, 1991(9):899-912.

有效的科学知识。心理学作为一门科学的地位，在很大程度上便取决于学科本身统一的程度。或者，心理学要想被视为一门真正的科学，就必须拥有严密的、关联的、一致的知识。显然，不统一的危机已经带来了对心理学的科学性质的怀疑。

实际上，心理学家从来就没有放弃过统一心理学的努力，但这至今仍然是个无法实现的梦想。问题在于，他们并没有从心理学的科学观上去追究其不统一的根源。心理学从哲学怀抱中脱离出来成为独立的实证科学之后，从近代自然科学中直接继承了实证科学观，这是一种封闭的心理学观。封闭的心理学观力求把心理学建设成一门纯粹的自然科学，并以此划定科学心理学与非科学心理学的界线，从而把心理学限定在一个非常狭小的边界里。封闭的心理学观与其说是统一心理学的保障，不如说是心理学不统一的隐患。甚至可以这样说，心理学以封闭的科学观来统一自己，统一就永远是个梦幻。心理学不放弃自己的封闭的心理学观，就不会成为统一的科学门类。

封闭的心理学观体现为对实证方法（或实验方法）的崇拜，把实证方法看成是心理学研究的核心。心理学的理论知识就来自实证方法，并接受实证方法的检验。科学心理学的诞生，通常以德国心理学家冯特 1879 年在莱比锡大学建立心理学实验室为标志。这反映了以实证方法为核心的主张，结果使心理学研究方法不断地精致化，但研究的问题水平却不断地下降。封闭的心理学观还体现为反哲学的倾向，这割断了心理学与哲学的天然联系，使心理学失去了对自己的理论基础的关注和研讨。然而，封闭的心理学观本身却从近代自然科学中继承了物理主义和实证主义的理论框架。只不过这一理论框架是隐含的，而不是明确的。

正因为封闭的心理学观更为重视方法而轻视理论，心理学的研究更为重视实证资料的积累而贬低理论构想的创造，导致了心理学的极度膨胀的实证资料与极度虚弱的理论建设之间反差的日益增大。应该说，心理学发现的支离破碎与心理学缺乏理论建设是两个相关联的问题。很显然，心理学的实证资料和研究数据已经成为缺失根基和没有依据的积累。心理学需要实证研究与理论研究之间的平衡和合作。自从美国的科学哲学家库恩（Thomas Samuel Kuhn）指出，成为科学就在于形成能够为科学共同体所共有的统一的理论范式，许多心理学家才开始意识到理论基础的重要性。[①] 从心理学的发展史来看，以物理学为样板，以封闭的心理学观为引导，去建立统一的心理科学的努力是不成功的。行为主义心理学就是一个非常典型的例子。行为主义因为研究方式和客观主义的原则的限制，因为还原主义的约束，不仅无力涉及现有的探索人类心理的广阔领域，也无法容纳已有的关于人类心理的研究成果。实证主义的心理学由于自己的实证科学观的狭隘，而给其他的心理学探索留下了余地，使之保留了独特的生机。不同的心理学探索涉及人类心理的不同方面和侧面，共同提供了人类心理的更为完整的图景。问题在于，如何才能在一个新的基础上，消除心理学的四分五裂的危机和消除心理学的科学性质的危机。这主要体现为西方心理学的分裂与整合的困境[②]，也涉及关于西方心理学的分裂与整合的思考，[③]还包括把分裂与整合看成是整个心理学面对的重大问题。[④]

心理学的科学观应该从小心理学观转换为大心理学观，或者心理学的科学观应该从封闭的科学观转换为开放的科学观。这应该是关系到心理学未来发展的重大变革，会给心理学的进步带来一个全新的平台。心理学的独立需要设立自己的边界，但是心理学的繁荣则需要开放自己的门户。心理学科学观的放大或开放，并不是心理学科学性的退化，而是心理学合理性的进化。

三、心理学的多元化研究

心理学的不统一与心理学的多元化表面上似乎是心理学的同一个状况，正是心理学的分裂才导致心理学研究的多元。但是，心理学的多元化研究作为心理学发展的潮流，却并不是心理学分裂、对立、冲突的体现，而是心理学研究的多样化、多向性和多面性的体现。

在心理学的历史发展、现实演变和未来走势中，心理学研究的多元化早就存在，也会持续下去。但是，在科学心理学研究中，心理学不统一的问题

---

① 叶浩生. 西方心理学研究新进展[M]. 北京：人民教育出版社，2003：88.

② 叶浩生. 西方心理学的分裂与整合主义的困境[J]. 南京师大学报（社会科学版），2002（4）：102—109.

③ 叶浩生. 有关西方心理学分裂与整合问题的再思考[J]. 心理学报，2002（4）：431—436.

④ 叶浩生. 再论心理学的分裂与整合[J]. 心理学探新，2000（2）：3—7.

掩盖了心理学研究的多元化。心理学多元化的研究取向、研究方式、研究方法、研究工具等,也常常被视为心理学分裂和不统一的表现。把心理学研究的不统一转换成为心理学研究的多元化,这是心理学探索的重大进步,也是心理学发展的重要出路。

心理学的多元化研究应该重新确立自己的科学观,把自己的小科学观转换成为大科学观,也就是将封闭科学观转换成为开放科学观。心理学的多元化研究也应该确立自己的方法论,就是要拓展自己的关于方法论的研究,也就是使方法论的研究能够涵盖心理学的研究对象、研究方法和技术应用。

心理学研究可以包括三个基本的部分:一是关于对象的研究,涉及的是心理学研究对象,是对心理行为实际的揭示、描述、说明、解释、预测、干预等;二是关于方法的研究,涉及的是心理学研究者,探讨的是心理学研究者持有的研究立场、使用的具体方法。三是关于技术的研究,涉及的是对研究对象的干预和改变。那么,心理学研究的方法论也就应该包括三个基本的方面:一是对心理学研究对象和内容的理解,即研究内容的确定,力求突破对人的心理行为的片面理解。二是关于心理学研究方式和方法的探索,即研究方法的创新,力图突破和摆脱西方心理学的科学观的限制,为心理学研究重新建立科学规范。三是关于心理学技术干预和手段的考察,即干预方式的明确,力争避免把人当作被动接受随意改变的客体。

方法论是所有科学门类研究的基础,它既是思想的基础、方法的基础,也是技术的基础。心理学方法论的探讨是关系到心理学学科发展的核心问题。心理学研究的基础和核心方面就是方法论的探索,但是传统心理学中的方法论的探讨主要是考察心理学运用的具体研究方法,包括心理学具体研究方法的不同类别、基本构成、使用程序、适用范围、修订方法等。随着心理学的发展和进步,心理学方法论的探索必须跨越原有的范围,应该包括关于对象的立场、关于方法的认识、关于技术的思考。因此,对心理学方法论的新探索,可以说就是反思心理学发展的一些重大的理论问题和方法问题。这些问题的解决不仅关系到中国心理学的发展与进步,而且也关系到整个心理学的命运与未来。

四、心理学的开放性视野

心理学的视野是由心理学为自身设定的学科边界。它实际上决定了如何建设和发展心理科学的基本认识和基本理解，也就决定着心理学家在自己的研究中能够采纳的研究目标，以及为达成自己的目标而可以采取的研究策略。它体现在一些基础和核心问题的解决上，如什么是心理科学，什么是心理学的研究对象，怎样确定心理学的研究方法，怎样构造心理学的理论知识，怎样干预人的心理现象或心理生活等。可以说，心理学的视野限定了心理学家的眼界，决定了心理学家的胸怀。

在心理科学的开创和发展中，一度占有主导性和具有支配性的科学观是小心理学观，或者是心理学的封闭科学观。封闭的心理学观在实证的（科学的）与非实证的（非科学的）心理学之间划定了截然分明的边界，心理学要想成为科学，就必须把自己限制在边界之内。实证的心理学是以实证方法为核心建立起来的，客观观察和实验是有效地产生心理学知识的程序。实证研究强调完全中立地、不承担价值地对心理行为事实的描述和说明。实证主义心理学的理论设定是从近代自然科学承继的物理主义和机械主义的世界观。这都大大缩小和封闭了心理学的视野。

科学心理学以封闭的心理学观来确立自己，就在于其发展还是处于幼稚期。这与其说是为了保证心理学的科学性质，不如说是为了抵御对心理学不是一门严格意义上的实证科学的恐惧。不过，这种封闭的心理学科学观正在衰落和瓦解，重构心理学的科学观已经成为心理科学十分重要的基础性工作。心理学的发展已经进入迷乱的青春期，并正在经历寻找自己道路的成长的痛苦。

心理学的新科学观应该是开放的心理学观，心理学走向成熟也在于能够拥有开放的心理学观。所谓开放的心理学科学观，不是要否定心理学的实证性质，而是要开放实证心理学自我封闭的边界。开放的心理学观并不是要放弃实证方法，而是要消解实证方法的核心地位，使心理学从仅仅重视受方法驱使的实证资料的积累，转向也重视支配方法的使用和体现文化价值的大理论建树。开放的心理学观也将改造深植于实证心理学研究中的物理主义和机械主义的理论内核，使心理学从盲目排斥转向广泛吸收其他心理学传统的理论营养。开放的心理学观无疑会拓展心理学的视野。

开放的心理学观已经在一些心理学理论探索中得到了体现。例如，行为主义是封闭的心理学观的典型代表。行为主义者斯金纳（Burrhus Frederic Skinner）曾认为，相对于人对外部世界的了解和控制，人对自身的了解和控制是微乎其微的，主要原因就在于心理主义的推测和臆断。因此，极端的行为主义者排除了关于人的内在心理的研究。然而，近年来，脑科学家斯佩里却认为，心理学新的心理主义范式使心理学改变了对内在心理意识的因果决定的解释。传统的解释是还原论的观点，即通过物理的、化学的和生理的过程来说明人的心理行为。这是与进化过程相吻合的由下至上的决定论，可被称为微观决定论。新的心理主义范式则是突现论的观点，即人的内在心理意识是低级的过程相互作用突现的性质。他将这种由上至下的因果决定作用称为宏观决定论。斯佩里十分乐观地认为，心理主义范式在于试图统一微观决定论与宏观决定论、物理与心理、客观与主观、事实与价值、实证论与现象学。①

更进一步来看，在心理学研究对象方面，封闭的心理学观未能带来对研究对象的完整认定，从而也就未能提供对人类心理的全面理解。开放的心理学观则有助于克服那种切割、分离和遗弃，有助于提供人类心理的全貌。在心理学研究方法方面，封闭的心理学观强调方法的客观性和精致化，强调以方法为标尺和核心。开放的心理学观则倡导方法与对象的统一，鼓励方法的多样化，倡导方法与思想的统一，突出科学思想的地位。在心理学理论建设方面，封闭的心理学观带来了十分严重的理论贫弱和难以弥补的理论分歧。开放的心理学观则有助于推动心理学的理论建设，容纳多元化的理论探讨，强化对各种理论框架的哲学反思，以促进不同理论基础间的沟通。在心理学生活应用方面，封闭的心理学观使心理学与日常生活相分离和有距离，并通过技术应用来跨越这一距离。开放的心理学观则在此基础之上，也倡导那种缩小和消除心理学与日常生活的距离，使心理学透入人的内心的应用方式，以扩展心理学的应用范围。

当然，关于开放的心理学观或者心理学开放的科学观的学术认识和学

① Sperry, R. W. Psychology's Mentalist Paradigm and the Religion/Science Tension. *American Psychologist*, 1988, 43(8): 607 - 613.

术主张,也引起了许多争论和分歧。有一些学者并不理解和认可开放的心理学观的理念,也有的学者反对这种关于心理学的科学观的认识和理解。有的学者宁可从西方文化传统和西方哲学流派中去寻求心理学统一的解决方案。例如,就有学者不赞同大心理学观的主张,认为所谓的大心理学观,“一则失之笼统含糊,如何才是‘大科学观’? 令人费解;二则亦未能妥善解决心理学中主观与客观的争执、人文主义与科学主义的对立”。① 该研究者提出的观点是,所谓统一的心理学,应当包括三个层次的研究模式:传统的、狭义的诠释研究着重个案的、质化的分析,其目的是达到对具体的、个人的、临时的对话事件的理解;实证的诠释研究重在抽象、定量的分析,以求作出具有普遍意义的推论和预测;广义的诠释研究则综合以上两种研究策略,即对同一心理现象同时采取个案的、质化的和抽样的、量化的研究策略,既要具体的、个人的、现象的丰富性和生动性,又要科学的抽象、量化、推论与预测,既要避免个案研究的局限,又要防止实证的抽象推论造成的对人类经验的割裂和肢解。②

其实,该学者并没有真正理解大心理学观的“大”的含义。所谓大心理学观就是开放的心理学观,是为了破除西方实证心理学的自我封闭的边界,是为了解决心理学不统一的问题,是为了克服西方心理学的主客分离,是为了能够在心道或心性一体的基础之上,实现中国本土心理学的理论创新,进而实现心理学在新的基础之上的统一。总之,心理学开放的科学观会带给心理学一个大视野。它不是要铲除而是要超越封闭的心理学观,从而使心理学全面改进自己的研究目标和研究策略,重新构造自己的研究方式和理论内核,以全面深入地揭示人类心理,有力有效地参与到社会发展和人类进步的事业中。

五、心理学的共生性原则

人的存在是共生的存在,人不是分离和孤立的,人与自己的生存和生活的条件或环境形成共生的关系。无论是个体还是群体,无论是心理还是社会,无论是遗传还是环境,在研究中都曾经有过分解、分离、分裂的考察。这

①② 童辉杰.广义的诠释论与统一的心理学[J].南京师大学报(社会科学版),2000(4):69—75.

给理解人的心理行为带来了许多的弊端。共生主义的方法论则带来了根本性的变化，那就是把个体与群体、心理与社会、遗传与环境看成是共生的存在。

共生性原则是从共生视角出发的探索。在心理学的历史发展和科学研究中，一直存在着不同的研究立场、不同的研究主张、不同的研究观点、不同的研究方式、不同的研究方法、不同的技术手段、不同的技术工具。或者，心理学研究中非常盛行的是分离的研究。这既带来了研究的精确性，也带来了研究的偏差性。研究的结果造成对心理行为的不合理解说。共生主义的观点则把前述的不同方面看成是共生的过程和整体。

共生的研究视角被认为是心理学研究中的后现代取向。"共生"一词本身来源于希腊语，最先是指不同种属生活在一起的状态。在现代生物学中，共生被认为是一种相互性的活体营养性联系。在此，共生则是指人与自然、人与社会、不同立场、不同学说、不同方法、不同技术之间的互利共生、和谐发展的生存状态和生存模式。"生"不仅仅是指存在和生存，还指吸收了新的性质、新的内涵、新的要素，从而有着改进、提高、优化、发展的含义。共生也就是共存、共在、共荣、共利。共生的特征可表现为四个方面。第一，共生是复杂化的、多层次的和开放的。共生不是一个单一的、简单的存在现象，而是包括生态系统的共生、社会系统的共生以及生态系统与社会系统之间的和谐共生。第二，共生具有最大可能的包容性。构成共生体的基本单元不仅是同质的，也包括异质的，是异质的多样性融合。第三，共生是各种关系之间的良性循环与发展。互利则共生，互损则俱灭。第四，共生是弱势力量的天然追求。①

共生性原则支配下的心理学研究立足的是共生主义（enactionism）的理念和原则。共生主义强调应该把环境与心理理解为交互作用的过程。这种交互作用不仅是环境对人的心理产生影响，而且人也会作用于环境的变化。如果进一步分析，就会发现，这种交互作用实际上就是一体化的过程。这种一体化的过程实际上也就是共同生长的历程，是指任何一方的演变或发展

① 史莉洁，李光玉．走向"共生"——人与自然，人与人的生存哲学[J]．华中农业大学学报（社会科学版），2006(1)：10—12．

都会带来另一方的演变或发展。心理环境的概念就是有关共生历程的最好描述。在社会和人类的发展进程中,人类已经开始意识到,现实世界中没有单一方面的任意发展,没有你死我活的生存竞争,没有消灭对手的成长机会,没有互不往来的现实生活。有的只是互惠互利的彼此支撑,只是共同繁荣的生存发展,只是恩施对手的成长资源,只是互通有无的现实社会。其实,无论是研究自然的、生物的、植物的、动物的,还是研究人类的,都要面对着各种不同对象之间的关联性。生态学的兴起就反映了这样的趋势。心理学研究中的生态学方法论是体现这种趋势的心理学基本原则。①

共生的原则和理念应该成为心理学研究中的原则和理念。这可以带来关于人的心理行为的全新理解,也可以带来关于人的心理行为与环境、社会、文化、历史、现实等的关系的全新理解。

① 葛鲁嘉.心理学研究的生态学方法论[J].社会科学研究,2009(2):140—144.

第三章　不同类型的研究

心理学探索可以体现为不同类型的研究。在现在的科学研究类型中，有自然科学的研究，有社会科学的研究，有人文科学的研究，有中间科学的研究。对于心理学的研究来说，其中就包括自然科学的心理学研究、社会科学的心理学研究、人文科学的心理学研究、中间科学的心理学研究。这关系到心理学的基本学科性质问题，也会影响到心理学的具体研究和现实应用的各个方面。心理学的学科性质与心理学的科学性质既有重要区别又有特殊联系。

第一节　自然科学的心理学研究

有研究揭示了自然科学心理学的困境。回顾现代心理学发展的历史可以看出，推动心理学迅速发展的主要力量来自自然科学的理念、技术和方法的进步。现代心理学的发展过程可以说是努力因循自然科学的方向和路线，不断借用自然科学的方法和技术，借以实现规范科学的理想和目标的过程。虽然在心理学发展过程中也曾间或兴起过人文主义的取向，但是人文主义的心理学由于受自然科学心理学的科学观排斥，始终未能融入主流心理学的发展轨道，更没有取代自然科学的心理学而成为主流心理学。大多数现代心理学家仍致力于将心理学建设成为自然科学的一个门类。

在文艺复兴开始后，自然科学挣脱了宗教神学的桎梏，向自然界的各个领域进行了大胆的探索和研究。牛顿的天体物理学可谓当时最辉煌的成就，一举改变了人们对世界的看法，开始以特定的自然规律的眼光重新衡量世界万物，这是建立在经验主义原则基础上的理性主义的科学态度。受此影响，作为从西方哲学中孕育、分离出来的心理学，也强调一切知识都必须建立在观察和实验的基础上。因此，对自然科学的原则和方法的强调就成为探索人类心理的本质和规律的基本立场。可以说，心理学从开始脱离哲学而成为独立的科学研究领域的那一刻起，就奠定了心理学自然科学性质的基本立场。这些心理学家的理念中具有的共同信仰就在于：一是人是自然世界的一个组成部分，因此自然科学的对象体系中包含人似乎是合乎逻辑的。二是只有借助自然科学的研究方法，才能使心理学成为自然科学群的一个合法成员。三是科学家共同体乃至社会的公认使心理学成为自然科学的一员似乎是毋庸置疑的。

应当承认，自然科学的立场、方法和技术对心理学的建立和发展的确功不可没，心理学从统治了几百年的神学、传统教条和形而上学的思辨中得以解放出来，成为一门独立的学科，并能够确立自己的自然科学的地位与尊严，首先应当归功于自然科学的贡献。迄今为止，心理学的理论建设依赖于自然科学基本理念在心理学中的延伸，心理学研究技术的更新更是染上了自然科学方法的色彩，以至于大多数心理学家认为，现代心理学的每一次进步都是自然科学发展的必然结果。然而，自然科学对心理学发展的所有上述意义都始终掩饰不了其中的一个缺憾：自然科学的基本立场和基本理念在心理学中的延伸，导致了心理学基本理论观点上的狭隘和具体研究技术上的盲点。①

有研究系统考察了现代心理学的自然科学品性。研究指出，心理学的自然科学品性是指心理学本来具有的自然科学的品质和风格。心理学在一百余年科学化发展历程中，的确已经形成了自然科学模式的研究传统，这是心理学追求科学化的成功之处。心理学正是凭借着以下研究精神和理念，成功构筑起自然科学品性。

一是研究方式的自然主义。自然主义是这样一种观点，任何现象最终都由自然法则包容和解释，任何真实事物都属于物理自然或可以还原为物

---

① 朱海燕，张锋．作为自然科学的心理学的困境[J]．云南师范大学学报(教育科学版)，2000(5)：6—11.

理自然。这成为心理学在追逐自然科学化过程中不可或缺的支持性知识背景和方法论。二是研究风格的本体论。这是关于存在本身的学说，即探讨和追问存在作为存在具有的本性、永恒和规定的一种哲学理论。三是研究精神的简约性。简约是自然科学致力于追求并张扬的一种和谐风格，极力推崇以数学方式和物理语言的简单、和谐来解释并说明世界的复杂性。它成为心理学力求以最简单的逻辑语言形式来阐释最复杂的人类心理行为，并追求普遍适用性的一种准则。四是研究理念的因果性。因果原则是人们认识世界和解释事物发展变化的一种方式，它表达了事物之间的一种连续性，认为两个事件之间的因果关系往往表现为一种有规则的变化。它成为心理学实现对研究对象的控制和预测的指南。五是研究方法的实证性。实验方法是证明和发展科学知识的有效手段，既是获得知识真理的标准，又是产生理论原理的基础。它成为心理学走上一条客观、开放和应用的研究发展道路，并维系和支撑着心理学科学化水平的标尺。①

心理学在寻求学科的独立性和确立研究的科学性的进程，曾经栖身于自然科学之中，曾经依赖于自然科学方式，曾经确定自身的自然科学性质。这给心理学带来了研究的引导和科学的定位，但也使心理学关于人的心理行为的理解走向了客观化、自然化和简单化，也使心理学关于自身学科的理解导入了去文化、轻社会、非人性等的因素。

第二节　社会科学的心理学研究

有研究对社会科学的方法论进行了考察，指出社会学乃至整个社会科学都是现代性的产儿，因此社会科学自诞生的那天起，就欲图将自己打造成像自然科学那样的“科学”。但是，事实上人类行为的主观性与能动性始终使社会科学无法摆脱人文主义的纠缠，成为一门纯粹的实证科学。不仅某种流行的理论范式始终制约着人们对现实社会的研究，在实证主义的探索之外，人文主义在社会科学的研究中也继续扮演着重要的方法论角色，而关

① 孟维杰. 现代心理学自然科学品性探析[J]. 南京师大学报(社会科学版)，2007(5)：86—90.

于价值中立的无尽争议更是说明了这一原则的相对性。对社会科学方法论的探讨无意终结实证主义与人文主义之争，却意在为这种非此即彼的争议提供一种相互包容的视角。①

心理学有过把自己归属于社会科学家族中的一员，并因此而持有社会科学的科学观。心理学与许多社会科学门类都有着十分密切的关系，因此心理学也具有社会科学的性质，也拥有社会科学的身份。其实，心理学庞大的分支学科群中，有许多是与社会科学门类相结合的心理学分支学科。这些心理学的分支学科也都确立了心理学在社会科学中的性质和地位。

例如，经济学与心理学已经开始有了汇合，这既给经济学学科带来了重大的改观，也必然会给心理学学科带来重大的发展。经济学研究为了探求经济现象深层的心理基础和心理动因，已经开始关注人的心理行为。心理学研究也开始关注和探讨经济现象中的心理行为。这不仅表明了经济学对心理学的影响和贡献，也表明了心理学对经济学的影响和贡献。② 经济学的研究也促进和推进了心理学研究的发展和扩展。③ 其实，经济学与心理学同样都探讨人类行为，只是各自遵循着自己的学术轨道发展。

社会学对人类社会、社会群体、人际关系和社会个人的研究，也涉及社会心理的方面，也提供了对人的群体心理和社会心理的描述和解说。社会心理不同于个体心理，具有新的性质、新的特征、新的表现和新的功能，包括社会生活环境中的个体化心理，小群体心理和大群体心理。社会学的研究也包含社会文化、文化心理、文化人格等方面，也提供了对文化与心理、文化与行为、文化与人格、文化与自我的研究成果。这是从社会学的视角，以社会学的方式，对人的社会心理行为的研究。

社会学涉及的一系列重要研究内容包括社会结构、社会过程、社会互动、社会关系、社会群体、社会大众、社会角色、社会心理等，为心理学理解人的心理行为的社会性质和社会层面提供了独特的社会视角。

---

① 周晓虹. 社会科学方法论的若干问题[J]. 南京社会科学，2011(6)：1—7.

② 周国梅，荆其诚. 心理学家获 2002 年诺贝尔经济学奖[J]. 心理科学进展，2003(1)：1—5.

③ 皇甫刚，朱莉琪. Vernon Smith 开创的实验经济学及其对心理学研究的启示[J]. 心理科学进展，2003(3)：243—248.

第三节　人文科学的心理学研究

有研究对西方心理学中的科学主义向度与人文主义向度进行了考察，指出西方心理学的发展围绕着心理学的科学观、对象观、方法学和理论观等基本理论问题，反映出科学主义心理学或自然科学心理学与人文主义心理学或人文科学心理学的对立和论争。心理学中的这两种向度亦被称为“两种科学”“两种文化”“两种主义”“两条路线”“两种背道而驰的倾向”，也是指心理学研究中两种不同的价值取向。

在科学心理学诞生后，冯特的心理学与布伦塔诺的心理学是西方心理学史上科学主义心理学与人文主义心理学的第一次对立。随后的构造心理学、机能心理学、行为主义心理学、皮亚杰学派、认知心理学、认知神经心理学、生态心理学、进化心理学等代表了科学主义心理学的发展道路，而精神分析心理学、格式塔心理学、现象学心理学、存在主义心理学、人本主义心理学、超个人心理学、后现代心理学、女性主义心理学、叙事心理学、文化心理学、积极心理学等则代表了人文主义心理学的发展道路。科学主义心理学与人文主义心理学在心理学的科学观、对象观、方法学和理论观等方面，都存在着两极对立的倾向。人文主义心理学就在这些方面体现出了自己独特的性质。

在科学观方面，人文主义心理学重视人的世界的整体性与独特性。将世界视作有意义的世界，力图在忠于心理现象原本面目的前提下，通过描述和理解来阐发其中蕴含的意义与价值。在对象观方面，人文主义心理学在人性观上坚持人文科学立场，强调人在世界中的独特地位，提倡从社会的、历史的、文化的和精神的视角去理解人，从而把人置于心理学研究的核心地位。人文主义心理学重视对心理体验的解释，强调心理学研究对象的主观性、意义性、整体性和情境性。在方法学方面，人文主义心理学以现象学为基础，使用人文社会科学研究方法，具体表现为现场研究、质化研究和特殊规律研究。人文主义心理学以现象学为方法论的哲学基础。现象学从生活世界出发，强调忠实于心理现象本身，提倡通过经验的描述和理解来获得心理现象的本质和意义。人文主义心理学认为，心理学研究应当走出实验室，走进日常生活情境，采用访谈和自然观察等现场研究方法。人文主义心理学不绝对排斥量的方法，但对科学主义心理学过于量化的倾向进行了批评，大力倡导现象学方法等质化研究。人文主义心理学主张，普适性的心理学通则并无太大意义，心理学研究不应离开特定的个体和具体的情境，而应重在发现适合个体的特殊规律。在理论观方面，人文主义心理学突出了人的主体性和主观性在心理学中的地位，倡导以整体分析法、现象学方法研究人性、价值、创造性和自我实现等高级心理过程。人文主义心理学反对以方法为中心的倾向，主张以问题为中心，根据研究问题选择方法，既可以采用实验法等定量的方法，也可以采用个案、自陈、描述等定性的方法。人文科学心理学不赞成对人的心理进行静态的、元素论的、还原主义的分析，而主张用多元的、动态的、整体的观点研究社会活动中的人。人文主义心理学强调人的自由意志和自由选择，认为人可以独立自主地做出决定，不受外在环境的干扰。正是由于人的心理具有自由选择和意向性的特点，人文主义心理学才采用了一些主观的方法来研究人的心理现象及其意义。人文主义心理学坚持生机论的观点，强调心理现象的有机性，重视人类意识的积极性和主动性，认为对于心理与意识的机械分析无助于对其本质的分析。人文主义心理学取向反对价值中立说和价值无关说，认为价值观既是人性的基础和重要组成部分，又是心理学研究的重要任务，主张心理学是一门价值科学。①

属于人文科学的心理学研究，也关联到人文科学的众多分支，并成为这些不同学科之中十分重要的、不可忽视的研究构成和研究力量，其中就包括人类学、语言学、文化学、文学、艺术、哲学等。所有这些学科分支都与心理学有着千丝万缕的联系。心理学曾经跻身于这些人文科学的分支之中，人文科学的科学观也就会广泛渗透到心理学研究中。

人文科学显然涵盖和包容了众多的、重要的心理学探索，而且人文取向也将重要的人文价值和人文知识融进了心理学的探索。这也就使得心理学

---

① 方双虎，郭本禹. 西方心理学的两种向度——科学主义心理学与人文主义心理学[J]. 自然辩证法通讯，2011(2)：100—106.

显然具有了人文科学的性质。人文科学的心理学是属于人的科学，是关系到人本身的科学。人文、人性、人道、人本，都可以成为人文科学的心理学的基本理论设定和研究前提。

第四节　中间科学的心理学研究

中间科学的心理学强调心理学具有多元化的性质，这体现出共生学的原则。心理学是从共生视角出发的探索。在心理学的历史发展和科学研究中，一直非常盛行分离的研究。对于心理行为与社会环境，对于个体心理与群体心理，对于小群体心理与大群体心理等，都是分离地去进行考察。研究的结果造成的是对社会心理的不合理解说。共生主义的观点则把前述的不同方面看成是共生的过程，是一个共生的整体，是一个完整的过程，是一个互动的创造。

有研究认为心理学属于综合性的"人学"。研究指出，科学心理学自诞生以来，学者们对心理学的学科性质、科学类别一直存在着争议，至今尚未形成共论。研究从心理学是一门研究人的"人学"出发，考察了心理学的学科性质，分析描述了心理学的知识领域及其在科学体系中的独有特征，认为心理学本质是一门综合性的"人学"，其学科性质是一门独特科学，其知识形态既是科学又是文化。

心理学研究内容、研究方法的独特性与其知识形态、知识类别的多样性，决定了心理学的学科性质与一般学科也是不同的，因此有必要对其学科性质进行再认识。一是心理学的学科定性：综合性的"人学"。心理学理论的博大庞杂，研究的对象、内容和方法的独特性，使心理学难以划入任一科学类别。心理学研究的内容与使用的方法、手段不断交叉、融合、借鉴，而逐渐形成一门知识体系高层位，知识形态高水准，研究方法高交叉的一门类似于哲学的"人学"。二是心理学的学科发展：高度交叉与整合的无范式道路。心理学作为一门"人学"，由于其研究对象的极度特殊性、高深性和研究方法论的复杂性，使心理学的特定研究领域、具体研究内容不断变化，研究人的不同侧面的心理学派、小型理论层出不穷，心理学领域中很难形成统一心理学所有研究领域的理论或思想，即库恩所说的范式。三是心理学的学科应用：工具性与非工具性。心理学的特殊知识形态决定了其知识应用具有两重性。一方面，心理学理论中的科学性知识为人类的生产、生活提供了工具性的服务，为日常问题的解决提供了具体的方法与手段；另一方面，由于人不仅是一种生物的存在，更是一种文化历史的存在，这使心理学研究与人类的文化知识、风土人情、文学艺术结合在一起。从事心理学研究的心理学家都生活在特定的文化圈中，他们了解和认识心理行为的途径、理解心理行为的原则、干预心理行为的手段，以及在他们的探索中隐含的理论框架或理论设定，都体现出独特的文化精神。①

有研究考察了当代的交叉学科。研究指出，交叉学科是在一定的条件下，由不同学科或不同领域交叉渗透、彼此结合、相互作用而形成的新兴学科。交叉学科的内容丰富多彩，充分反映了自然科学与社会科学合流的新精神。当代交叉学科在新学科整体中占大多数，是现代学科发展的重要标志。交叉学科立足当代，从学科的高度总结新的实践经验，反映新的学术思想，展现新的逻辑起点，转换新的思维方式，瞄准新的研究对象，开拓新的研究领域，使用新的术语概念，揭示新的客观规律，为人类认识世界提供新的知识体系。自然科学与社会科学合流反映的交叉学科的内容，错综复杂，丰富多彩，其表现形态大体上可分为宏观合流、中观合流、微观合流。宏观合流是指自然科学与社会科学全局上的总体合流，这属于文化形态，其中涉及高层次的横断交叉学科，如系统论、信息论、控制论、耗散论、协同论、突变论等学科。中观合流是指自然科学的某一学科与社会科学的某一学科的合流，如社会心理学、科学社会学、计量经济学、技术经济学、科学法学、技术美学、政治数学等交叉学科。微观合流是指自然科学与社会科学的某一学科的某些成分或某一研究成果之间的交叉渗透，互相进行的移植、嫁接、吸收等。有些自然科学的概念范畴被社会科学吸收，建立起别开生面的新兴交叉学科，如自然科学的宏观和微观的概念被经济学吸收后，建立起宏观经济学和微观经济学。②

---

① 蔡笑岳，于龙．心理学：研究人的另类科学——对心理学学科性质的再认识[J]．中山大学学报(社会科学版)，2005(5)：117—122.

② 金哲．论当代交叉学科[J]．上海社会科学院学术季刊，1994(3)：140—149.

关于心理学的中间科学的定位，给了心理学与各种不同科学门类相衔接的可能和空间。心理学研究强调自己的中立地位和中间立场，不仅体现了心理学学科的独特的研究对象的性质和特征，而且表达了心理学可以根据自己的研究需要来运用不同的研究方式和研究方法。中间科学的心理学研究的优势就在于左右逢源，获得多学科的资源。

第五节　心理学的基本学科性质

心理学的基本学科性质可以既属于自然科学，也属于社会科学，也属于人文科学，中间科学。同时，心理学的基本学科性质也可以既不属于自然科学，也不属于社会科学，也不属于人文科学，也不属于中间科学。这既表明了心理学研究对象的复杂多样和潜在多变的性质，也表明了心理学研究方式的多种取向和多样可能的存在。

心理学确立的科学观经历了不断的演变。或者，心理学在各种不同的科学研究框架中尝试走过不同的道路。我们可以将其看成是心理学在自己的科学道路上的一种摸索或探索，也可以将其看成是心理学的多样化的研究定位和定性。心理学在对自己的学科性质的界定中，在对自己的发展历程的定位中，既持有和贯彻过自然科学的科学观，也持有和贯彻过社会科学的科学观，还持有和贯彻过人文科学的科学观。或者，关于自身的学科属性的归属，心理学曾经把自己归属于自然科学，也曾经把自己归属于社会科学，还曾经把自己归属于人文科学。当然，有很多的研究者把心理学归属于跨越自然科学、社会科学和人文科学的中间学科，同时具有自然科学、社会科学和人文科学的属性。那么，在心理学研究中，就贯彻过和体现过自然科学的科学观、社会科学的科学观和人文科学的科学观。心理学的科学观本身具有文化的内涵，是特定文化的体现，是文化传统的延续。

对于心理学的学科和研究来说，最重要的问题还不在于心理学到底是属于自然科学、社会科学还是人文科学，而在于心理学是否有能力去整合自己的研究，整合自己的分支，整合自己的理论，整合自己的方法，整合自己的技术。

在这种整合的过程中，心理学需要增强自己的独立性，扩大自己的包容性，确立自己的自主性。这是心理学不至于最后消失在各个不同科学分支之中的最根本方面。在心理学的整合过程中，心理学需要增强自己的创新性，扩大自己的吸纳性，确立自己的增长性。尽管心理学可以处在不同学科汇集的焦点上，可以处在不同研究交叉的节点上，可以处在不同研究立足的基点上，可以处在不同研究主张的要点上，可以处在不同研究方式的起点上，可以处在不同研究结果的终点上，但是心理学研究可以有能力去整合自己的研究，整合自己的分支，整合自己的理论，整合自己的方法，整合自己的技术。

因此，心理学基本的学科性质就在于心理学是属于可以与自然科学、社会科学、人文科学并列的心理科学。这就可以避免心理学的分裂、分解、分化，就可以避免心理学的消失、消解、消灭。心理学自身的强盛可以带来心理学学科的真正独立。这就不仅仅是由于建立了心理学实验室，运用了实证科学的方法，而使心理学成为独立的实证科学。心灵的存在、心理的现实、心性的根基、心态的幻化，都可以成为真实的研究领域、应用领域和生活领域。

第四章　自然科学的贡献

在自然科学的大家族之中，许多自然科学门类都会涉及有关人类心理行为的考察和探索、解说和阐释、影响和干预。尽管不同的自然科学分支学科都是以自己的概念和理论、方式和方法、工具和手段，在特定的层面和内容上涉及和考察人的心理行为，但是，这些关于人类心理行为的探索都具有自然科学的性质和特征，具体主要有物理学的贡献、大化学的贡献、计算机科学的贡献、生物学的贡献、遗传学的贡献、脑科学的贡献、环境学的贡献和生态学的贡献。

第一节　物理学的贡献

物理学是最早从哲学中分离出来的自然科学门类，最早采纳了实证科学的方式和方法，最早提供了关于自然现象的自然科学知识。正因为物理学按照精密科学的方式建构了自己的知识体系，按照实证科学的方式创造了自己的方法体系，所以物理学也就成为其他科学门类参照和模仿的对象。心理学就是模仿物理学建立起来的，这也被称为心理学的“物理学妒羡”。

物理学对科学心理学的影响在于物理学提供了考察和探究物理客体的基本科学方式。物理学从哲学中分离出来成为独立科学门类之后，为了在研究中剔除哲学的思辨，而把物理学的研究对象确定为物理现象。对物理现象的研究必须采用客观的、实验的、精确的研究方法或观察的、实验的、定量的研究方式。物理学从此有了突飞猛进的发展和进步，物理科学也成为带头的学科，成为科学研究的楷模。心理学在早期成为实验科学之时，就是以物理学为榜样的。甚至科学心理学在研究中不惜把人的心理行为还原为物理的事实和规律。

有研究考察了现代物理学与当代心理学之间的关系。研究指出，纵观心理学的发展历史，不难发现心理学受物理学影响巨深。心理学一直将物理学视为科学的典范。经典物理学对心理学的影响之深重自然不必言说。实验心理学先驱费希纳的主要贡献就被称为心理物理学，试图寻找物理变量与心理变量之间的关系；弗洛伊德受到近代物理学的影响，用力和能量的概念解释人的内在冲突；行为主义则直接受到生理学的影响而在方法论上完全效仿经典物理学的模型，等等。心理学不仅试图“复制”物理学基本的方法论原则，而且还试图“复制”物理学重要的知识性内容。物理学经过几个世纪的发展，本身也发生着根本性的变革，经典力学描绘的世界图景已然被现代物理学取代。面对物理学发生的如此重大的变革，心理学的转变主要表现在哲学方法论和类比应用两个层面。

从心理学的整个发展历程来看，物理学对心理学的影响在很大程度上是在哲学方法论层面发生作用的。由于18世纪和19世纪经典物理学（牛顿力学）表现出的卓越成就，使得物理学一跃而居于各门科学的前列，成为其他学科追求的样板，心理学也自然没能抗拒住这种诱惑。甚至可以说，心理学从一出生就刻上了机械论、决定论和还原论的印记。直至今日，心理学在很多方面还是未能摆脱这些思想的影响，就因为有着“先天性”的根源。但是，以相对论和量子力学为标志的现代物理学的出现，则从根本上动摇了以经典力学为基础的世界观和方法论，这给心理学的转变酝酿了良好的“后天”环境。

首先是传统的客观性原则的动摇。量子力学革命引起的方法论转变，揭示了科学研究中的主客体相关性，科研主体并不是与对象无关的旁观者，而是直接影响了对象及其结果。其次是传统的决定论基础的动摇。量子力学革命引发的方法论的另一个转变，就是证明了因果性、决定性、确定性只是世界本质属性的一个方面，而概率性、非决定性和不确定性则是世界本质属性的另一方面。这在科学上表现为承认统计规律的合法性，承认不确定性的客观存在。再次是实证的方法论主张的动摇。相对论和量子力学的出现、发展、解释和成就，打破了主流的科学心理学一直引以为荣的实证主义方法论。既然心理学中也存在这种实验的“测不准”现象，作为心理学研究的方法论基础就不应该只重视实证主义，而鄙视其他人文主义倾向的方法论。

心理学在经历了众多批判之后，又该如何面对物理学？首先，心理学家要以开放的眼光和敏锐的洞察力来看待物理学。因为物理学是考察世界的起源与演化、物质的结构与运动等物质世界的基本原理的学科，是科学的基础学科，而任何一门基础科学领域的重大突破，必然对其他学科甚至对人们的思想与行为方式产生影响，所以心理学家在关注本学科发展的基础上，对物理学的最新发展保持高度的辨别力是很有必要的。其次，心理学家不能一味地将物理学中的某些理论和方法通过“拿来主义”应用到心理学上，而是要注意到二者存在本质上的区别。虽然多数心理学家都能充分意识到二者在本质上的区别，但仍然会不自觉地犯此类错误，心理学在历史上备受批判大都根源于此。总之，心理学家应该以科学家的开放的眼光来看待心理学周围学科的发展，从而为心理学的繁荣和发展开辟新的道路。①

其实，物理的存在与心理的存在、物理的现实与心理的现实、物理的探索与心理的探索，物理的学科与心理的学科，究竟可以通过什么方式来划分、界定、定位、关联和整合，这对于科学的发展，对于学科的进步，对于思想的融合，对于理论的建构，对于方法的确立，对于技术的发明，都是至关重要的。

第二节　大化学的贡献

有研究认为，21 世纪将会出现“大化学”的时代，这涉及化学的未来地位和作用。回顾 20 世纪，化学学科取得了突飞猛进的发展和极其辉煌的成就。化学处在一个多边关系的中心，促进了相关学科的发展，极大地推动了人类社会的进步，现代社会生活已完全离不开化学了。到了 21 世纪，

① 张婷，张伟. 现代物理学与当代心理学[J]. 临沂师范学院学报，2007(3)：117—120.

化学并不会逐渐弱化，而是会在与物理科学、生命科学、材料科学、信息科学、能源科学、环境科学、海洋科学、空间科学的相互交叉、相互渗透、相互促进中得到共同大发展。化学的发展直接或间接地促进了相关学科的发展，产生了新的发现，这些学科包括生物学、物理学、地质学、天文学、材料学、药理学和心理学。在 21 世纪，化学从理论、实验到应用方面都将获得全面发展，并仍将是自然科学的中心学科，同时也是一门社会需要的中心学科。因此，对于心理学学科来说，大化学的影响也同样会大大推进心理学研究的进步。①

有研究对化学超循环与心理超循环进行了解读。研究指出，生命超循环将相对于化学层次突现的生命与可还原为生命信息的生命统一起来，兼容于以化学层次为基础、以生命信息为组织形态的生命物质系统之中。心理超循环将生理层次通过生成与心理层次相联结，将相对于生理层次突现的意识与意识层次可还原为心理信息的意识统一起来，兼容于以生理层次为基础、以意识信息为组织形态的意识及意识载体系统之中。还原和突现的层次性就是，整体还原为低层次、高层次信息，高层次信息的突现通过超循环实现。

还原论与整体论在说明生命对象部分与整体之间关系方面的分歧表现为构成论与生成论之争：客体对象部分与整体之间是可还原为元素及其相互作用的、静态推演的构成关系，还是不可还原为元素及其相互作用的、动态的整体生成关系。构成与生成，代表着事物形成过程及其认识的不同观念——不同的过程观和方法论。构成论的基本特征是生命、意识可"还原"为粒子物理化学运动构成的复合运动；生成论中生成的关键环节是突现。生成论主张生命、意识不是生物组成的各自物理化学运动的产物，而是作为整体演化结果的突现，即突变生成的。如此，生命、意识的还原和突现，便分别集中概括了还原论、构成论与整体论、生成论之间过程观、方法论的对立。

超循环论主张，生命的起源是从某一偶然的循环化学反应开始，同样由

① 吴海江，等. 21 世纪将出现"大化学"时代——关于化学未来地位、作用的展望[J]. 科技导报，1998(10)：27—30.

于偶然的机会与一些循环化学反应链接为闭环超循环；一旦超循环形成，就成为可以自我复制的、必然的结构，即生命。实际上，生命是由多层次的超循环形成的，引起生命进化的变异亦是从某一层次的新的超循环形成开始的。正是超循环将化学层次通过生成与生命层次相联结，将相对于化学层次突现的生命，与生命层次可还原为生命信息的生命统一起来，兼容于以化学层次为基础、以生命信息为组织形态的生命物质系统之中。

对于意识、精神的本质、起源、演化，还原论与整体论的争论表现为意识、精神的物理主义还原论和反物理主义的精神突现论之争。物理主义还原论认为，意识、精神活动都是物理运动、化学运动的表现，除此之外不存在单独的意识、精神运动。换言之，仅仅借助物理运动、化学方法，就可以“制造”出意识、思想、情感这一类精神活动。突现论则认为，意识、精神并非物理世界拥有的性质，意识、精神是物理世界对象整体演化生成的，对象本身的物理、化学规律不包含新的特征。但是，意识或精神的突现论遇到的比生命的突现论更大的困难在于，不能归结为“身”的“心”比不能归结为原子、分子的“身”，会更加抽象，且更缺乏经验的支持。

为了认识心理信息的组织、生成、演化，类比于生理层次的自组织程序——遗传基因信息，可将心理信息中的自组织程序称为心理基因。类似于通过化学超循环研究生命的起源演化，也可以运用心理信息超循环研究心理基因的生成变异过程。心理超循环就是心理信息生成演化的机制。心理基因作为心理信息中的自组织程序，也就是精神、意识、心理的控制因素和主导成分。因此，人的心理基因可以表达人格品性和自我情感汇成的心灵，它通过心理信息超循环生成、变异、进化。心理信息超循环是信息超循环在心理信息层次的表现，简称为心理超循环。[①]

很显然，化学不仅在具体的化学元素的层面上能够参与到关于人的心理行为的理论解说之中，而且也能够在化学方法论的层面上加入到心理学的解释框架之中。化学的分析与化学的理解都可以成为心理学研究中的具体构成和宏观影响。

---

① 陈红.化学超循环与心理超循环——还原和突现的层次性解读[J].安徽大学学报(哲学社会科学版),2010(2).

第三节 计算机科学的贡献

计算机科学对科学心理学的影响在于，计算机科学提供了理解人的内在心理的外在途径。在原有的心理学研究之中，人的心理意识被看成是黑箱，并没有办法去直接观察到。这显然给心理学研究带来了困扰和难度。在心理学的发展历程中，心理学研究者一直希望能够有合适的方式或手段来打开人的心理意识的黑箱。计算机科学以模拟的方式实现了人工的智能，成为理解人的心理意识的最直接的途径，被认为是一种探索心理机制的现代方法。[①] 计算机科学的方法也被运用于智力心理学研究之中。[②] 早期的人工智能的研究采纳符号模型。这也就是把人的心灵的性质和活动看成是符号的加工，是符号的表征和计算。这种被称为认知主义的符号研究范式是以计算机作为理论的启示，或者是建立在人工智能与人类心理的类比的基础之上。尽管人工智能和人类心理分别是由计算机硬件和脑神经系统实现出来的，但两者在机能水平上却被认为具有相同的信息加工性质。那么，人的心灵活动便没有什么神秘之处，其符号的计算过程完全可以由计算机复制或模拟出来。后来的人工智能的研究采纳网络模型。这也就是把人的心灵的性质和活动看成是神经网络的联结。这种被称为联结主义的网络研究范式是以神经系统作为理论的启示，或者是建立在神经系统与人类心理的类比的基础之上。

计算机的出现和计算机科学的发展，是 20 世纪人类最重大的发明和最伟大的成就之一。计算机也称为电脑，是用来模拟和替代人脑而从事各种运算的电子设备。计算机科学则为计算机的研究和开发提供了相应的理论和方法。

英国数学家图灵（Alan Mathison Turing）是计算机理论的创始人之一。他在 1936 年的一篇论文中，就曾提出了著名的“图灵机”设想，或者是提出了

① 朱宝荣. 计算机模拟：一种探索心理机制的现代方法[J]. 心理科学，2003(5)：891—893.
② 林崇德，等. 计算机与智力心理学[M]. 杭州：浙江人民出版社，1996：10.

一种描述计算过程的数学模型。他认为,可以由机器来进行人脑的计算活动,这就为人工智能的发展展示了光明的前景。物理符号系统的假设就认为计算机是物理符号系统,可以进行符号表征和符号计算。他们也同样把人的认知看成是物理符号系统,同样是进行符号表征和符号计算。这就使心理学对人的内在认知的研究,有可能摆脱心理主义的缠绕,从而对人的内在认知的工作原理进行客观的揭示成为可能。

计算机科学对认知心理学的具体影响主要表现在两个方面:一是计算机类比,一是计算机模拟。计算机类比是认为计算机的工作原理与人的认知的工作原理是类似的,都是物理符号系统或信息加工系统。计算机模拟是指以计算机作为工具,来验证对人的认知过程的研究设想。在计算机与人的认知之间建立的类比和模拟关系,使认知心理学研究获得了必要的理论基础。

认知心理学之所以可以借用计算机科学或人工智能的理论构造,就在于两者共同采取的功能主义立场,以及在此基础上的人工智能与人类心理的类比。功能主义(functionism)强调对物理装置和物理过程进行功能水平的描述。这就把信息加工系统与实现加工的基础相对地分离开了。显然,自然的或人类的信息加工是由生物性的神经系统或人脑实现出来的,而人工的或机器的信息加工是由物理性的电子器件或电脑实现出来的。尽管实现的基础不同,但两者在功能水平上可以是相同的。功能主义直接导致的是人工智能与人类心理的类比。这种类比给认知心理学和人工智能的研究者带来了很大的便利。认知心理学家可以通过人工智能的研究来确证人类认知乃至人类心理,人工智能的研究者则可以通过认知心理学的考察来推进和发展对人类认知能力的计算机模拟。

实际上,说计算机与人相类同是一种非常粗糙的描述,无论是在人工智能领域还是在认知心理学领域,对计算机与人的类比均有程度不等的看法。塞尔(John Rogers Searle)指出,在人工智能领域,对类比有两种不同的观点。一种是弱人工智能(weak artificial intelligence)的观点,主张计算机的基本价值在于为研究心智提供了一个非常有力的工具,使研究者能够据此检验心理学的解释。另一种是强人工智能(strong artificial intelligence)的观点,主张计算机不仅仅是研究心智的工具,恰当程序化的计算机,加之正确的输入和输出，本身就拥有与人类意义相同的心智，可以呈现各种与人相同的认知状态。① 巴尔斯(Bernard J. Baars)指出，在认知心理学领域，对类比有三种不同的观点。第一是最保守的观点，主张精确的心理学理论能在计算机上得到模拟，它强调理论的精确性质。第二是不那么保守的观点，主张计算机和人都是信息加工系统，它强调信息的加工系统。第三是最激进的观点，主张计算机和人能够完成同样的智能任务，它强调问题的实际解决。②

无论是在人工智能领域，还是在认知心理学领域，都有很多学者持非常强硬、特别激进的观点。他们把人和计算机看成是同为信息加工系统的两个不同物种。人是属于自然的物种，计算机则是属于人造的物种。但是，人与计算机同为信息加工系统具有的性质，则并没有什么根本性的差别。认知科学家纽厄尔(Allen Newell)和西蒙(Herbert A. Simon)就认为，计算机与人的智力可以是类同的。他们在研究中提出了物理符号系统，用来说明智能。③ 他们指出，物理符号系统的"物理"可表示两个意思：一是这样的系统遵从物理规律；二是这样的系统并不限于人的符号系统。这实际上把人工智能与人类心理统一在物理主义的基础之上。计算机理论的先驱图灵曾预期了人工智能的发展，并设想了一个检验去考察一台计算机或其他系统是否具有与人一样的认知能力。该检验是看一个专家能不能够区别机器与人从事的活动的结果，如果不能区别，机器就拥有与人一样的认知能力。这就是广为人知的"图灵检验"(Turing test)。④

认知科学兴起之后，人工智能和人类心理的关系就一直是争论不休的问题。人工智能是由计算机实现出来的，人类心理则是由人脑实现出来的。计算机的硬件构造与人脑的神经构造是不同的，但进一步，由计算机实现出来的人工智能与由人脑实现出来的人类心理是相同的吗？认知科学家和哲学家给出了不同的解答。

---

① Searle, J. R. Minds, Brains, and Programs. *Behavioral and Brain Science*, 1980 (3): 417 - 457.

② Baars, B. J. *The Cognitive Revolution in Psychology*. New York: The Guilford Press, 1986.

③ Newell, A. & Simon, H. A. Computer Science as Empirical Inquiry: Symbols and Search. In M. A. Boden (Ed.), *The Philosophy of Artificial Intelligence*. New York: Oxford University Press, 1990, pp. 105 - 132.

④ Turing, A. M. Computing Machinery and Intelligence. *Mind*, 1950 (59): 433 - 460.

人工智能与人类心理的类比，给认知心理学家和人工智能的研究者带来了很大的便利。认知心理学家可以通过人工智能的研究来反观人类认知或人类心理，人工智能的研究者则可以通过认知心理学的考察来推进和发展对人类认知能力的计算机模拟。根据弱人工智能的主张，计算机的基本价值在于，为研究心智提供了一个非常有力的工具，使人们能够检验心理学的解释。根据强人工智能的主张，计算机就不仅仅是研究心智的工具，恰当程序化的计算机，加上正确的输入和输出，本身就拥有与人类意义相同的心智，可以呈现各种认知状态。

应该说，借助计算机类比和计算机模拟，心理学研究取得了巨大进步。从20世纪初起，行为主义在心理学中盘踞了约五十年。行为主义把人的内在心理意识排除在心理学研究对象之外，主要目的并不在于否定内在心理意识的存在，而在于肯定心理学缺乏有效的手段对内在心理意识进行客观考察。认知心理学之所以能取代行为主义成为心理学主流，重返对人的内在心理意识的研究，就在于它引入了信息加工的观点，获得了客观考察的手段。把人的内在心理意识看成是输入与输出之间的信息加工过程，使心理学家有可能对其加以客观揭示和科学了解。这在一定程度上具有不可否认的合理性。[①]

计算机的出现、计算机的研究、计算机的模式，都使得心理学研究者在考察黑箱中的人的心理行为的时候，有了一个基本的依据。计算机的隐喻也就自然地进入了心理学研究之中。当然，物理装置的电脑与生物装置的人脑还是有着根本的区别。因此，设定计算机类比和模拟的结果仍然有着难以跨越的裂隙。其实，计算机科学与心理学研究是双向的借鉴和促进的关系。计算机科学借鉴了心理学的研究，并大大促进了人工智能的探索。心理学研究也借鉴了计算机科学，并大大促进了认知心理学的探索。

第四节　生物学的贡献

有研究认为，人类心理的生物学研究有宏观与微观之分。宏观研究偏

① 葛鲁嘉. 人工智能和人类心理——J. R. Searle的“中国屋”思想实验透视[J]. 自然辩证法研究，1994(7)：43—47.

重从遗传与本能的角度说明决定心理的生物因素。微观研究则从细胞与分子的角度探讨生物因素对心理的决定作用。心理学中的遗传决定论的研究包括高尔顿的家谱分析研究。家谱分析研究证实了遗传的作用，却很难分辨遗传与环境的影响，因此广遭非议。有研究提出了改进家谱分析的研究模式，就是关于双生子的研究。具有相同遗传基因的同卵双生子是双生子研究的主要对象。研究一般涉及两个方面：一起抚养的同卵双生子与分开抚养的同卵双生子之间的比较；一起抚养的同卵双生子与异卵双生子之间的比较。关于双生子的研究指标，国内外多采用的是智商。

心理学中的本能决定论的思想可上溯至18世纪的官能心理学，当时的哲学家普遍认为动物的活动决定于本能，人类的活动则决定于理性。在达尔文创立进化论之后，自然选择理论证明，人类个体的一切行为都是本能进化的结果。从此，本能决定论日趋流行。美国心理学家桑代克最早进行了关于动物学习的研究，并将动物学习的原理推演于解释人类的学习。人有先天的反应联结与习得的反应联结。前一类是不学而能的本能；后一类是在本能基础上受后天生活影响而形成的习惯。英国裔美国心理学家麦独孤主张的本能论认为，人类的行为都是有目的行为，并由人的本能推动。他认为，本能是一种遗传的或先天的心物倾向，是长期生物进化的结果。生物进化的过程，就是本能的细分化与专门化的过程。

目前，研究日渐集中和统一到心理生物学的研究中，通过对心理的生理机制和生物基础的研究来揭示心理的本质。从发展过程看，心理生物学的研究是自然科学成果在心理本质认识问题上的反映。从基本内容看，心理生物学研究是先天论与经验论、遗传因素与环境因素对心理发展决定作用之争的延续。从研究的方式看，心理生物学是对心理的还原，也就是将高级的心理活动还原到低级的生物水平上进行研究。①

有研究从人格心理学出发，考察了人格研究的生物学取向。人格心理学已开始以新的视角来探索人格的生物基础，在解决原有问题的同时，对传统的人格理论提出了质疑和补充，并产生了新的人格生理理论。当代人格研究的生物学取向立足人格的生理研究和基因研究两个方面。生物学取向

① 蔡笑岳，向祖强．人类心理的生物学研究[J]．重庆大学学报（社会科学版），1999(1)：111—114.

只是人格研究的一种角度，在肯定其意义的同时，也不能忽视其他角度的研究。关于人格的生理基础问题，古代心理学家已从气质论的角度做过深入的研究，提出了许多理论和假设。这些气质理论在近代为心理学家所吸收和发展，形成了相应领域的研究内容。如颅相学发展为近代的神经心理学，体液说发展为气质类型说等。但是，这些学科的发展只是从侧面促进了人格生理理论的研究。在人格研究中，很多心理学研究者都意识到人格生理基础的重要性。此外，关于大脑和生化物质对人格的影响，以及有关变态人格生物基础的探讨，也为人格的生理理论的研究提供了依据。人格的生理研究和认知、行为、医学等方面的研究是互补的，近代生理学、精神病学、社会心理学等学科的发展，都促进了人格的生理基础研究。①

进化心理学已成为研究的热点，它是在 20 世纪 80 年代开始形成的一个心理学研究取向。进化心理学是以生物进化论作为心理学研究的指导思想，认为人的心理是人类进化的过程中通过自然选择形成的适应装置。进化心理学的产生有着自己的生物学背景，其中就包括拉马克的进化论思想，达尔文的进化论思想，高尔顿的遗传学思想，洛伦茨的习性学思想，等等。进化心理学研究体现在了许多心理学分支的研究中，其中包括进化认知心理学、进化社会心理学、进化发展心理学、进化教育心理学、进化临床心理学等。从相关的研究来看，进化心理学的主要贡献就在于：一是进化心理学把心理学研究纳入生命科学的范围，与现代科学发展的趋势是一致的。心理学研究长期都是以物理学为自己的榜样，把人当作机器。进化心理学则把心理学研究转轨到生物学的范围之中。二是进化心理学开辟了心理学研究的一些新的研究领域和研究课题，并取得了许多重要的研究成果。三是进化心理学促进了对心理和人性问题的深层思考，包括人性的本质、心理的来源、心理与行为的关系、文化与心理机制的关系、心理的普遍性与差异性的关系。四是进化心理学对其他学科的研究具有重要的启发作用。显然，进化心理学是 21 世纪心理学发展的新方向，对我国心理学的发展具有重要的启发价值。②

① 叶海燕. 人格研究的生物学取向述评[J]. 南京师大学报(社会科学版)，1999(6)：78—83.
② 朱新秤. 进化心理学[M]. 上海：上海教育出版社，2006：1—11，275—276.

可以说，生物学无论是在宏观的思想框架或理论框架上，还是在基本的研究原则或探索思路上，还是在研究的核心主张或主要观点上，都为心理学研究提供了非常重要和非常关键的内容。这对于心理学的研究和心理学的发展产生了极其重大和极为深远的影响。在生物学框架中的心理学研究，就是通过生物还原论把心理学研究带入了生物学领域。

第五节　遗传学的贡献

有研究考察了行为遗传学的研究。行为遗传学是在生物学、遗传学、心理学、行为学和医药学等多门学科发展的基础上形成的一门交叉学科。从19世纪末期到现在，行为遗传学已跨入第三个世纪。从孟德尔单基因遗传定律到多基因系统与环境交互作用影响复杂的人类行为，从传统的计量遗传学研究到连锁、关联研究，再到功能基因组学技术的应用，无论在思想体系还是研究方法上，行为遗传学都取得了突破性进展。尽管行为遗传学在阐明基因究竟怎样影响行为的道路上仍处于起步阶段，但毋庸置疑，这一学科的进步将有助于人类了解自身行为，并最终推动整个社会的发展。

行为遗传学研究那些原本在心理学家和精神病学家研究范围内的行为特征的遗传基础，是以解释人类复杂的行为现象的遗传机制为其研究的根本目标，探讨行为的起源，基因对人类行为发展的影响，以及在行为形成过程中遗传和环境之间的交互作用。目前，行为遗传学领域涉及的研究内容，已经从过去的单基因遗传病，发展到了对人类的自身存在、心理发展、高级智能、复杂行为、精神疾病、心身健康、药物成瘾、行为障碍、自杀心理、社会态度、价值观念、心理意向等重要的课题。①

有研究考察了行为遗传学研究的进展。研究指出，行为遗传学考察行为的遗传基础，试图探明遗传因素和环境因素在个体的行为发展差异中所起的作用。定量遗传学是行为遗传学早期的主要研究途径，通过比较双生子和收养关系来寻找遗传和环境影响人类行为的证据。随着研究的深入，

① 白云静，等. 行为遗传学：从宏观到微观的生命研究[J]. 心理科学进展，2005(3)：305—313.

发现对环境的认识过于笼统，会制约对行为差异的追根溯源。研究者进而区分了共享环境与非共享环境。共享环境指生活在同一家庭的子女在平均水平上分享的相同环境，包括通常意义上的家庭背景（家庭地位、父母职业、教养程度、宗教信仰等）、学校状况、共同伙伴、邻里关系、民族文化等。非共享环境则指子女在家庭内外获得的独特经验，来源于仅仅是子女个体经历的事情或条件，可以分为系统影响和非系统影响。

定量遗传学在理论建构上的突破还在于较深刻地认识了遗传与环境之间复杂的相互影响。大量研究发现，遗传和环境之间既存在着不同形式的相关关系，又具有多样的交互作用。首先，定量遗传学用基因型与环境的交互作用这一术语来表示遗传和环境之间的交互作用，意指个体在环境敏感性上存在的遗传差异。其次，在采用自陈问卷和观察研究对环境影响进行测量时得到了意外发现：环境测量结果显示出了遗传的影响。

分子遗传学试图确定使生物行为和心理特质具有遗传性的特殊基因，目前取得的成果虽然还不甚丰硕，但是发展势头非常强劲，已成为行为遗传学研究的新兴途径。总体上看，分子遗传学目前处于基因组学的阶段，工作重心集中在具体基因的寻找上。心理学家的参与有助于对基因与行为关系的认识，心理学家的主要任务是揭示基因的作用。功能基因组学对基因和行为关系的研究是由下自上的分子水平分析，要全面认识基因和行为之间的联系，还需要自上而下、聚焦于整个生物体行为功能水平的分析，而后者正是心理学的专门任务。心理学家当前的任务就是要学会运用基因，比如通过确定个体的基因型来认识与行为特征有关系的特殊基因；通过基因与环境的交互作用和相关性来跟踪特殊基因与行为之间的作用途径；形成以基因为基础的诊断和治疗程序。

行为遗传学的发展前景就是以行为基因组学为中心，对定量遗传学和分子遗传学进行整合，而整合的完成需要心理学家的参与。倘能如此，必将成为行为遗传学、心理学，乃至生命科学发展进程上的一个里程碑。①

遗传学对心理学的影响曾造成了心理学理论解说中的遗传决定论，这曾经在相当长的时间里，为心理学的理论解释提供了依据。尽管后来的研

---

① 刘晓陵，等. 行为遗传学研究之新进展[J]. 心理学探新，2005(2)：17—21.

究超越了遗传决定论的束缚,但是遗传的基础却成为关于心理行为的理论解释的最为重要的根据。遗传学研究的深化,极大地推动了心理学探索关于心理行为的理解,这也就从一个重要的根基上完善了心理学研究。无论是遗传对心理的直接影响,还是遗传对行为的间接作用,都通过遗传学和心理学的探索得到了相应的揭示。

第六节 脑科学的贡献

脑科学是研究脑的结构与功能的当代前沿性科学,包括分子神经生物学、细胞神经生物学、系统神经生物学、行为神经生物学、发育神经生物学、比较神经生物学六个分支学科。

脑科学又称为神经科学,形成于20世纪60年代末,它融合了神经生理学、生物化学、神经解剖学、组织胚胎学、药理学、精神病学、信息科学、计算机科学等学科,来研究人和动物神经系统的结构和功能,以揭示人脑的奥秘,防治神经和精神疾患,发展模拟人脑部分功能的神经计算机。

脑科学研究的进展包括七个方面。一是大脑联合皮层功能的发现。脑的许多重要高级功能,如知觉、表象、分析、综合、联想、判断、推理等过程的进行,以及不同个体个性的确立和保持等,都与联合皮层有密切关系。人类的联合皮层比任何动物都发达,尤其是额叶联合皮层。它主要侧重于高度抽象的认知功能,如注意力的控制和转移,信号意义的抽取和辨别,有目的行为活动的决策、组织、计划和安排等。二是记忆神经机制的研究。美国国立精神健康研究所神经生理学实验室以猕猴为实验动物,发现至少有五处神经结构对于猕猴的视觉记忆是必需的:颞叶、杏仁—海马复合体、丘脑、颞叶与杏仁—海马复合体的神经联系、杏仁—海马复合体与丘脑的神经联系。在记忆的神经生物学研究进展中,一个重要的方面就是脑内活性物质(递质、激素、肽类)在信息储存中的作用。三是脑组织修复的研究。脑内神经组织损伤和病变后的修复,一直是生理学和医学迫切希望解决的难题。近年来,把健康神经组织移植到脑内,修复受损神经组织的实验,已在鼠、猫和人脑上做了尝试。四是大脑老化的研究。研究发现,病人海马和大脑皮层额叶中胆碱乙酰转移酶的含量比正常人减少了 90%，表明这些脑区里的胆碱能神经末梢已丧失殆尽。五是大脑两半球功能分工的研究。研究发现，大脑两半球不是主导与从属、支配与被支配的关系，而是分工协作的关系。于是，优势半球学说被取缔，代之以功能不对称学说。六是大脑功能模拟的研究。大脑功能的模拟是根据对大脑的结构和功能的了解，采用数学、物理、化学、电子线路或电子计算机的方法，设计和组建简单或抽象的模型，对脑功能进行模拟。此项研究是随着现代科技的发展和自动化、智能化机器研究的需要而发展起来的，并且已经取得了很大进展，产生了两门新的学科——认知科学和人工智能。七是脑研究的新技术——ET(脑涨落图技术)。这是一项新建立的脑研究技术，是在完全自然和绝对无损伤的条件下，对调制在原始脑波中的涨落信息进行分析，是非线性地对人脑进行超慢波扫描，能揭示传统脑波不能揭示的很多规律，可用于所有与神经介质活动有关的研究。①

有研究探讨了脑科学与心理学的关系。研究表明，经过几个世纪的观察和积累，特别是随着脑功能成像技术的飞速发展，人们可以无损伤地探测人脑，人类对大脑的认识已经从原来毫不知情的"黑箱"进入到了"灰箱"阶段。

脑成像是指采用现代物理学和生物化学的原理，来显示或呈现大脑的结构与功能。目前常用的研究手段包括功能性磁共振成像(fMRI)、正电子发射断层扫描(PET)、事件相关电位(ERP)、脑电图(EEG)、脑磁图(MEG)等，这些技术方法克服了以往的解剖学或 X 射线断层扫描技术的不足，能够从不同侧面、多角度动态地观察大脑的活动，使人们有可能获得有机体积极从事各种任务时的大脑功能变化的"图像"，因此被喻为研究大脑功能的"显微镜"。神经成像技术会比传统的认知实验提供更多的实验数据和更有意义的可直接解释的信息。对脑电的测量也是心理学科学研究的一项重要技术。脑电是脑的精神活动的灵敏测量，这项技术虽然产生较早，但是在现代又有新的发展。对于脑外表面也就是大脑皮层激活的测量，脑电是特别有用的。心理状态的很多激活都发生在大脑皮层，因而脑电对心理学研究具有重大意义。

---

① 胡玉华.脑科学及其研究进展[J].北京教育学院学报，2000(1)：41—44.

随着现代脑科学技术的飞速发展，对意识进行真正科学意义上的研究成为可能。心理学领域之外的一些杰出科学家对意识的研究起了巨大的推动作用。在对意识的研究中，当前最适合的研究对象是视觉意识。另外，梦是一种特殊的意识状态。借助简便的脑电记录系统——睡眠帽，对梦的研究也收获颇丰。关于意识的神经认知研究的一种方法就是追踪意识状态的变化。

由于脑科学的介入，心理学研究将发生很大的变化，从研究范式到理论形态都会以一种新的面貌出现。一是心理学理论隐喻从计算隐喻转向神经隐喻。神经隐喻的精髓就是对心理的研究要高度重视“硬件”——脑的研究。认知心理学家应将自己的专业研究领域与神经科学、神经放射学、神经病学相联合。脑科学与认知心理学相结合而产生的认知神经科学，使许多认知心理学家对心理的认识有了新的理解。二是心理学理论形态从简单走向复杂。当今的心理学界似乎已经完成了由领域一般性心理观向领域特殊性心理观的范式转变。这预示着今后的心理学理论将更加复杂。①

有研究很早就对大脑左右半球功能及其协调开发进行了探讨。研究分离和表述了大脑研究的三个发展阶段，即整体、分工、协同。在整体阶段，人们对大脑的认识较少，只认为大脑是一个统一的整体，无论是在结构还是在功能上都是不可分的。这种认识阶段的时间是在 1861 年以前，即法国外科医生布洛卡(Pierre Paul Broca)的研究成果发表前。在分工阶段，人们利用一些方法和对一些病例的总结，发现大脑左右半球的功能是不同的，两半球存在一定的分工。这种认识阶段的时间是从 1861 年到 20 世纪 50 年代(即美国神经科学家斯佩里开始“裂脑”研究之时)。在协同阶段，人们利用更先进的方法，发现大脑左右半球的功能在分工的基础上，是通过协同来实现各种心理活动的。这种认识阶段的时间是从 20 世纪 60 年代到现在。②

有研究认为，当代自然科学上演了戏剧性的一幕，一些最著名的脑科学专家成为二元论者，并且他们发展和建立了各自的关于意识的二元论理论，主要包括李别特(Benjamin Libet)的“有意识的精神场”、斯佩里的“精神一

① 商卫星. 脑科学与心理学研究[J]. 医学与哲学(人文社会医学版)，2007(1)：5—7,10.
② 沈德立. 关于大脑左右半球功能及其协调开发[J]. 天津师大学报，1998(4)：18—24,31.

元论”和艾克尔斯(John Carew Eccles)的“精神—脑相互作用论”。

美国加利福尼亚大学心理学教授李别特是最先采用实验手段对人的意识进行直接测量的科学家。李别特的研究表明,尽管主观经验与人脑,特别是人脑的神经活动密切相关,但脑与精神之间充分且完全的联系是不可能的,从有意识到心理事件的发生并不完全依赖或系于神经事件,自由意志能够成为人们行为的原因。李别特于1993年提出了“有意识的精神场”(the conscious mental field,简称CMF)这一新理论。这一理论不认为精神场是一种独立的存在,因为精神场不能离开活着的脑,而是人的大脑突显的属性。但是,突显的意识经验具有主观特性,一旦产生就再也不能被还原为大脑的神经活动过程。同时,这种主观的意识经验能够反作用于人的神经活动,从而影响人们行为的输出。

斯佩里通过对裂脑人的研究,发现一系列富有意义的成果,比如人脑中左右半球表现出的功能不对称,人脑左右半球具有功能代偿的作用。最重要的是,斯佩里发现在裂脑人身上可能存在着两种独立的人格,或者裂脑人的左右半球有独立的意识功能。在对意识经验常年实验研究的基础上,斯佩里逐渐发展和确立了自己的意识理论,他称之为“精神一元论”。在斯佩里看来,人们无法否认一种统一的意识经验的存在,意识经验是人脑功能突现的一种属性。斯佩里认为意识对神经事件有因果作用,从意识到因果作用是一种下向因果决定作用。斯佩里在20世纪70年代提出了下向因果决定论,将其看成“精神一元论”范式的核心特征。上向因果决定论又称之为微观决定论。下向因果决定论又被称为宏观决定论。

澳大利亚神经生理学家艾克尔斯的心脑理论是典型的实体二元论立场。艾克尔斯提出了心脑相互作用的理论,认为新新皮层是意识和物质交互作用的通道。首先,艾克尔斯认为在理解人与世界的关系中,必须采纳的根本假定是,每一个人都是独一无二的意识存在。人的自我意识保证了人的主观精神的统一性。其次,艾克尔斯通过对大脑中神经元结构的阐述,利用量子力学中的概率场论说明了心脑相互作用的发生位置和可能方式。①

脑科学是汇聚了多学科的、共同的研究领域和课题。其实,在脑科学的

---

① 吴胜锋,高新民.当代脑科学中的新二元论[J].自然辩证法研究,2009(7):11—15.

研究中,也有心理学学科的参与和贡献。或者,心理科学也在脑科学的研究中占据着举足轻重的位置。反过来,脑科学的研究进展也给心理学研究提供了重要的基础。脑科学为理解心理行为的脑机制提供了科学的通道。脑科学的每一次大进展,都带来了心理学研究的跃进。

第七节　环境学的贡献

有研究探讨了环境科学的思想发展史。研究指出,环境科学是 20 世纪新兴的综合学科。自诞生以来,发展非常迅速,目前已经形成庞大的学科体系。环境科学思想包括四个方面的内容。第一,环境系统学说。这是从系统科学角度研究区域、全球环境问题时形成的一个新的学说,其概念核心是环境系统和“人—环境”系统。第二,环境质量学说。这是以环境质量为核心概念,研究环境质量与人类健康、生活质量、精神境界的关系,描述和预测环境质量变化规律及其与人类活动的相互关系、如何保护和提高环境质量等。第三,环境承载力学说。环境承载力概念的提出及其在环境规划、环境影响评价等领域的应用,形成了解释环境问题起因及解决环境与发展问题的一种新的理论和方法体系。第四,环境协调学说。这是在环境管理的实践中发展起来的,是在可持续发展理论的指导下,研究如何运用社会学、经济学、管理学的方法,在法规、政策、规划等各个层次上调整人类的思想和行为,以使环境与经济社会协调发展。①

心理学对人的心理行为的研究必然要涉及人的心理行为的环境,在心理学研究中需要对环境有特定的理解。应该说,考察环境、研究环境、理解环境、解释环境,都是属于环境学的研究。但是,心理学也应该有对环境独特而不同的理解和解说,这是从心理出发的研究和探索。

环境在通常意义上被理解为物理的环境,或者物理意义上的环境。物理意义上的环境把环境看成是物理的存在、刺激和影响。物理的环境是可见的、直接的、现实的、实在的。所以,对于早期的心理学研究来说,涉及人

① 张勇,杨凯.环境科学的思想发展史[J].环境导报,1999(3):7—9.

的心理行为所处的环境，通常就是指物理的环境。

在早期的心理学研究中，不仅人所处的环境具有物理的性质，而且人也可以被当作物理的客体，甚至人的心理行为也具有物理的性质。例如，人所处的环境受地球引力的制约，人作为物理客体也就会承受地球的引力。物理客体的打击会使人体受到直接的物理伤害，如皮肉损伤和骨骼断裂等。人在自己的生活里就身处在物理的环境之中，并且日常生活要遵守物理的规律。正是在物理的环境中，人要接受物理客体的光线的刺激，声音的刺激，压力的刺激等。在此基础之上，人才有视觉、听觉、触觉等心理的感觉和知觉。

物理的环境就成为人的现实生活要直接面对的、最无疑义的环境，也就成为人的心理行为要直接面对的、最无疑义的环境。因此，环境对人来说也就意味着是物理的环境。环境的因素也就成了物理的因素，环境的刺激也就成了物理的刺激，环境的影响也就成了物理的影响。可以说，物理的环境仅仅是最基础意义上的环境。因此，物理学是最早成为现代科学的学科门类。在心理学研究者看来，物理学的研究为心理学提供了许多有价值的启示。这包括从物理学的研究中，直接获得关于所处环境的理解。物理环境作为一种研究隐喻，一直支配着心理学研究对于环境的理解。这常常在心理学研究中很少受到质疑，也很少得到专门的考察和探讨。

涉及心理行为，就必然要涉及有机体，也就是生物意义上的存在。那么，与生物有机体直接相联系的环境就不仅是物理意义上的环境，而且是生物意义上的环境。生物意义上的环境直接关系到有机体的生存和发展。例如，食物对于生物有机体来说，就不仅具有物理的意义或是物理的存在，而是具有生物的意义或是生物的存在。食物是生物有机体营养和能量的最基本的来源。

人本身就是生物的存在，人类个体就是生物有机体，人类群体也是生物的物种。人类是生物进化的产物，也要遵循生物进化的规律。人也是通过生物的遗传而将物种的基本属性传递给个体。人也有自己的遗传基因。遗传基因也符合生物遗传的规律。那么，人作为生物有机体也面对着与自己的生物需求有关的生物环境。人类有机体有生命的活动，有新陈代谢的活动。人也在生物环境中摄取自己的食物，获取自己的生活必需的生物性条件。人也可以从生物环境中取得自己的延续和养护所需要的根本性支撑，以及选择自己的发展和成长所必需的基础性条件。

在心理学中，有许多研究就把人理解成生物学意义上的存在，认为与生物有机体有关的环境就是生物的环境，这在心理学研究中也被称为生物决定论。生物决定论有其强调的重心，也有其片面的主张。问题在于，生物环境本身对人和人的心理行为来说，都是必不可少的环境存在。怎样确定生物环境的性质、构成、功能、演化等，这对心理学研究来说是非常重要的。

人不仅是生物意义上的人，而且是社会意义上的人。人是个体化的存在，每个人都是相对独立的个体。人有个体化存在的方式和性质。但是，从另外的意义上来说，人又都是群体化的存在，个体集合和结合成社会群体。每个个体都是社会中的成员，都在社会中生存和生活。所谓的社会至少包含如下含义：社会是物质的存在，社会是关系的存在，社会是心理的存在。无论社会是什么含义上的存在，都会构成社会个体的生存和发展的环境，都会影响和改变社会个体的心理行为。

人可以通过改变和改造自然而获得属于自己的、自己创造的或具有意义的环境。这就是文化的存在，并构成文化的环境。文化是人自己创造的，是人活动的产物，是人建构的意义。文化是具有意义的，这种意义超越了人所处的物理环境和生物环境的限制，也使人赋予了自己的环境以特定的含义。人创造的文化反过来又成为人类个体发展的基础条件，成为人类心理行为的必要环境。人创造的文化最重要的、最核心的部分就是世界和人生的意义。对人具有的意义就内含在文化之中。人通过掌握文化来掌握内含在文化中的具体意义。文化也是传承延续的，这使人的生活和人的心理变得有历史，有传统。人的生活的性质和内容都有文化的继承性。生物的自然延续可以是通过生物的遗传。但是，人类的种族延续还可以通过文化的遗传。正是文化的存在，才使得人类个体承继人类的文化遗产，使人类个体成为人类文化的传承者。文化又是决定生活的，文化决定了人的生活的性质、内容和方式，文化也决定了人的心理和性格。

物理的环境是对物理存在的客体来说的环境。生物的环境是对生物存在的机体来说的环境。社会的环境是对社会存在的个体来说的环境。文化的环境是对文化存在的本体来说的环境。那么，对于心理的存在，对于意识的存在，特别是对于自我意识的存在，环境不仅是物理意义上的、生物意义上的、社会意义上的、文化意义上的，而且是心理意义上的。心理环境是被觉知到的、被理解到的、被把握到的、被创造出的环境，是对人来说最切近的环境，它已经超出物理意义、生物意义、社会意义和文化意义上的环境。人可以在心理上分离出自己所处的环境，并在心理中构筑出自己生活的环境，并针对这样的环境调整自己的心理行为。所以，意识觉知到的或自我意识到的环境是人建构和构造出来的环境。心理环境加入了人的创造性活动，这就使得心理环境的含义远远超出了物理环境、生物环境、社会环境和文化环境的界限。人的创造性活动主要体现在两个方面：一是心理意识支配下的创造性构想，这可以突破物理环境、生物环境、社会环境和文化环境的限制；二是心理意识控制下的创造性行为，这可以实际改变物理环境、生物环境、社会环境和文化环境的构成。

第八节 生态学的贡献

生态学是研究生物与环境之间关系的一门科学。生态学对科学心理学的影响则在于提供了共生发展的理念。对人的发展，包括心理发展，一开始都是采纳单一发展的方法论。人的发展可以破坏环境。随着环境的恶化、生态的危机，人们越来越重视共生的发展。生态学本身也开始研究生态心理，考察人的心理行为对环境的影响和破坏，因此生态心理学和心理生态学就应运而生。在生态学的框架中，人的心理与他人、社会、环境和世界等，都是彼此共存的、相互依赖的、共同成长的。生态的核心含义是指共生。生态的视角是指从共生的方面来考察、认识和理解环境、生物、社会、人类、生活、心理、行为等。在中国的文化传统中，一个非常重要的主张就是天人合一。

一、生态学和心理学的交叉

共生不仅是指共同生存或共同依赖的生存，而且是指共同发展或共同促进的发展。生态学的含义不仅是指生物学意义上的,而且包含着文化学、社会学和心理学的意义。生态学的含义在一开始的时候,更多是在生物学意义上的理解。只是随着生态学的进步和发展,其意义才开始扩展到其他的学科领域,才开始进入到人类生活的各个方面。正因为有了生态的含义,才使得科学的研究和思考有了更为宽广的域界。

人的生存具有的含义是多样的,不可能被局限在某一特定的方面。多样化地理解人的生存的含义,或者统合性地理解人的生存的含义,是非常必要的。人生的意义并不仅仅就是物理的意义、生物的意义、社会的意义、文化的意义,而在很大层面上也是心理的意义。任何一个人都同时既是一个个体的生命,也是一个种族的生命。这就是性命和使命的含义。生命的最直接的含义是个人或个体的生存。个人或个体是人的最现实的形态。在西方和中国的文化中,对个体存在的指称是不同的。在西方文化中,个体是以心来划分的。在中国文化中,个体则是以身来划分的。个体的生命是有限的、短暂的,但个体的生命却可以与种族的延续关联在一起。这就使个体的生命成为无限的、永恒的。其实,种族的延续是由个体汇聚的过程,而个体的发展不过是种族历史的重演。关于发展也可以有多种多样的理解。其实,无论是变化、变迁、演变、流变、生长、成长等,都与发展有着某种关联。发展的含义可以被理解为扩展、升级、多样化、复杂化。

生态学的出现不仅是一个新的学科的诞生,而且是一种新的思考方式的形成。这种思考方式突破了传统分离的、孤立的、隔绝的思考,而建立了当代系统的、联结的、共生的思考。这种思考方式不仅带来了对世界和事物的理解上的变化,也带来了研究者的视野和思路的扩展,还带来了对待世界和改变生活的方式和行动的变化。这是导致生态环境和谐与繁荣的非常重要的思想前提或理论前提。

生态学与心理学的结合形成了一个新生的、重要的、有着发展前景的、理应得到重视的学科。这就是生态心理学。目前,生态心理学正在以非常快的速度发展和壮大。作为新兴起的学科门类,作为具有重要生活意义和学术价值的科学研究,生态心理学是考察生态背景下的人的心理行为,研究环境问题、环境危机、环境保护等背后的心理根源,探索生态环境对人的心理、对人的心理问题的解决、对人的心理疾病的治疗的价值。目前,关于生态心理学的考察和探讨已经成为学术界十分重要的研究热点。在国内的研究中，有关于生态心理学思想的反思，① 也有关于生态心理学研究的述评，② 也有关于生态心理学背景的考察，③ 也有关于生态心理学的界说。④ 其实，严格地说来，生态心理学是从生态学出发，去考察生态环境和生态危机中的人的心理行为问题。

当生态学的研究迅速地成为科学研究中的显学，生态学方法论就不仅带来了理解世界的特定思考方式上的变革，而且带来了特定学科的基本研究视野上的扩展。当然，把生态学当成方法论，以及把生态学当成新学科，这是两种不同对待方式的区别。有的研究就此而认为，生态心理学本身目前还并没有一个统一的研究范式。那么，把生态心理学看成一种取向，要比将其看成一个学科更为合适，更能反映生态心理学本身的现状。⑤

生态心理学的研究一方面试图寻找导致生态危机的人类心理行为的根源，另一方面则试图寻求导致人类心理危机的生态学的根源。正是因为人类毫无节制地和最大限度地满足自己的需求，而破坏了自然的、生态的链条；正是因为人类人为地割断了自己与自然的有机联系，而导致了自身生理和心理的失衡和疾病。所以，自然的、生活的生态系统的平衡，决定了人的生活的实际质量，也决定了人的心理生活的实际质量。因为，对生态系统的破坏不仅导致人的生活环境的恶化，而且导致人的心理生活的损害。

在西方科学心理学诞生之后，完形主义心理学和机能主义心理学被认为是导致和促进生态心理学产生和发展的重要心理学派别。⑥ 这两个心理学派别强调的整体不可分割和心理对环境的适应，就是后来生态心理学的整体主义和共生主义的基本主张。但是，在生态心理学研究中，则反对完形心理学把人的心理看成是自足的系统，也反对机能心理学把环境看成是自足的存在。生态心理学强调环境与心理是交互依存的。在认知科学和认知心

① 肖志翔. 生态心理学思想反思[J]. 太原理工大学学报(社会科学版)，2004(1)：69—71.
② 刘婷，陈红兵. 生态心理学研究述评[J]. 东北大学学报(社会科学版)，2002(2)：83—85.
③⑥ 易芳. 生态心理学之背景探讨[J]. 内蒙古师范大学学报(教育科学版)，2004(12)：24—28.
④⑤ 易芳. 生态心理学之界说[J]. 心理学探新，2005(2)：12—16.

理学的发展演变过程中，也有研究主张采纳生态学的研究方法论，反对把人的认知活动从人的生活活动中分离出来，放到实验室中进行分离的研究。这就是认知研究强调的所谓生态效度。这强调的是对人的生活认知的考察。①

心理学研究中的生态学方法论反对传统心理学的二元论的思想前提或哲学设定。传统的设定把心理与环境看成是分离和分裂的存在，把个体与社会看成是分离和分裂的存在，把生理与心理看成是分离和分裂的存在，把认知和意向看成是分离和分裂的存在。心理学研究中的生态学方法论则强调整体主义和共生主义的观点。近些年来，越来越多的心理学家通过多元的和互动的观点来理解人的心理，来理解人的心理与环境的关系。② 从生态学理解生态系统，就是把系统中的存在看成是相互依赖、相互制约、相互促进、共同生存、共同成长、共同繁荣的，如果人为地割断人类与自然的联系，就会导致人的生活失调和心理疾病。“生态心理学将深层生态学与心理学和治疗学相结合，一方面探寻人们的环境意识和环境行为背后的心理根源，为解决生态危机开辟新的途径；另一方面研究自然对人类的心理价值，在保护生态的更深层次上重新定义精神健康和心智健全的概念。”③ 按照生态心理学的理解，人类与自然有着天然的联结。这体现在人类心理方面，就是所谓的生态潜意识。这是人的天性或本性。然而，这种生态潜意识在后天很容易受到压抑、抑制和扭曲。目前，人类正面临着严重的环境危机，同时也正面临着严重的精神危机。生态心理学则是要解除对人的生态潜意识的压抑，使人在意识层面上与自然达成和谐。生态心理学也是要促进人的生态自我的建立。人的健康的生态自我会使人合理地面对环境，合理地满足需求。在良好的生态环境中，可以使人增进心理健康、消除心理压力、治愈心理疾病、促进心理成长、形成健康人格。显然，生态心理学为理解人类与环境的关系提供了新的视野和方法。④

---

① Neisser, U. The Future of Cognitive Science: An Ecological Analysis. In D. M. Johnson & C. Emeling(Ed.), *The Future of the Cognitive Revolution*. New York: Oxford University Press, 1997: 245 - 260.

② 傅荣，翟宏. 行为、心理、精神生态学发展研究[J]. 北京师范大学学报（人文社会科学版），2000(5)：109—114.

③④ 刘婷，陈红兵. 生态心理学研究述评[J]. 东北大学学报（社会科学版），2002(2)：83—85.

生态学的进步为心理学研究带来了新的视野、新的课题、新的思路和新的框架。反过来也是如此,心理学的进步也为生态学的研究提供了新的理论、新的方法、新的技术和新的手段。心理学与生态学的结合也构成了新的探索领域和新的探索方式。这也就是生态心理学的研究。这不仅是新学科,而且是方法论。

二、生态学的视角和方法论

生态学的视角是指从共生的方面来考察、认识和理解环境、生物、社会、人类、生活、心理、行为等。它否定片面的、孤立的、停滞的认识和理解,而强调系统的、动态的、发展的认识和理解。生态学的方法论和生态的方法是指以生态的或共生的观点、手段和技术,来考察、探讨并干预生活世界、生活过程和生活内容。因而,生态学的方法论和生态的方法对于人和人的生活来说,既可以是考察的方式和方法,也可以是解说的方式和方法,还可以是干预的方式和方法。

生态学给定了一种看待世界、看待事物、看待社会、看待人生的独特视角。人的认识或认知常常是开始于朦胧的、模糊的、笼统的了解。随着人的成长和认知发展,人又去分析、分解和分离不同的事物。这使人会形成一种特定的认知习惯,那就是对事物进行分门别类地定位,把事物按照其构成的单元来理解。生态学的视角则试图把事物理解成为相互关联的、彼此互惠的和共同促进的整体。这样,分离的部分、分解的存在、分开的理解就要让位于整体的互动、互动的整合、整合的理解。

生态学的方法论提供了整体观、系统观、综合观、层次观、进化观、同生观、共生观、互惠观、普惠观等一些重要的思想。这可以改变原有心理学研究中盛行的思想方法和研究方式。整体观是通过整体来理解部分,或者是把部分放到整体中加以理解。系统观是把系统的整体特性放在优先的位置上。综合观是相对于分析观而言的,是把构成的部分或组成的部分统合或统筹地加以理解。层次观是把构成的部分看作或者分解成不同水平的、不同层次的、不同阶梯的、不同构成的存在。进化观是从发展的方面去理解事物的进程、进展、优化和优胜。同生观是把生命或生物的生长和发展看作相互支撑的、互为条件的、互为因果的、互为前提的。共生观是把发展看作彼此促进的、协同发展的、共同生长的。互惠观是把自身的发展看作对他方发展的促进,同时又反过来促进自身的发展和进步。普惠观则是把个体成员的成长和发展看作整体中不可或缺的条件,在一个整体中,个体的变化和发展都具有整体效应。心理学研究采纳生态学的方法论,可以带来关于心理学研究对象或者关于人的心理行为的理解上的重大改变和转向,可以带来关于心理与环境的关系的理解上的重大改变和转向,也可以带来心理学研究中关于心理学研究方式和研究方法的理解上的重大改变和转向。

生态学的方法论是一种生态学的整体观、发展观、科学观、历史观和心理观。这对心理学的学科、发展和研究来说,都是非常重要的改变。这将有利于心理学的视野的开阔、思路的扩展、研究方式的变革、探索途径的转向、考察重心的挪移和关注内容的丰富。

生态学的方法论使心理学研究有可能在相互关联的、相互制约的、相互促进的、相互构成的方式下,去理解人的心理行为,去理解人的心理行为与环境的关系,去理解心理学学科与其他学科之间的关系,去理解心理学研究应包含的内容,去理解心理学研究者能看到的生活。科学心理学研究一直在寻求自己的研究内容的定位,一直试图从纷繁复杂的人的生活中去分离出自己的研究对象。这常常带来分离和分割的考察和理解,而不是关联和互惠的考察和理解。生态学的方法论则可以提供关联性和互惠性的考察视野和理解方式。

三、文化学的含义及其原则

在中国的文化传统中,一个非常重要的原则性和核心性的主张就是天人合一。中国的文化传统并没有区分和割裂主体和客体,主观与客观。而强调的是道,道是浑然不分的、自然一体的、生灭不息的。按照中国思想家的理解,道并不是在人心之外,而是在人心之内。这就是所谓的心道一体。所谓的道,就是人的本心。但是,人在现实生活中却常常会蒙蔽了自己的本心,迷失了自己的本心,放弃了自己的本心。例如,人会受到自己的欲望驱使,会受到自己的贪念引导,会受到外界的刺激干扰,从而会随波逐流、得过且过、见利忘义、泯灭良心,就会偏离正道,误入歧途。

人的生活,人的心理生活,实际上都是寻找和追求意义。对意义的理解、把握和创造，就是人的心理生活。人的心理生活是建立在人的意识觉知或心性自觉的基础之上的，是形成和发展于生存的体验和生活的创造，或者是对生活意义的体验和对生活意义的创造。有意义的生活就是有道理的生活，那么有意义的心理生活就是有道理的心理生活。所以，人的心理生活都应该是寻求和体认道理的生活，都应该是合乎和体证道理的生活，都应该是具有和弘扬道理的生活。生活的道理就在于适应和创造。人可以在心理上接受自己的生活赋予自己的意义，并按照这样的意义来理解和接受自己的生活。这就是个体对自己生活的适应。人还可以在心理上改变自己生活具有的意义，并创造新的意义来赋予和充盈自己的生活。这就是个体对自己生活的创造。

对人的生活乃至心理生活来说，非常重要的是适应。人要通过改变自己来适应自己的环境。适应就是人改变自己，人改变自己的心理行为，来适合环境的条件，来达到环境的要求。没有适应就没有人的正常的生活。在人的现实生活中，有许多对环境的适应问题。许多不适应环境的生物就会被环境淘汰。对每一人类个体来说，都是从一降生就开始了对外界、对环境、对社会、对他人的适应过程。个体必须适应所处的生活世界，才能够生存和发展。但是，对人的生活和心理生活来说，更为重要的是创造。可以说，没有人的创造，也就没有人的合意的生活。所谓创造，是人改变自己的生活环境，改变自己的现实境遇，改变自己的心理行为，建构自己的生活环境，建构自己的心理生活。因此，人就可以进而把握自己的命运，把握自己的未来。

生活的道理在于理解和沟通。人的生活或心理生活并不是单一个体的封闭的生活，而是群体性的或社会性的生活。在群体性的或社会性的生活当中，重要的不在于空间上的接近，而在于对生活意义的共同理解。对人的生活来说，非常重要的是理解。人要通过理解达到和解，通过和解达到和谐。人与物的分隔，或者物与我的分隔，是在人具有了意识、具有了主体意识、具有了自我意识之后才开始有的。当人能够把自己的存在、把自己的身体、把自己的心理与外界区分开之后，与他物区分开之后，与他人区分开之后，这就是主体意识的产生，就是独立意识的产生，就是自我意识的产生。这种主体意识、独立意识、自我意识，表明了个人或个体的成长，表明了个人或个体的成熟，表明了个人或个体的自立，表明了个人或个体的自主。随着个人的成长、成熟、自立和自主，也就意味着个体可以把自己与外界、与事物、与社会、与他人等，区分和分离开了。但是，这种区分和分离也带来了一个十分重要的问题，那就是分裂，也就是主与客的分裂，或者心与物的分裂，或者我与他的分裂。

这种主与客、心与物、我与他的分裂带来的是，在主体之外的存在，在人心之外的存在，在个体之外的存在，就是外在影响人的存在，就是与人心对立的存在，就是异于个体的存在。对人来说，要么就是人受物的压迫，要么就是物受人的支配；要么就是物影响了人，要么就是人利用了物。对心理学研究来说，要么是环境决定论的观点，环境塑造了人的心理行为；要么是心理决定论的观点，心理决定了环境的性质和改变了环境的条件。这就是人与物的对立，就是主体与客体的对立，就是自我与他人的对立，就是主我与客我的对立。任何的分裂，所有的对立，都意味着一种被占有和占有，被征服和征服，被消灭和消灭。这是一种原始的关系、关联、关切、关涉和关注。这是一种你死我活的关系，是一种你消我长的关联，是一种你失我取的关涉，是一种你无我有的关注。

在中国的文化传统中，重视的是人与天的合一，是我与物的同一，是心与道的统一。人在自己的成长和发展的过程中，开始经历了逐渐地能把自己与外界、与环境、与社会、与他人分离开的过程。这是人的成长历程，也是人的成熟过程。但是，在这个过程中，人也很容易把自己分离的对象看作自己的对立面，自己要征服的对象，自己要占有的对象，自己要利用的对象。这样，人也就孤立了自己，隔绝了自己，膨胀了自己，放纵了自己。实际上，在人的发展和成长过程中，最重要的是消除我与物的分裂，促进物与我的融通。这就是中国文化传统的核心内涵。这是强调统一的文化，是强调和谐的文化，是强调容纳的文化。在这样的文化背景或文化环境之中，重要的不是征服和占有，不是索取和利用，而是和谐和统一，融汇和融通，容忍和容纳。

四、心理学的追求及其目标

天人合一不仅指天与人在根源上是一体的，而且指人与天在发展中也是一体的。当然，这里的天不是指自然意义上的天，不是指宗教意义上的天，而是指生活意义上的道理或理路。所谓的天道是指自然演化过程中、生物进化过程中、人类实践过程中的理路。这里的人不是指自然意义上的人，也不是指生物意义上的人，而是指创造意义上的人。天人合一的含义就是指人的心理行为与人的生活环境的共生关系。如果单纯说环境创造了人，这是不完整的。环境决定论导致把人看作被动地受到环境的影响，受到环境的制约，受到环境的塑造的人。这样，人就成为环境的奴隶，成为环境的附属，成为环境任意宰割的对象，成为环境挤压蹂躏的存在。同样，如果单纯说人创造了环境，也是不完整的。主体决定论导致把人看作无所不能的主宰者，可以任意妄为，无所不为。这样，人就成为不受约束的主人，成为破坏的源头，成为自然的敌人，成为自我毁灭的存在，成为不计后果的盲目之人。其实，人与环境是共生的关系，是共同成长的历程。可以说，人是通过创造环境而创造自己。或者说，环境通过改变人而改变自身。人与环境是要么共荣要么共损的关系，是或者共同成长或者共同衰退的关系。

天人合一的基本体现就是心道的一体。道是容含的总体，但又不在人心之外，而在人心之内。人心可以包容天地，包容天下，包容世界，包容社会，包容他人。这就是人在自己内心中体道的过程，也是人在自己践行中证道的过程。但是，在人的生活中，人常常会失去本心，被自己的欲望蒙蔽，从而倒行逆施、见利忘义和为富不仁。那么，怎样才能复归本心、明心见性和仁爱天下？这就需要有体道的追求、证道的工夫、践道的过程和布道的行为。

心道一体可以有许多不同的理解，可以有许多特定的含义。首先，心道一体最重要的含义在于，道并不是在人心之外。因此，道并不是对人心的外在奴役，不是人迫不得已接受的外在限制，不是人无可奈何接受的外在存在，也不是人力所不及的天生存在。其实，道就是心，心就是道。道是人心的根本，是人心的根基，是人心的根源。其中的含义就在于，人只要觉悟到内心的道的存在，只要遵循着内心的道的引导，就会“随心所欲”，创造世界，就会“无中生有”，促进新生。其次，心道一体非常重要的含义在于，心与道是共生的，也就是彼此互相创造的。所谓彼此互相创造，就是指心迷失了道就会失去自己生长的根基，道离开了心就会失去自己展现的舞台。正因为人心中有道，才会有心正、心善、心诚和心真。道为正，道为善，道为诚，道为真。人心可以无所不包，但这正是因为人心中有道。所以，正是在人的生存中，在人的生存境遇中，在人的生活中，在人的生活追求中，在人的心理中，在人的心理生活中，也就是对人而言，心正而正天下，心善而善天下，心诚而诚天下，心真而真天下。最后，心道一体非常重要的含义在于，道创生了万物，创造了世界，而心也同样是创生了生活，创造了人生。道是万物演生的根本，心则是人生演化的根本。人通过自己的心来体认天道的存在，也通过自己的心来创造自己的生活和社会的文化。人可以在心理文化、心理生活、心理环境的通路中，生成自己的生活和心理的根基，生成自己的生活和心理的平台，生成自己的生活和心理的意义，生成自己的生活和心理的价值。这是人体认天道存在的最根本的方面。

这就是人的资源，是人的心理资源，是决定了人的存在和人的心理的资源。这就是人的文化，是人的心理文化，是人的创造形成的文化，是决定了人的生活和环境的文化。这就是人的生活，是人的心理生活，是人的有质量的心理生活，是人的有追求的心理生活，是人的有成长的心理生活，是人的有成就的心理生活。这就是人的环境，是人的心理环境，是人的和谐的心理环境，是人的有建构的心理环境，是人的有意义的心理环境，是人的有生命的心理环境。这就是人的成长，是人的扩展性的心理成长，是人的提升性的心理的成长。这就是心理科学，是揭示、解释、创造和建构了心理和环境的心理科学。对每一个社会个体来说，心理资源、心理文化、心理生活、心理环境、心理成长和心理科学等，都是其安身立命的根本和根基。对于每一个特定社会来说，心理资源、心理文化、心理生活、心理环境、心理成长和心理科学等，也都是其必不可少的构成和构造。新心性心理学就是立足中国本土文化资源的心理学探索。作为立足本土的心理学理论建构，新心性心理学以探讨和揭示心理资源、心理文化、心理生活、心理环境、心理成长和心理科学为目标，以开创和建立中国自己的心理学学派、思想、理论、方法、技术和工具为己任，以推动和促进中国心理学的创新、创造、改变、突破、发展和繁荣为宗旨。新心性心理学有自己的理论建构。① 在新心性心理学的核心理

① 葛鲁嘉.新心性心理学的理论建构——中国本土心理学理论创新的一种新世纪的选择[J].吉林大学社会科学学报，2005(5)：140—149.

论构成中，包括关于心理资源的挖掘、关于心理文化的探析、关于心理生活的论述、[①] 关于心理环境的理解、[②]关于心理成长的追溯、关于心理科学的总论。因此，新心性心理学就把生态学方法论纳入了自己的研究视野和研究范围，并把生态学方法论作为自己的理论、方法和技术的核心内容和原则。

生态学的方法论，或者是生态主义的方法论原则，共生学的方法论，或者是共生主义的方法论原则，可以给心理学原有的研究方式带来根本性的变化或变革。把共生的理念或共生主义的原则贯彻到心理学研究中，可以给心理学研究带来关于自己的研究对象和研究方式的根本性变革。

① 葛鲁嘉. 心理生活论纲——关于心理学研究对象的另类考察[J]. 陕西师范大学学报(哲学社会科学版)，2005(2)：112—117.

② 葛鲁嘉. 心理环境论说——关于心理学对象环境的重新理解[J]. 陕西师范大学学报(哲学社会科学版)，2006(1)：103—108.

第五章　社会科学的贡献

社会科学的研究不同于自然科学，它是关系到人类社会和社会生活的科学研究。在社会科学的研究中，同样具有心理学的层面和侧面。这也就为心理学提供了重要的内容和借鉴，具体包括经济学的贡献、法学的贡献、社会学的贡献、政治学的贡献、教育学的贡献、民族学的贡献、体育学的贡献、民俗学的贡献、传播学的贡献。这些社会科学的不同研究分支都以社会科学的方式，对人类的心理行为进行了特定的考察和探索。

第一节　经济学的贡献

经济学给心理学带来了许多重要的启示，给了心理学发展以新的空间。经济学与心理学相结合形成的经济心理学，迅速成为经济学与心理学共同关注和投入的热门的研究领域，并从各自学科促进了对方的快速发展。经济心理学的兴起给传统的经济学带来了重要的改变，也给传统的心理学带来了关键的转换。

经济心理学与传统经济学的差异主要有三个方面。其一，从研究内容来看，经济心理学范围相对狭窄，更为关心形成消费、储蓄、投资等经济行为的过程，而不像传统经济学那样对经济活动的数据进行统计分析和理论研究。其二，从理论依据来看，传统经济学试图揭示社会经济的理想状态下“应该发生什么”，而经济心理学则将心理变量引入经济学的研究，试图告诉人们计量化、数学化给经济学披上了貌似严谨的公理化外套，以及现实的社会经济“实际发生了什么”。其三，从研究方法来看，传统经济学通过建立数学模型，运用数理统计的方法来检验分析商品市场、货币市场、劳动力市场的经济现象，而经济心理学则以实验为依据对经济行为及心理活动规律展开研究。

国际经济心理学研究会认为，经济心理学作为一门科学，研究构成消费和其他经济行为基础的心理机制和过程，涉及偏好、选择、决策及其影响因素。同时，经济心理学还要研究与需求满足有关的决策和选择的结果，包括外部经济现象对人类行为和幸福的影响。经济心理学的研究跨度是从个体和家庭的微观层次到国家和国际的宏观层次。

经济心理学的创新意义最重要的是体现在研究领域的创新。经济心理学是对经济学和心理学研究领域的一体化拓展。建立在演绎推论基础上的传统经济学理论开始对人类的实际决策行为进行归纳和经验研究，而将理论重点置于个体行为的心理学也通过经济学的概念和工具将研究领域拓展到群体行为。因此，一个完整的经济心理学框架涵盖社会个体、社会群体、微观情景和宏观情景等四个层次的分析。①

为了纪念卡尼曼（Daniel Kahneman）和史密斯（Vernon Lomax Smith）获得 2002 年诺贝尔经济学奖，曾有心理学研究介绍、综述和评价了行为经济学、行为金融学、风险管理学等方面的研究。研究认为，心理学家的研究工作的主要贡献和重要目的，就在于倡导心理学与经济学、金融学和管理学等其他学科的交叉与融合。心理学与其他学科的彼此交流和相互渗透，不但有利于自身的发展与完善，同时也可以形成新的交叉学科和边缘学科。② 卡尼曼本人就是美国普林斯顿大学的心理学教授。当然，这不仅是心理学对经济学的影响和贡献，反过来也是经济学对心理学的影响。

有研究指出，随着中国改革开放力度的加大，促进对经济心理学的研究会成为重要的任务。这显然是需要研究消费、投资、保险、储蓄等经济活动的心理规律，而且特别是需要研究中国人特有的、影响经济活动的深层心理结构。例如，财富的心理意义、从熟人社会的人际信任到商品社会的制度信

① 鲁直，陈卓浩．两个傲慢绅士的握手——从传统经济学的困境到经济心理学的新地平[J]．社会观察，2005(3)：47—49.

② 王辉．心理学与经济学的交叉与渗透[J]．心理科学进展，2003(3)：241—242.

任机制的转变、风险的承受力与成败归因倾向、公平观念、个人与政府及个人与社会的关系、幸福观念、慈善观念、命运观念等。①

经济心理学已经成为经济学研究中一个新时代诞生的标志，从心理的层面和行为的层面，打开了对人类经济活动进行更细致更深入透视的窗口。这不仅推动了经济学的快速进步，而且通过经济学的研究，给了心理学学科许多重要的研究启示和研究内容。

第二节　法学的贡献

在早些时候，有研究曾经对美英的法律心理学研究进行了概述。研究指出，西方法律心理学研究以美国和英国为代表，美英的研究基本上反映了西方法律心理学研究状况。美英法律心理学研究涉及很多内容。实际上，心理学的每个领域都会与法律产生实际的或可能的联系。关于知觉和记忆的研究，已经应用于证人证言的可靠性问题；决策研究已经应用于许多的法律决策方面，例如，被害人控告、陪审团裁决、法官量刑、保释、假释等；儿童心理学已经应用于有关儿童的种种法律决策，例如，控告犯罪、提供证言，辨认犯罪人等；社会心理学已经应用于陪审团动力学、法庭秩序、法律技术和对证人、嫌疑人的询问等。

美英法律心理学研究的主要领域包括如下方面。一是证人证言心理学。这是法律心理学中研究得最早、最多的领域之一，目前的研究主要集中于证人证言的可靠性问题，尤其是刑事案件证人证言的可靠性问题。二是讯问与供述心理学。这方面的研究主要是围绕警察与嫌疑人之间的活动进行的。三是法庭心理学研究。这一领域的研究除了陪审团心理学之外，主要集中在量刑决策方面。四是陪审团心理研究。这包括陪审团决策的研究、陪审团选择的研究、死刑陪审资格研究、陪审员的认知过程研究。五是犯罪心理学研究。这是犯罪学与法律心理学中最庞杂的一个领域，已有的研究涉及犯罪心理的许多方面，例如生来犯罪人、体格与犯罪、孪生子

① 阳志平，时勘，王薇．试评卡尼曼经济心理学研究及其影响[J]．心理科学，2003(4)：724—726．

与犯罪、收养与犯罪、人格与犯罪、精神病态与犯罪、社会学习与犯罪、挫折与犯罪、认知和道德发展与犯罪、人类的攻击性与暴力犯罪、母爱剥夺与犯罪、智力缺陷与犯罪等。六是被害人心理学研究。这一领域的研究主要集中于犯罪对被害人的心理效果，犯罪对被害人的生理伤害及赔偿心理问题，被害人及公众对犯罪人、犯罪与法律实施的态度等。七是司法程序心理学研究。①

有研究考察了欧洲大陆法律心理学的主要研究领域。一是法律心理学。包括法律心理学的概念与发展历史，法律心理学的学科体系，法律心理学与法学、法律及实践的关系，法律心理学的作用，法律心理学方法论问题，法律心理学家的训练和职业资格等。二是犯罪心理学。犯罪心理学是法律心理学中研究得最多、成果最丰富的分支。其中，主要领域是犯罪原因，还有犯罪决策、少年犯罪心理学和犯罪精神病理学方面的问题。三是监狱心理学。这方面主要是侧重于对矫治效果的分析和评价。四是证人证言心理学。欧洲大陆晚近以来的研究主要围绕如何获得可靠的证言和评价证言的准确性。证人证言心理学方面的研究还涉及在获取证言时使用记忆增强术的问题；犯罪嫌疑人的识别问题；人身识别中的言语和视觉过程；出于保护儿童的良好愿望而在评定儿童证言时可能出现的错误的类型等。五是审判心理学。20 世纪 80 年代以来，审判心理学主要研究法官和陪审团的司法决策心理，陪审团的选择，法庭审判活动的心理，对犯罪嫌疑人或被告人的司法精神病学鉴定，专家证人的鉴定意见对法官的影响问题，法庭语言问题，出庭的各方人员之间的心理互动，法庭询问的心理学技巧，法庭环境对法官和其他出庭者的影响等。六是警察心理学。研究内容主要包括：警察与市民或社区相互作用的心理，改进警察的社会形象的心理学方法，警察腐败行为的心理学研究，逮捕决策问题，被扣押为人质时的心理与行为，平息政治示威活动中的骚乱行为的心理学对策，犯罪专门化的心理学研究，醉酒驾驶的心理学研究，预防性巡逻的心理学问题，预防情境性犯罪的心理学措施，与犯罪嫌疑人、证人、被害人、法官、检察官等的交往行为和心理学问题，警察训练中的心理学问题，执行任务时心理应激状态的调整，警察破案能力的

① 吴宗宪. 当代美英法律心理学研究概况[J]. 心理学报，1991(2)：214—216.

心理学研究，当事人保持沉默权利的使用对起诉决策的影响，警察的偏见、经验、经历等对证言判断的影响，警察心理学研究中的方法论问题等。①

法学涉及非常宽泛的领域。在人类司法活动的各个层面和侧面，都显露着心理的层面和侧面。这就需要心理学研究的参与。同样，司法心理学也给了心理学研究很多重要的学术呈现。这突出的是法学的思想、理论、方法和工具所提示出来的心理学内容。法学所涉及的人的本性、人的本心、人的行为和人的理解，无疑极大地丰富了心理学的探索。这就是法律心理学、司法心理学、犯罪心理学和改造心理学的内容。在每个特定的领域还有更具体细致的内容。

第三节　社会学的贡献

社会学最直接影响到心理学研究的就是社会心理学的研究。社会学取向是社会心理学研究中的一个重要研究取向。正如有研究指出的那样，一般而论，社会学取向的社会心理学的突出特征表现在以群体变量为研究基点，以社会互动和社会关系为主要研究内容，多采用能在较大范围内实施的研究方法，如观察法、问卷法、跨文化比较研究法等。因而其优势是利于把握宏观的社会心理层面，敏于反映现实生活中的心理动态，研究成果干预社会实际领域的能力较强。所以，加强社会学取向的研究无疑是促使社会心理学把关注点更多地朝向社会的合理策略。②

社会学的社会心理学是从社会视角出发的探索。人的存在也是社会的存在，个体都是社会的成员，其心理行为具有社会的性质。社会学的社会心理学关注的是社会互动、社会关系、社会角色、社会群体、社会大众。社会互动是指社会上个人与个人，个人与群体，群体与群体之间，通过信息传播而发生的相互依赖的社会交往活动。社会关系的心理层面就是人际关系，这是指人们在人际交往过程中结成的心理关系，反映了个人或群体寻求满足

① 吴宗宪. 欧洲大陆法律心理学的主要研究领域[J]. 心理科学，1998(1)：85—86.

② 沈杰. 社会心理学中两种研究取向的历史作用及其综合趋势[J]. 社会科学辑刊，1996(3)：25—30.

需要的心理状态。这种关系的变化与发展取决于交往双方需要的满足程度。社会角色是由一定的社会地位决定的、符合一定的社会期望的行为模式。它是人的多种社会属性或社会关系的反映，是构成社会群体或社会组织的基础。社会角色是社会地位的外在表现，是一整套行为规范和行为期待，是人的多种社会属性和社会关系的反映，是构成社会群体和社会组织的基础。社会群体是指通过一定的社会互动和社会关系结合起来并共同活动的人群集合体。社会群体是构成社会的基本单位之一。社会群体的本质在于其内部有一定的结构，即由规范、地位和角色构成的社会关系体系。社会大众则是泛指社会生活中的群众或人群。

社会的视角被认为是社会心理学研究中的社会学取向。社会学取向的社会心理学首先在不脱离其母体的前提下，被视为微观社会学的研究。社会学家通过对社会的微观理解，形成一套考察微观社会的方法。由于社会学学科自身就具有在理论上进行探索的特征，因此社会学中的许多微观研究实际上都是理论性的探索，只是一旦要去关心用什么方法来实现和证实这些理论研究，就会遇到许多难以解决的问题。社会学中的符号互动论虽然比较理论化，不直接进行实证研究，但为后来的社会学取向的社会心理学带来了无穷无尽的恩泽和灵感。米德的这些思想为后来的符号互动理论、社会角色理论、自我呈现理论、日常生活方法和社会交换理论等提供了重要的思想源泉。如果说心理学取向的社会心理学在自身的发展过程中向文化方向迈进是一种权宜之计的话，那么社会学近来也在突破符号互动理论和社会结构视角，而直接向传统上属于心理学的领域进发。比较明显的是近来兴起的认知社会学(cognitive sociology)和情绪社会学(sociology of emotion)。①

社会学的社会心理学研究或社会学取向的社会心理学传统有两个，一个是符号互动理论，一个是来自社会结构观点。在这两种传统中，前者提供的是理论上的探求，是一种理论框架。后者提供的是一种社会学取向的社会心理学理解社会心理的视角，主要是通过社会调查的方法来研究个体心理与社会生活之间的因果或相关关系。例如，探讨个人价值观中的清教教

① 马怡，翟学伟. 社会学的社会心理学：研究取向及其现状[J]. 内蒙古社会科学，2003(3)：107—110.

义是如何促进资本主义的产生与发展的。后来在美国种族偏见的研究中，也较多地采用了这一视角，研究个人的种族歧视如何影响社会阶层分布、国家经济发展和实际人口流动。跨文化社会心理学看起来还是心理学取向的社会心理学，或者是心理学取向的社会心理学家从事的。但是，由于要考虑到把人的心理放在不同的社会文化中来看，因此许多过去的所谓普遍性的观点开始动摇。用变量的观点来看，虽然社会心理学在研究中只加入文化这一个变量，但这个变量不是一个一般性的变量，其加入将有可能从根本上改变传统的心理学取向的社会心理学。可以说，过去对人的实验和测量之所以能够比较容易地得出普遍性的结论，对人的预测性还有可能都是在于控制了文化变量和假定文化因素不存在的基础上的，人不过是一个比动物复杂一点的(在行为主义看来并不比动物复杂)存在。现在加入文化，就等于提升人，包括人的主体性、理解性、人与环境(情境)互动等一系列内容，结果跨文化社会心理学在客观上可能使心理学取向的社会心理学向社会学取向的社会心理学靠拢，尽管这种靠拢目前更多的是形式上的。在研究方法上，心理学取向的社会心理学还是坚守自己的一套做法，比如拿修订后的量表来测量当地人的性格，或在实验时考虑到被试的社会背景差异等，或者干脆就直接设计一种测量文化心理差异的量表，如个人主义和集体主义量表等。

第四节　政治学的贡献

有研究曾经对国外的政治心理学探索进行了现状考察和未来展望。研究指出，政治心理学是20世纪20年代兴起于西方的一门新兴交叉学科。目前已在美、英、法、德等发达国家得到了广泛关注。政治心理学是研究政治过程和心理过程相互作用的科学。具体地说，这是一个双向相互作用的探讨。一方面，政治心理学研究心理活动在政治活动中的作用、地位和表现，揭示政治活动中的心理活动，如个人的性格、兴趣、价值、态度、知觉、情绪等对政治行为的影响；另一方面，政治心理学也研究政治活动对心理活动的影响，如政治系统、政治事件等对人的心理活动的影响。

政治心理学有关个体的研究主要探讨两方面的问题。一是政治环境对个体心理现象的影响，二是个体的心理特性对政治环境的影响。例如，研究个体的政治知觉、政治社会化、政治态度的形成与转变、政治疏离感、政治恐怖主义者的社会背景、个性与政治态度的关系、政治家和政治领袖的心理、大众传媒对个体政治心理的影响等。对这些问题的探讨构成国外政治心理学研究的最广泛领域，并且是政治心理学许多其他课题研究的基础。政治心理学有关群体的研究主要探讨政治群体的心理，内容包括政治群体的凝聚力、政治群体间的相互作用、政治群体的决策行为、冲突或暴力行为，社会中发生的各种政治事件、政治运动的心理机制、民族的心理结构等。政治心理学有关国际政治的研究主要关注政府、国家、政治同盟、国际组织等的结构和相互之间的作用机制。例如，研究军事威胁、战争威慑、友好互助、科学攻关、文化交流、贸易合作中的心理问题，研究外交谈判中的心理问题，制定对外政策的心理依据，研究国际同盟破裂的心理条件等。

就目前的研究状况而言，国外政治心理学研究基本局限于各种理论、调查和实验结果的集合，尽管已经出版很多政治心理学的书籍，但是仍多为某些具体课题的探讨，通常都是各个政治心理学家研究结果的汇总，缺乏严密的、有逻辑性的总结和概括。政治和心理的双向交互作用仍是未来政治心理学研究的核心问题。知觉、信念、动机、价值会影响政治行为，同时，政治文化和机构因素也影响着人们的政治心理。①

有研究考察了政治心理学研究的基本内容、研究方法和发展趋向。研究指出，政治心理学是采用科学的研究方法对政治学与心理学领域中共有现象进行研究的交叉学科，并在其发展过程中表现出学科之间的双向互动与交互影响。政治心理学的发展经历了研究人格特质、研究政治态度、研究政治行为三个不同的发展阶段。政治心理学在运用理论、描述与实证三种相应研究范式的基础之上，从个人或个体、群体或组织、社会或国家以及文化或历史四个不同层面，形成了政治心理学研究的基本内容。

个人或个体层面的政治心理学研究涉及心理学领域关于个体研究的相关内容，其中包括个体的态度、信念、价值观、信息加工、认知风格、决策、选举行

① 张平.国外政治心理学研究的现状与展望[J].心理科学，2004(6)：1467—1469.

为、情绪和情感、人格、认同、刻板印象、社会化、观念形成、政治参与或疏离等。这些内容在政治领域具有自身的独特表现，同时彼此之间还具有一定的相互关联。群体或组织层面的政治心理学研究涉及个体是分属于许多不同的组织或群体的，并在其所属的组织或群体中发挥一定的作用。组织或群体自身对于个体政治行为具有独特的动态影响，这需要针对不同的政治情境，对组织或群体的心理予以剖析。与政治运动研究相近的还有政治联盟与结构问题，其主要关注政治联盟的形成机制、联盟分裂的诱发因素、政治领袖与追随者特定关系的决定因素等。政治环境中的群际关系则主要关注政治结构的自然发展、彼此互动，以及政治发展与个体和群体心理的互动影响机制，其中涉及政治发展进程的内容包含知觉与认知、群体决策、劝说、冲突等。群体或组织层面的研究领域还涉及政治极端主义者和恐怖主义者的研究、政党认同的形成与影响因素、不同政治团体的政治文化与作用等方面。社会或国家层面的政治心理学研究涉及国际关系问题的心理学视角，是一个非常重要的领域，如国家政策制定与公民幸福感、自尊的关系问题，国家和国际层面的认同问题研究。文化或历史层面的政治心理学研究涉及：个体或群体所属的单一文化对社会政治事件、心理与行为的影响分析与解读；运用政治心理学对跨文化背景下各类政治现象进行的对比研究；同一国家或地区内二元文化或多元文化在政治现象、政治行为和个体心理方面的比较研究。①

政治心理学研究涉及对人的政治活动中的心理行为的研究，也涉及对社会的政治制度、政治团体、选举活动、执政活动、政府行为、政治决策、政治运动等心理行为层面的心理学的探索。很显然，政治是人最为重要的活动领域之一，对政治活动中的心理行为已经开始有了较为系统的理解和解说，这无疑可以充实对人的心理行为的把握和阐释。

第五节　教育学的贡献

有研究对我国的教育学与心理学的关系进行了历史考察。研究指出，

① 郑建君.政治心理学研究的基本内容、方法与发展趋向[J].政治学研究，2011(4)：59—67.

教育心理学是一门应用性独立发展学科，兼有教育学与心理学的双重身份和内容。因而，它既可以被视为教育学的一个分支，又可以被视为心理学的一个分支。教育心理学可根据依附对象的不同，分为“姓教”的教育心理学与“姓心”的教育心理学。前者隶属于教育学，可正名为“心理教育学”，后者隶属于心理学，即为名副其实的教育心理学。心理教育学的研究对象是教育现象，具体是把心理学的理论应用到教育领域，对教育进行经验的演绎与思辨的推理。

教育学要适切地关注儿童，关注有生命的个体，就离不开心理学作为学科体系建立的理论基础。这不但要借助心理学研究成果，而且要借助心理学研究方法，以形成具有生命活力的教育学体系，或称作心理教育学体系。心理学要更好地为教育服务，就必须重视学校情境中心理现象的研究，将心理学的理论与教育实践有效地结合起来，以形成具有教育生态效度的心理学体系，或称为教育心理学体系。①

有研究指出，近些年来，教育心理学研究视角与研究范式有所变化，从关注个体的认知特性的单一研究取向转为关注个体、动机、情绪和社会情境等多因素的整合研究取向。整合取向的教育心理学研究鉴于前期的简化、单维的研究方式的失衡缺陷，试图将学习与教学现象置于多维的框架中进行探讨，以揭示各种因素在真实情境中的复杂交互作用，尤其是社会情境因素在其中的独特作用。

一是心理与教育的整合以及学科教学心理学的发展。心理与教育的整合使得教育心理学拥有持久、深入发展的资源与动力，并直接导致学科教学心理学的形成与发展。学科教学心理学探讨具体学科中学习与教学的心理层面，如探讨阅读、写作、问题解决等过程中蕴含的基本学习规律和相应教学规律。二是动机、认知等心理成分的整合及心智机能的发展。对个体学习的动机、情绪和认知等心理成分进行探讨，这始终是教育心理学研究的主干内容。但是，早先的研究往往孤立地考察单个成分对个体学习的作用，未能在开放的、多维的框架中探讨各种成分之间复杂的交互作用。当前的研

① 雷江华.我国教育学与心理学关系的历史考察[J].河北师范大学学报(教育科学版)，2009(3)：73—77.

究则呈现出多因素的动态整合趋势，综合考虑认知、动机、情绪、态度、信念和情境等因素在学习中的作用，并试图建立起新的模型或理论。在整合的框架内来探讨各种因素之间的相互作用、相互依存关系，这是揭示心智机能的形成与发展规律的必然要求，因为心智机能的形成、发展取决于多种心理成分的协同作用，取决于个体特性与外部因素之间的互动。三是个体与情境的整合以及社会资本的作用。情境认知理论更关注学习活动系统，关注由个体与情境资源构成的系统的整合特征及其功能。个体与情境整合的趋势同样也体现于教育技术的应用中。长期以来，因学科特性及其研究方法所限，教育心理学对人类学习的探讨多集中于学校情境，对校外的各种社会变量少有关注。即使研究中涉及某些社会因素，也多是在微观层面上针对个别成分进行探讨，如同伴、家庭、教师等，对于经济地位、种族特性、社会文化等宏观社会因素的作用机制缺乏整体、系统的考虑与探讨。然而，这种状况已经开始有所改观，越来越多的教育心理学家开始关注社会因素及其与个体因素的相互作用对学习与教学的影响，将各种微观和宏观的社会因素视为促进或制约学生有效学习与发展的社会资本而加以探讨。①

在教育活动中，心理教育是非常重要的组成部分。有研究考察了教育学视野中的心理教育。研究指出，心理教育的外延很宽，通常诸如兴趣培养、思维训练、能力培养、潜能开发、创造教育、意志锻炼、性格优化、情感培养、社会适应性培养等，都是心理教育的组成部分。从发展起源上讲，在教育学家看来，心理教育来源于教育学，是20世纪教育改革运动中出现的新观念。从基本内涵上讲，作为素质教育的基础和重要组成部分，心理教育应当属于教育的范畴。心理教育具有一般教育共有的结构，其中心理教育主体、心理教育内容、心理教育方法等要素，以一定的方式相互联系而形成统一的心理教育整体。从价值取向上讲，心理教育是主动的、积极的、发展的，主要服务对象是大多数心理健康的人。它属于具有现代教育精神的教育范畴。现代教育精神实际上是指心理教育对人的心理关怀，关注人的心理发展，发挥人的心理潜能，体现人的心理价值。从学科定位上讲，心理教育是一门新兴的教育学科。作为教育的一个方面，心理教育同德育、智育、体育、美育等

① 姚梅林.教育心理学的整合与超越[J].北京师范大学学报(社会科学版)，2005(6)：5—10.

具有相同的属性，都必须遵循教育规律，从这个意义上讲，心理教育隶属于教育科学可能更为合适。从教育学的视野来看，心理教育是一种有目的、有计划的教育活动，是一种独立的教育活动领域。在教育学家看来，心理教育是学校教育的组成部分，是素质教育的组成部分，是全面教育的组成部分。心理教育是培养现代人整体素质的一个层面，是从优化心理素质方面促进整体素质发展的一种教育。①

教育心理学是非常重要的心理学分支，也是相对成熟的心理学学科，不但积累了大量的心理学研究成果，而且提供了众多的关于人的教育活动中的心理行为的研究成果，包括教育心理学的理论、方法、技术和工具。教育心理学吸纳和汇集了来自教育学的学术思想、知识构成、研究方式，从而为心理学的探索提供了借鉴和参照。教育学与心理学形成了极为紧密的关系。这是互动的关系，是共生的关系。

第六节　民族学的贡献

有研究在考察民族心理学时，把族群社会心理界定为民族心理学研究对象。研究指出，民族心理学是一门民族学与心理学的交叉学科。因而民族学研究者将民族心理学视为民族学的一个重要组成部分；心理学研究者则将其归属于社会心理学的研究范畴。不同的学科所属使民族心理学研究对象也颇为不同。民族学研究者对民族心理学的探索，在过去一段时间曾将重心放在民族共同心理素质上，对民族共同心理素质的概念进行了多种多样的阐释，从各自角度分析了民族共同心理素质的构成要素。族群范畴的心理比民族范畴的心理更准确地反映出民族心理学研究对象。在概念上，族群与民族是有一定区别的。与族群不同，民族不仅是一种人群范畴，而且是一种社会共同体。它一般指那些有自治要求，已被政治疆域化或正在追求政治疆界化的族群，而族群的政治疆界化则往往要以一定的共同地域和共同社会经济联系为前提。“族群”可以囊括“民族”，也可以用来

① 崔景贵.教育学视野中的心理教育[J].江苏教育学院学报(社会科学版)，2004(3)：26—32.

区分民族内部的不同支系，但很难用民族来囊括族群。

虽然民族心理学研究不可避免地要沿着个体心理水平与群体心理水平两条路线展开，但应当明确的是，民族心理学研究的不是族群的一般的心理过程和心理机制，而是研究在具体的人际互动和社会情境的影响下的族群的个体或群体的心理过程和机制，即社会心理层面的族群心理。民族心理学研究两种水平的族群的社会心理：一是族群个体水平上的社会心理，即社会认知、社会情感、社会动机和社会态度；二是族群群体水平上的社会心理，即族群（民族）认同、社会化与人格、社会取向、人际互动、群体规范、组织模式及心理、宗教感、社会适应方式和行为、利他行为等。①

有研究考察了美国民族心理学的发展历史。研究指出，美国民族心理学发展历程是西方民族心理学发展的一个缩影。美国民族心理学的发展始终伴随着心理学与科学种族主义的关系问题，科学种族主义对民族心理学发展产生了重要影响。科学种族主义是在进化论、基因论和遗传学理论基础之上发展而来的，这些理论支持一个基本假设——世界上各民族之间的不同反映了进化过程中的差异，而且这些差异是具有等级性的，表明了进化水平的不同。

应该说，在民族心理学研究领域中，关于种族心理行为的研究占有非常重要的地位。特别是在多种族的国家和社会中，关于种族心理行为的探索有着极为特殊的价值。新生的应用心理学家和种族心理学家非常关注非白人社区，他们的研究发现共同促进了反种族主义的观念，这些观念对传统的关于种族先天性差异和科学种族主义的社会科学理论提出了质疑。反对种族主义观念的主要原则有如下体现：一是心理特征方面的种族差异是由于环境差异造成的；二是从方法论角度来看，以往的种族比较研究是不充分的，而且是有缺陷的，因为现有的方法论还不能够认识和控制这些假定的种族先天差异；三是种族或族群是一个概念范畴，还不能科学地给予认定。因此，种族可以解释为一种神话，或是一种用来证明控制、压迫和不公的社会建构。②

---

① 尹可丽.族群社会心理：民族心理学的研究对象[J].贵州民族研究，2006(4)：85—89.
② 万明钢，等.美国民族心理学研究的发展历史[J].民族教育研究，2006(6)：55—61.

有研究探讨了民族心理学的定位。研究认为，目前民族心理学的定位不正确，没有解决民族心理学应该属于哪个学科的问题。多年来，心理学研究认为，民族心理学虽然是以民族为研究对象，但其在心理学方面的内容便决定了民族心理学属于心理学科范畴。民族学研究一直认为，民族心理学虽然偏重心理学研究内容，但其研究是以民族为基础，因此民族心理学应该属于民族学研究范畴。民族心理学虽然偏重对民族心理的研究，但其是以民族作为研究对象，因此民族心理学应该是一门集民族学和心理学为一身的交叉学科。民族学虽然是以民族作为研究对象，但其研究内容涉及民族历史、文化、政治、经济、风俗习惯、宗教信仰等方面，民族学本身就是一门综合性和交叉性的学科。如果民族学研究民族心理，必须具备心理学和民族学的基本知识和技能。因此，在民族学基础上产生的民族心理学无疑属于综合性和交叉性的学科，即民族心理学与民族学和心理学有着千丝万缕的联系，但其同时又是一门独立的学科。民族心理学的任务就是研究民族心理发展的轨迹，总结民族心理发展的规律。①

有研究从心理学视角，考察了民族价值观。研究指出，民族价值观是不同民族基于各自的历史文化、生产方式、生活习俗、地理环境等因素，形成的具有地域特色或民族特征的价值观。从心理学角度审视民族价值观的内涵和特征，民族价值观的基本结构是民族价值认识、民族价值评价、民族价值选择三个因素。

民族价值观是不同民族基于各自的历史文化、生产方式、生活习俗、地理环境等因素，形成的具有地域特色或民族特征的价值观。一个民族或一个群体共同接受并遵从的价值观，能够集中代表该民族的文化精神，体现本民族独特的、与其他族群相区别的文化、语言、宗教、风俗。从心理学角度来说，民族价值观是民族成员依据自身的需要，随着历史的逐渐演进，对民族文化等载体的意义进行评价的稳定态度和包含情感成分的选择倾向的总和。

民族价值观中的价值认识，是指个体在民族文化潜移默化的环境中，从自身需要出发所形成的对本民族文化带有个人积极感情色彩的认识。民族

---

① 徐黎丽. 关于民族心理学研究的几个问题[J]. 民族研究，2002(6)：95—103.

价值评价是基于价值认识的一套内在的解释和评定体系。民族价值选择是个体基于价值认识和价值评价，在一定目标指导下，根据自身需要的内在尺度，自觉地对外界事物的属性、功能及其可能产生的效应，进行多方面权衡、取舍，以求获得更大价值的过程。①

有研究从心理学的取向探讨了民族认知结构的研究。研究认为，民族认知与民族文化有着密切的关系，可以说，民族认知是民族文化的一部分，同时又对民族文化的形成产生重要影响。心理层面是特定文化的灵魂。文化的根本区别与标志应该在于文化的心理层面的区别，文化的心理层面也应该是文化类型的核心。

可以说，既然民族文化差异的最为根本性的标志是在心理的层面，那么进一步，心理认知、认知结构和认知组织，则是组成心理层面的核心内容。因此，可以推知，在民族的文化差异与民族的文化特色方面，民族认知产生的重要影响与作用。民族文化的历史发展要受到民族认知特点的影响。长期形成的民族文化及文化模式又作用于民族认知及其结构，使得认知结构与组织的发展更具民族性与文化性。可以说，文化的差异性包含了认知结构的民族性，认知的民族性同时又促进了文化的特色化发展与动态性重构。②

其实，在不同民族的文化传统中，有着非常丰富的心理学资源。这些心理学资源不仅对理解本民族个体、群体和整体的心理行为非常重要，而且对于理解人的心理行为也有生活、学术的价值。

第七节　体育学的贡献

体育学的贡献体现在体育心理学的研究中。有研究探讨了体育心理学的研究对象。研究指出，体育有广义、狭义之分。广义体育是指强化体质的一切非生产性的人体活动。广义体育应包含以增强体质、保持健康为目的

① 侯阿冰，张进辅. 民族价值观的心理学视角[J]. 中央民族大学学报（哲学社会科学版），2006(5)：37—42.

② 李静. 民族认知结构研究的心理学取向[J]. 民族研究，2004(6)：10—19.

的“健身体育”，以增强体质、求得身心欢快和消遣的“娱乐体育”，以诊治疾病、恢复健康为目的的“医疗体育”，以舞台表演为特征的“艺术体育”。狭义体育是指学校领域中的体育，即学校体育。学校体育将增强学生体质作为核心目标，并充分利用体育的特点，有效地开发体育在育德、启智、健心等多方面的潜能。这正是体育心理学赖以产生的客观基础。①

有研究指出，体育心理学与运动心理学是既有联系又有区别的姊妹学科。如果对“体育”一词进行广义的理解，使体育既包括身体锻炼也包括运动竞技，那么体育也就等于体育运动，体育心理学也就等于体育运动心理学。体育心理学与运动心理学是包含与被包含的关系。如果对“体育”一词进行狭义的理解，侧重身体锻炼的方面，那就主要是指全面教育中的体育，与德育、智育等并列。这时，体育心理学属于教育科学的范畴，体育心理学与运动心理学是两个并列的学科。

体育的最为主要的手段就是运动，故体育心理学必然要使用运动心理学的某些概念与原理。然而，运动心理学虽然是以运动中的心理活动为研究对象，但是运动总要涉及运动者的身心发展和个体差异，涉及运动技能形成的原理和方法，涉及运动的教育过程和实际训练等。这些方面表明，体育心理学和运动心理学在内容方面有许多重叠与交叉，也表明两者可以互为基础。②

有研究评述了运动心理学的研究现状及发展。研究指出，运动心理学致力于提高运动员的现场表现，挖掘身心潜力，促进个体全面发展，达到身心完美状态，因此运动心理学也派生出体育锻炼心理学和体育教育心理学等分支学科。运动心理学重点研究与竞技比赛相关的心理学问题，体育锻炼心理学研究与大众健身相关的课题，体育教育心理学的重点则在学校体育教育教学心理方面，关注体育对学生人格的塑造和心理素质的培养等。目前，体育锻炼与心理健康、体育社会心理的有关问题已成为运动心理学研究的热点。③

① 王深.体育心理学研究对象新探[J].福建师范大学学报(哲学社会科学版)，2000(3)：152—156.
② 陈晓峰.体育运动心理学学科建设和发展问题探讨[J].济南大学学报(社会科学版)，1995(1)：89—92.
③ 王润平.运动心理学研究现状及发展评述[J].广州大学学报(社会科学版)，2005(3)：89—92.

可以说，体育心理学研究涉及竞技体育与健身体育两个不同方面的心理行为的探索和研究。无论是在竞技和健身的哪一个层面上，都要涉及体育的心理行为。这包括个体层面的体育心理行为，也包括群体层面的体育心理行为，还包括社会层面的体育心理行为。

第八节　民俗学的贡献

民俗学包括对民俗心理的探索。有研究曾经考察了民俗心理。研究指出，民俗是民族心理素质的外显形态，与民族的存在关系甚密。在一定意义上，可以说是民族依赖于风俗而存在，风俗造就了民族的历史传承。一个民族的风俗是该民族生活方式的凝结、思维模式的淀积、心理智慧的传承、情操的展露、审美观念的再现。因此，可以把民族风俗看作一种文化，而且是一种最深刻、最广泛和最通俗的民族文化，这种文化能让人深层地透视一个民族的心态。民族风俗主要体现在以下四个方面。

一是习惯与创造。民族风俗常表现为民族独具的习惯意识和行为。一种民族习惯的形成，就是民族智慧的运用、民族风俗的创造。各民族特有的服饰、居室、劳作方式、娱乐形式，都是民族的一种习惯，同时又都是民族对生活的一种创造。各民族就是这样按习惯的意识和行为传递生活方法、谋生技能、习性爱好和迷信崇拜。各民族都从祖辈那里继承了这种习惯，然后又将这种习惯传给下一代。民族习惯的世代传袭，便巩固了各民族特定的习惯心理。

二是习俗与风尚。民族习俗犹如社会文明的一面镜子，反映着一个社会的风尚。民族习俗与社会风尚是互相关连的。民族习俗影响着社会风尚，社会风尚制约着民族习俗。因而，中国人从古代开始便注重对民族习俗心理的校正。民族与社会是一个庞杂的组合体，需要有多种协调这个庞杂组合体的心理模式。

三是祭祀与迷信。“神”在民族风俗中是绝对伟大的，各民族几乎都有自己的“神”。在最初，神仅是人类的一种意念，随后人类便为这种意念中的“神”找到了替代物。神的最早替代物是“图腾”（某种动物、植物或其他物类)。原始民族都拥有这样的图腾,并认为是图腾创造了他们的民族。“鬼”在民族的迷信观念中,实际上也是一种神,因为鬼也能降福或作祟于人类。神的创造,使民族风俗有了人与神两个世界。沟通两个世界的途径,就是祭祀活动。人通过祭祀活动把对神的供奉、乞求和还愿等意愿传达于神的世界。

四是年节与喜乐。在人类喜、怒、哀、乐的四大情感中,喜与乐是人类追求的。人类大概从懂得生产劳动的时候起,就懂得从生活中寻找喜与乐,在劳作的一定时候便安排一定的喜乐活动。这种喜乐活动在民族年事安排中,通过时间、形式和内容的固定化,形成民族的年节习俗。民族年节喜乐特征的表现主要有三个方面:环境的喜乐气氛渲染;活动的喜乐气氛渲染;饮食的喜乐气氛渲染。

民族风俗表现的民族心理是深厚的,因为它植根于民族深远的历史和民族生存的沃土之中。民族风俗决定着民族心理,反过来民族心理的形成,又将凝聚一个民族的风俗。①

有研究考察了中国民俗文化的心理结构。研究指出,中国民俗文化的心理结构由三维机制构成,即思维方式、情感方式、人格方式。思维方式具有经验化的倾向,情感方式熔铸出道德化的价值,人格形式体现心理行为特质。

一是直觉实用型的思维方式。中国民俗文化的思维方式,从认知的角度看,是直觉型思维方式;从实践角度看,是实用型思维方式。这一特征与原始思维方式有着直接的历史渊源。中国民俗文化的直觉实用型的思维方式就直接体现在日常的民俗活动和民俗创造的活动之中。

二是道德伦理型的情感方式。思想情感作为来自主体感觉的价值判断,在中国民俗文化的心理结构中,既被心理结构内其他因素制约,同时又具有自己的独特功能。中国社会是以血缘亲情作为情感的中心和心理的基础,然后以道德理性对情感的其他部分,如友情、审美、趣味、倾向等亲情以外的喜怒哀乐加以感化、制约和疏导。文化心理结构中这种特殊的情感方式是民俗文化的核心。

① 周作明.民俗心理窥探[J].广西民族研究,1990(4):86—91.

三是天命理想型的人格形式。传统的中国社会是一个典型的农业社会，社会形态代代相传，经久不变，这就形成了中国人顺乎自然、遵从天命的人生观念。由于自然的变化无常和不可捉摸，人们常常会充满焦虑。焦虑的避免与消除则有两个不同的途径：一是倚赖传统；一是倚赖权威。这种传统与权威正是民俗文化的典型体现。中国民俗文化性格层面的重要特征是形式化的人格。例如，在人生礼仪中，婚礼、葬礼都有相当繁复的仪式程序。中国的广大民众往往追求一种所谓的圆通性品格，也就是“不求有功，但求无过”的心态。在处理人与人之间、人与事之间的关系时，往往采取避让的态度，做任何事都要圆通美满，滴水不漏。①

因此，在民俗学的研究中，关于民俗心理行为的探索，也就成为非常重要的心理学资源。在民俗心理学的考察内容中，关于民俗心理的理论、方法和技术，都以民俗学的方式进入心理学研究领域和层面。民俗生活、民俗文化、民俗心理既是心理学的研究对象，也是心理学的学术资源。

第九节　传播学的贡献

有研究从心理学的视野考察了传播学的探索。研究指出，形成于 20 世纪 30 年代前后的传播学，是一门以研究社会信息传递与社会信息系统运行和规律为对象的学科。信息传递最终是要对人的心理产生影响，也就是传播要作用于人，作用于人的心理。传播学思想源流的心理学特色是非常明显的。传播学的早期思想来源主要包含两个，一是欧洲源流，一是美国源流。

从欧洲源流角度看，一些重要的社会心理学家的研究对传播学的影响较大。法国社会心理学家塔德（Jean Gabriel Tarde）从群体心理角度，对群众和公众的时尚、风俗、舆论、传说等传播现象表现出来的共同行为进行了研究，并提出了“社会就是模仿”这一命题。模仿是最基本的社会现象，通过人与人的信息传递过程得以实现。法国社会心理学家黎朋（Gustave Le

① 吴晓东. 简论中国民俗文化的心理结构[J]. 锦州师范学院学报，2003(3)：60—62.

Bon)研究了通过言语与非言语符号的传播纽带，群体是如何作用于个体的。原本理智的人，进入集群中就可能表现为匿名性、破坏性、盲目性、冲动性和暗示性，故群体或群众运动有着巨大的破坏力量，具有很大的社会危险。德国社会心理学家西米尔(Georg Simmel)是较早研究群体对个人行为影响的，并提出了传播网络理论。他认为群体中的个人都是由特定的信息渠道相互连接的，人与人之间的这种连接存在着信息传递的关系，由此形成一张传播网络。

从美国源流角度看，库利(Charles Horton Cooley)提出的两个概念在社会心理学和传播学中影响深远。一是初级群体的概念。这是指个人所处的基本群体，如家庭、同伴、邻居等，初级群体是社会化的基础。二是"镜中我"的概念。这说明个人的行为在很大程度上取决于对自我的认识，而这种认识又主要是通过与他人进行互动产生的。周围人对个体的评价和看法是评价自我的一面镜子，传播是镜中我形成的主要机制。美国社会心理学家米德(George Herbert Mead)提出了符号互动思想。在米德看来，人的独特之处是能运用符号。由于对符号的运用，人能保存过去的经验并能建立新的意义。因此，人生活在一个意义世界中，人不仅可以通过符号与他人交往，也能通过符号与自己交往。①

有研究通过一种开放社会学的视角，讨论了传播心理学的几个基本问题。研究指出，传播心理学可以理解为对传播心理的研究，也可以理解为对传播的心理学研究，还可以理解为对传播与心理的关系的研究。在前两类研究中，对传播的心理学研究显然在领域上大于对传播心理的研究，如果再加上关系的研究，传播心理学腾挪的空间就会更加广阔。开放社会科学的思想主张，学科应该是开放的而不是封闭的，应该是包容的而不是排斥的。传播心理学的追求是要研究基于传播的、独特的心理现象，也要发展出关于传播与心理的基本假说，还可以用研究去检验传播学和心理学的普遍性理论。传播心理学研究的概念、理论和方法等应成为传播学、心理学和更广泛的人文社会科学共同关心的话题。②

① 刘淳松. 心理学视野中的传播学研究[J]. 云梦学刊，2008(5)：122—124.

② 钟年. 论传播心理学的几个基本问题——一种开放社会学的视角[J]. 现代传播，2008(2)：39—40.

有研究对大众传播心理进行了系统的探讨。研究指出，传播心理学的内容范围可以包括五个基本方面：影响媒介内容的因素；受众的特征及外部环境；媒介内容的特征；受众对媒介内容的使用和评价；受众受到的影响。

这五个方面就构成了基本的研究内容。媒介社会学研究涉及哪些因素导致媒介内容的确定。市场媒介内容研究涉及媒介内容特征如何影响受众对媒介内容的使用和评价，这主要是收视率的研究。内容的直接效果研究涉及媒介内容对受众有什么直接的影响，研究媒介内容对受众的影响时，考虑影响媒介内容因素的作用。考察在受众媒介行为的影响下，媒介内容的效果。受众研究涉及受众使用媒介的原因和方式、需求和满足、创新和传布、模式和影响。媒介使用的直接效果研究涉及媒介在儿童政治社会化中的作用，媒介效果对受众政治知识和态度的依赖等。考察受众人口特征、生活方式、环境特征对媒介使用及其效果的影响。市场媒介内容研究涉及受众喜欢的媒介内容是出自什么媒介机构，媒介以外的因素如何影响媒介内容及效果，受众媒介使用因素的作用。考察影响媒介的因素及受众的个人特征对媒介使用和媒介效果的影响。

从逻辑上说，只要是人的活动，就必然涉及心理现象。因此，在以上所有的大众传播研究领域中，只要涉及从业人员和媒体受众的活动，都必然涉及心理问题。这些问题的研究可以分为五大类：对从业人员的研究；对传播受众的研究；对传播过程的研究；对传播后果的研究；对传播方法的研究。①

传播心理学对传播过程中的人的心理行为进行探讨和解说。这既涉及传播学的内容，也涉及心理学的内容。传播心理学对传播学和心理学都产生了重要的影响。就心理学方面说，是为心理学提供了丰富资源。这不仅包括具体的研究内容，而且包括具体的研究方式，即传播学、传播心理学的理论、方法、技术和工具。

① 刘晓红，卜卫. 大众传播心理研究[M]. 北京：中国广播电视出版社，2001：347—349.

第六章　人文科学的贡献

人文科学也有许多的分支学科，这些分支学科也都从不同的层面或侧面，有对人类心理行为的解说和解释，具体包括哲学的贡献、史学的贡献、文学的贡献、艺术的贡献、文化学的贡献、人类学的贡献、语言学的贡献、宗教学的贡献。这凸显的是人文科学的性质和特征，也是以特定的方式和方法给出了关于人类心理行为的独特探索。

第一节　哲学的贡献

心理学与哲学有着天然的关联。哲学对心理学的影响历来都是非常显著的。尽管在历史发展过程中，哲学与心理学的关系经历了非常重要的变化或转折，但是这两个学科都没有真正相互脱离和彼此对立。

一、心理学与哲学的关系

怎样定位心理学与哲学的关系，不仅关系到心理学的研究和发展，而且关系到哲学的研究和发展。哲学的研究或探索与心理学的研究或探索在历史上有着非常特殊的密切联系。如果把心理学看作一个科学的门类，那么关于哲学与心理学之间的关系也就可以追溯到哲学与科学之间的关系。关于哲学与科学之间的关系是哲学、科学哲学和科学历史等研究中的热点课题。

在心理学的历史发展和现实演变中，心理学与哲学的关系是最引人注目和最引起争议的。从早期的哲学心理学到当代的心理学哲学，标志着两个学科之间关系的重大转换。哲学心理学是依附于哲学的心理学探索，心理学哲学则是依据心理学的哲学反思。心理学哲学的探索就是心理学与哲学之间的交叉或跨界的研究，是对心理学研究的理论反思。这是心理学走向成熟的标志，并为心理学的发展带来了新的生机。心理学与哲学的关系的探讨涉及心理学与哲学的关系的确立，心理学与哲学的关系的定位，心理学与哲学的关系的演变，心理学与哲学的相关学科，心理学与哲学的研究的贯通，认知科学演进的哲学基础，人工智能研究的哲学问题。

从学科历史发展的角度来看，心理学与哲学的关系经历了三个重要的发展阶段。第一个阶段是哲学完全包含或基本包容心理学的阶段。这个阶段中的心理学可称之为哲学心理学。这种心理学在历史上存在相当长的时间，而且是传统的对人的心理行为最具有主导性的解说和解释，所以心理学在相当长的历史时期中都是从属于哲学的。第二个阶段是哲学与心理学彼此分离或相互排斥的阶段。科学意义上的心理学是在 19 世纪中后期才诞生的。在心理学成为独立的科学门类之后，为了维护自己的独立学科的地位，而在相当长的时间里极力排斥哲学，把自己与哲学严格地区分开来，否定自己与哲学有任何的关联。甚至在今天，仍然有许多的心理学家持有这样的态度。第三个阶段是心理学与哲学重新组合和相互促进的阶段。到了 20 世纪末期，哲学已经放弃了自己包罗万象的研究心态和研究方式，开始致力于对思想或理论前提的反思。同样，心理学在经历了急速的发展和扩展之后，也发现了自己的学科理论基础的极度薄弱。学科理论基础的建设有一个十分重要的任务，那就是对学科的思想预设或理论前提的分析和反思。这不仅决定了心理学科进行理论建构的能力，而且决定了心理学家提出理论假设的水平。心理学与哲学的关系的改变，说明心理学与哲学有了更为特殊的、更为密切的关系。这不仅对哲学家的研究提出了更高的要求，而且对心理学家的研究也提出了更高的要求。

二、哲学心理学研究的历史传统

在哲学的研究中就蕴含着心理学的内容。其实，在科学心理学诞生之前，心理学就隐身在哲学之中。这就是哲学心理学的探索。哲学家以哲学的方式，对人的心理行为进行考察和探索。这也就是所谓的思辨猜测的哲学心理学。但是,在科学心理学诞生之后,心理学就力图摆脱哲学思辨。许多心理学研究者认为脱离或放弃哲学是心理学的进步。然而,哲学却变换了自己的探索方式,并仍然影响着心理学的研究,从而哲学心理学的探讨让位给了心理学哲学的探讨。这是一个根本性的发展和转折。哲学心理学是哲学家以思辨的方式对人的心理行为的猜测和推论。心理学哲学则有所不同,是对心理学研究中的理论前提或理论预设的反思和批判。① 任何的心理学研究都有自己的理论前提或理论预设,这些理论前提或理论预设,要么是明确地被研究者接受和掌握的,要么是隐含地被研究者确立和运用的。但是,无论是哪一种探讨,实际上都涉及对人的心理行为的说明。哲学心理学是系统化的、深入的探索,心理学哲学也同样是理论化的、原则性的探讨。尽管在科学的或实证的心理学脱离了哲学的怀抱而成为独立的科学门类之后,科学心理学家极力反对一切形式的哲学探讨、哲学思辨、哲学推论,但哲学为科学心理学做出的贡献是不可磨灭的,也是不容忽视的。

从心理学的早期发展上去看,哲学心理学就属于心理学的早期形态。自从有了哲学家关于世界、关于人类、关于心灵的探索,其中就内含了哲学心理学。从心理学的资源存续上去看,哲学心理学就属于一种独特的心理学资源。

在不同的文化背景下,在不同的学术探索里,在不同的思想历史中,在不同的哲学传统内,有着不同的哲学心理学。同样是哲学心理学,可以有完全不同的体现。但是,有一点可以肯定,哲学家关于人类心灵的性质、构成、演变、功能等的探索,是关于心灵或心智的独特的探索方式,而且提供了十分有价值的哲学思辨和理论解说。

三、哲学提供的心灵探索

有研究考察了心理哲学与哲学的心理维度。研究认为,心理哲学的古代形态是灵魂学说。但是,这些灵魂学说实际上是一种前科学阶段的心理学,带有浓厚的哲学色彩,往往与宗教神秘主义结合在一起。正是因为这些

① 葛鲁嘉,陈若莉.论心理学哲学的探索——心理科学走向成熟的标志[J].自然辩证法研究,1999(8):35—40.

特点的存在，心理哲学不是现代意义上的心理哲学，即不是建立在科学心理学基础上的心理哲学。只有当心理学不仅仅是作为成熟的科学，而且作为科学和哲学的交汇时，才有可能产生心理哲学，因为只有这时心理学才会提出哲学问题，心理学的问题和结论才直接具有哲学意义，从而才能使心理哲学有可能产生。

对人的心理精神的哲学研究，应包括心理学哲学，但又不仅仅是心理学哲学。从广义上说，心理哲学也应包括心灵哲学，但考虑到心灵哲学已形成一门独立的哲学分支，且基本上属于分析哲学，为了保持心灵哲学的这种独立地位，宜将其排除在心理哲学之外。心理哲学与心理学哲学的区分点是：心理哲学的研究对象是心理，而心理学哲学的研究对象是心理学中的哲学问题。

哲学本身就是人类的精神心理之一，因此可把哲学置于精神心理的结构之中加以审视，同时哲学也必然被折射进人类的整个精神心理状况，也必然以人类的整个精神心理为背景。哲学的心理维度不仅是时代的特定心理和精神，同时也是人类历史的心理和精神。因此，哲学的心理维度绝不是无足轻重的，这是哲学的深层维度、根本维度。①

有研究指出，就心灵认知来讲，自近代以来，一共发生了三次范式的转换，即笛卡尔的范式、行为主义范式、公开理论范式。笛卡尔的范式坚持心灵的私有性，较合理地解释了第一人称的权威性，但无法确证有他心的存在，更无法了解他心的内容。行为主义范式坚持认为认知心灵就是认知行为倾向，这虽然使他心不再神秘，但又无法解释自我认知的种种难题。公开理论范式坚持了心灵的公开性，较好地解释了第一人称权威性，但是无法说明如何认识无语言表达的心灵这一问题。

首先是笛卡尔的范式。持有这一范式的科学共同体的成员认为，世界上存在着物质和心灵两种实体。物质的本质属性是广延，心灵的本质属性是思维。心灵状态只为个人所私有。在笛卡尔看来，在自我认知过程中，人们都享有第一人称报告的权威性，这来自人们对自心的直觉。由于没有通达他心的直接通道，人们只能根据自我认知以间接方式来认知他心。因此

① 白新欢.心理哲学与哲学的心理维度[J].理论与现代化，2004(3)：43—47.

从根本上说，对心灵的认知就是对自我的认知，这就是笛卡尔的范式下心灵认知呈现出的特点。笛卡尔的范式对自我认知和他心认知存在两大价值。首先，可对第一人称权威性提供一个合理解释。其次，笛卡尔的范式对自我认知与他心认知之间的差异提供了一种合理的解释，认为认知途径的不对称性会导致这种差异：人们能直接内省自我的私人心理领域，而对于他心，却只能根据其言语、行为，通过类比推理的方式，获得其私人的意识。而且，正是由于认知途径的不对称性，笛卡尔的范式能解释为什么认知他心比认知自心更难，且会犯错误。

其次是行为主义范式。行为主义范式是对笛卡尔的范式实际的超越，其革命意义不在于否定私有的精神实体的存在，而在于改变了人们对心理的概念。行为主义范式主张，人们关于心灵的状态和过程的一切谈论，都可以用一组关于人们的可见行为或行为倾向的陈述来说明，因此不需要诉诸内在生活或精神现象。行为主义宣称，理解心理现象的基础在于根据刺激—反应模式来解释外显行为。行为主义力图消除心理与行为之间的鸿沟，断言心理可以还原为行为，相信描述心理状态的句子等值于描述行为的句子。所以在行为主义看来，认知他心不是认知另一意识的私有状态，不是从中推断出心理，而是认知他人行为。行为主义者认为，自我认知就是认知自我的行为倾向。

再次是公开理论范式。笛卡尔的范式虽然不能合理解释他心认知问题，但较好地解决了自我认知问题；行为主义范式虽然较好地解决了他心认知问题，但不能解释自我认知的一些特性。人们渴望能有一种新的范式可以集两者之长，公开理论范式于是应运而生。公开理论范式的倡导者有维特根斯坦、赖尔、戴维森、赖特等人，他们认为哲学的任务不是增加新的知识，而是通过语言分析来澄清问题。经过分析，他们否认了实体的心的存在，认为世界是一元的，但人们能够以物理的和精神的两套语言去描述世界。由于两者意义不同，因而不能互译。公开理论范式与传统观点相比，可谓一场重大革命。按照公开理论的说法，人同自己的心灵的关系不是认知的，人们不能以“知道”或“不知道”来理解心灵，而是将其理解为一个人用适当的语词来表达自己心理的能力。

近代以来关于心灵的认知经历的这三次范式的转换，各有着非常重要的历史源流、现实背景和未来发展。这三个范式的出现并不是偶然的，而是有一个内在的逻辑过程。这三个研究范式也有着接续和递进的关联，体现的是一种研究的进步。同时，这与当时的社会、文化、哲学的大背景是密切相关的。例如，笛卡尔的范式是与理性精神的弘扬相匹配的，行为主义范式的出现是与实证主义的流行密切相关的，公开理论范式则是与语言分析哲学的盛行分不开的。应当说每一范式的转换都把心灵认知问题推向了一个更深、更广的境地。①

哲学家的心灵探索具有非常重要的学术价值和理论意义。尽管哲学家的研究立场、理论预设、思想基础、学术主张等存在着重大的差异，但是这并不影响哲学家的心灵探索具有的思想价值和学术价值。哲学家的心灵探索对于心理学研究者来说，并不是无足轻重的。哲学家的心灵探索不仅对于人类理解自身的心理行为具有思想引导的意义，而且对于各个不同学科的学者研究人类的心理行为也具有理论预设的价值。

哲学关于人类心灵的探索可以体现在不同的学术分支之中，每一个研究分支都有自己独特的关注和探索的内容。这形成了不同的研究侧重和研究关联。但是，这些不同的和分别的探索汇聚起来，却构成了理解心灵的多样化的知识和思想。

四、哲学探索的相关支脉

在相关领域的研究中，在关于人类心灵或心智的探索中也还有不同的研究取向、研究分支、探索内容、探索方式。例如，哲学心理学、心理学哲学、心理逻辑学、心灵哲学、认知哲学、心理美学，这些都是哲学探索的相关支脉。这涉及特定的研究、特定的分支、特定的学科、特定的含义、特定的指称。哲学形态的心理学贯穿了同时存在的一系列支脉。

1. 哲学心理学

哲学心理学并不是心理学的一个分支学科，而是哲学有关人类心理的思辨。从哲学心理学到哲学形态的心理学实际上是一种跃升。哲学形态的心理学有更大更广的容纳。哲学心理学从产生来看，有着十分久远的历史。

① 沈学君，高新民. 试论认识心灵的三次范式转换[J]. 福建论坛(人文社会科学版)，2004(2)：67—72.

这表明，哲学心理学是伴随哲学思考的出现而形成的。通常认为，自从实证的科学心理学诞生之后，哲学心理学就被淘汰和替代了。哲学心理学已经成为历史的遗迹和学术的垃圾。但是，这种理解是过分简单化和极端理想化的。哲学心理学并没有在人类的思想界消失，也没有在科学的研究中灭亡。无论是在哲学的探索之中，还是在心理学研究之中，哲学心理学都在不断变换着自己的身形和面孔。这包括在哲学中转换为心灵哲学的探索，在心理学中转换为心理学哲学的反思。

哲学关于人类心灵的探索可以体现在不同的学术分支之中，每一种研究分支都有自己独特的关注和探索的内容。这形成了不同的研究侧重和研究关联，汇聚起来便构成了理解心灵的多样化的知识和思想。实际上，在不同的文化传统中存在不同的哲学心理学探索，例如西方文化传统中的哲学心理学和中国文化传统中的哲学心理学，这是哲学心理学的两种文化样式。①

西方文化传统中的哲学心理学是建立在主体与客体相分离的基础之上，或者是建立在研究者与研究对象相分离的基础之上。西方的哲学心理学是把人的心灵、精神、心理或行为作为哲学思辨的对象，并构造出概念化和体系化的理论说明。这样的哲学心理学理论仅仅是有关人类心灵的一种直观推论或思辨猜测。西方哲学心理学的理论存在两个致命缺陷。第一，哲学心理学家缺乏验证的手段，无法证实自己阐释人类心灵的理论所揭示的就是对象本身的特性和规律。第二，哲学心理学家缺乏干预的手段，而无法使自己阐释人类心灵的理论控制和改变对象本身的属性和活动。后来的西方科学心理学，就突破了哲学心理学的这两个缺陷。科学心理学一方面采用实证的方法来验证理论的假设，另一方面采用技术的手段来干预心理的活动。

中国文化传统中的哲学心理学则是建立在主体与客体一体化的基础之上，或者是建立在研究者与研究对象一体化的基础之上。中国的哲学心理学强调心灵自觉或自我超越。这是一种返求诸己的学问，是通过人的内心

---

① 葛鲁嘉. 心理文化论要——中西心理学传统跨文化解析[M]. 大连：辽宁师范大学出版社，1995：46.

修养去提升人的精神境界，去体认内心潜在的天道，从而达于天人合一。中国古代哲人对人的心灵的阐释不仅是思想观念的理论体系，而且是精神生活的践行方式。中国的哲学心理学从根本上来说不存在西方的哲学心理学的那两个缺陷。第一，中国的哲学心理学提出的思想理论本身就是心灵的自觉活动过程的结果，那么形成一种思想理论的过程，实际上也就是体悟印证这种思想理论的过程。第二，中国的哲学心理学提供的思想理论本身就是心灵自我超越的精神发展道路，任何个人的掌握实际上都在践行着一种心理生活的方式。可以说，西方科学心理学的诞生不可能终结中国的哲学心理学。中国本土心理学传统依然有其生命力。在 19 世纪中后期，西方心理学脱离哲学的母体，成为独立的实证学科。显然，此后心理学便不再从属于哲学，而与哲学之间有了清晰的边界。这使心理学与哲学的关系发生了根本的变化。科学心理学借用了最早从哲学中分离出来的自然科学的研究方式，力图把心理学建设成一门经验科学并使之完全立足于经验事实。一方面，心理学研究运用了实证的方法，以证实关于人的心理行为的理论说明；另一方面，心理学研究运用了技术的手段，以干预或影响人的心理行为。因此，科学心理学家开始排斥哲学心理学，认为哲学心理学的探索毫无价值，仅仅是哲学家在安乐椅中关于心灵的玄想，是没有任何意义的思想垃圾。

2. 心理学哲学

表面上来看，哲学心理学与心理学哲学仅仅是字面上的顺序不同。但是，这两者之间却有着重要的区别。哲学心理学是心理学的早期形态，是哲学家关于人类心灵的思辨猜测或哲学推论。哲学家的心灵探索形成了关于人的心灵性质、构成、活动、演变等的解说。但是，在实证的科学心理学诞生之后，哲学心理学就被放弃或抛弃了，被当成了安乐椅中的玄想，是无法证实的关于心理的解说。

心理学哲学不再是哲学家关于人类心理的直接的解说或解释，而是哲学家对心理学研究中的关于心理学研究对象和心理学研究方式的理论预设的哲学反思。这种探索的目的就在于使心理学研究能够从盲目走向自觉。心理学哲学的探索涉及两个重要层面的内容：一是反思心理学家关于心理学研究对象的预先的理论设定；二是反思心理学家关于心理学研究方式的预先的理论设定。[①] 因此,从哲学心理学的思辨到心理学哲学的反思,这是一种重要的学术原则的转换、学术思想的转变、学术思路的转折。

可以说,心理科学使人的心理行为成为经验科学的对象,使心理学的探索成为经验科学的方式。但是,在心理科学的研究中,任何一个心理学家都有自己从事研究的理论前提或理论预设。这是心理学家的研究立场,决定其对心理学研究对象的理解和对心理学研究方式的理解。心理学研究的理论预设可以是隐含的,心理学家没有明确地意识到自己的理论立场,或者是不自觉地运用了相应的理论前提。心理学研究的理论预设也可以是明确的,心理学家能够清楚地意识到自己的理论立场,或者是自觉地运用了相应的理论前提。

实际上,心理学从哲学中独立出来成为经验科学中的成员之后,并没有就此摆脱对哲学的依赖,而是仅仅改变了对哲学的依赖方式。心理学依赖于心理学哲学的反思,这种哲学反思也就成为理论心理学分支的研究中一个非常重要的思想层面。这对于心理学自觉到并合理化自己的思想基础和理论前提是必不可少的。

3. *心理逻辑学*

有研究指出,早在20世纪50年代初,皮亚杰就提出心理逻辑学。皮亚杰的心理逻辑有广义和狭义之分。广义的心理逻辑包括与感知运算阶段相对应的动作逻辑,与前运算阶段相对应的直觉逻辑,与具体运算阶段相对应的关系逻辑,与形式运算阶段相对应的命题逻辑。以不同类型的逻辑语言来描摹不同发展水平上的认知结构,反映出皮亚杰的泛逻辑思想。狭义的心理逻辑只研究运算逻辑,即具体运算阶段的关系逻辑和形式运算阶段的命题逻辑。正因为以命题逻辑为其研究的重点,所以人们有时也称心理逻辑为形式运算逻辑。皮亚杰创立的心理逻辑学除了运用逻辑语言对主体的整个认知结构的发生过程作了一般性的描述以外,探讨得较为深入细致的,是对命题运算的组合性系统以及同一、反演、互反、对射四元转换群功能的描述和阐释。

---

① 葛鲁嘉,陈若莉. 论心理学哲学的探索——心理科学走向成熟的标志[J]. 自然辩证法研究,1999(8):33—38.

对于皮亚杰创立的心理逻辑学，在一些人看来是一种不伦不类的东西。例如，有心理学家认为，皮亚杰的工作是以思维的逻辑学研究来代替思维的心理学研究的“明显例子”，有的逻辑学家则否认皮亚杰的心理逻辑是科学的逻辑学研究。①

对认知科学有广义和狭义两种理解。狭义的理解是把认知科学当作心智的计算理论。广义的理解是将认知科学看成是一系列相关学科对认知的不同探索。认知科学是将那些从不同观点研究认知的追求综合起来而创立的新学科。认知科学的关键问题是涉及对认知的理解，不论是真实的还是抽象的认知，也不论是关于人类的还是关于机器的认知。认知科学（cognitive science）就是研究心智和认知原理的科学。认知科学由哲学、心理学、语言学、人类学、计算机科学和神经科学六大学科支撑，是迄今最大的交叉学科群，在某种意义上，可以说是数千年来人类知识的重新整合。

有研究考察了认知科学框架下心理学和逻辑学的交叉融合与共生发展。研究指出，20 世纪 70 年代中期，认知科学的建立和发展，为心理学和逻辑学的交叉融合提供了科学依据和学科框架。在认知科学的框架下，心理学与逻辑学交叉融合，产生了逻辑心理学和心理逻辑等新兴学科。逻辑推理受心理因素的影响，是由人参与的、涉身的经验科学。认知逻辑是逻辑学与认知科学交叉发展的新领域，其中心理逻辑、文化与进化的逻辑、神经系统的逻辑尤其值得关注。

心智哲学不仅关注和研究与心智和语言相关的认知现象（被称为高阶认知），也关注和研究与身体和无意识相关的认知现象（被称为低阶认知）。这样，在心智哲学中，逻辑学和心理学不仅可能而且已经重新融合起来了。

逻辑心理学以逻辑要素为自变量，心理要素为因变量。或者，逻辑心理学把逻辑思维映射到人的心理活动当中去。因此，逻辑心理学把人的心理活动看作某种形式的逻辑推理的反映，认为人的心理行为受逻辑思维或逻辑推理的影响。逻辑心理学具有以下三个特征：逻辑心理学是逻辑因素的

① 杜雄柏. 皮亚杰“心理逻辑学”述评[J]. 湘潭大学学报(社会科学版)，1990(2)：57—60，128.

心理函数;逻辑心理学是以逻辑要素为自变量,心理要素为因变量;人的心理行为受其逻辑思维或逻辑推理的影响。①

有研究考察了认知科学背景下逻辑学与心理学的融合发展。研究指出,19 世纪末创立的现代逻辑主张排除逻辑学中的一切心理因素,这一观点使得逻辑学与心理学渐行渐远。直到 1975 年认知科学产生之后,逻辑学和心理学才实现了真正意义上的融合发展,产生了心理逻辑(学)这一新的学科。众多逻辑学家和心理学家进行了大量心理逻辑实验来证明这一观点:人们在进行逻辑推理时要受到心理因素的影响。从心理逻辑的经典实验中,可以得出这样的结论:人类的推理过程并不是严格按照演绎逻辑的规则进行的,还要受到心理因素的影响,心理和逻辑是密切相关的。

认知科学产生之前,逻辑学关注的是如何在逻辑学科体系之下,针对不同类型的语词建立严密的逻辑系统,关于系统是否能够完全反映现实思维则不在研究范围之内。认知科学产生之后,思维或认知成为研究的重心,由此产生的心理逻辑将目光投向人类的实际思维过程,心理因素成为研究的焦点之一。②

应该说,心理逻辑学是以逻辑学的方式探索了人的心理的相关内容。这是将人的认知活动、推理活动、情感活动和意向活动等纳入逻辑学的考察范围和研究内容。因此,逻辑学对心理学的研究产生了不可替代的影响,为理解人的认知、人的心理提供了有效的工具和有益的启示。

4. *心灵哲学*

心灵哲学有时被称为心智哲学。当然,无论是称之为心灵哲学,还是称之为心智哲学,其含义都是相同的。只不过,心灵哲学更具有历史的气息,心智哲学则更具有现代的气息。

在关于心灵哲学的研究中,有学者提供了关于心灵哲学的基本研究构想。在这一构想中,心灵哲学可由两大研究领域构成:一是以心灵之“体”为研究对象的心灵哲学。这主要是从“体”的方面研究心理语言的本质特征、

---

① 蔡曙山.认知科学框架下心理学、逻辑学的交叉融合与发展[J].中国社会科学,2009(2):25—38.

② 张玲.心理逻辑经典实验的认知思考——认知科学背景下逻辑学与心理学的融合发展[J].自然辩证法研究,2011(11):24—28.

所指的对象及范围、表现形式及其特殊本质、各种心理现象的共同本质、不同于物理现象的独特特征、心与身的关系等。这一领域是心灵研究中的科学精神的体现。二是以心灵之“用”为研究对象的心灵哲学。这主要是从“用”的方面研究人类心灵在其生存中的无穷妙用，从幸福观、苦乐观、价值观、解脱论等角度，研究人的心态与人的生存状态的关系，心理结构、感受结构对生活质量高低、幸福与否、苦与乐、价值判断与体验、解脱与自由的程度的作用等。这一领域是心灵研究中的人文精神的张扬。

研究心灵之“体”的心灵哲学实际上是由许多不同的研究领域构成的。在这些研究领域之中，心灵哲学的研究提供了大量的研究成果，而且研究还在以非常迅猛的速度增加和扩展。

第一，是语义学问题与心理语言的本质。这是心灵哲学的逻辑起点。之所以如此，主要是由描述、指称心理现象的语言（即心理语言）的本质特点决定的。心灵哲学的逻辑起点就应该是对心理语词的语言分析，探讨心理语词的语义学问题，即心理语词的意义与所指问题。这包括：心理语词是怎样起源的？心理语词与物理语词有何区别与联系？通常关于心理现象的常识术语在什么地方获得自己的意义？用于自己和其他有意识的造物的那些心理语词的恰当的语词定义是什么，指称的是什么？

第二，是心理现象的分类和表现。这也就是心理语词指称的具体心理现象的表现形式、基本分类和特殊本质的问题。这主要包括：心理语词描述的心理现象有哪些？可以将其概括为哪些表现形式？如何对心理现象进行分类？传统的知、情、意的三分法是否合理？如果按照三分法，相信、期望、后悔等应该包括在哪一类？心理表现形式的本质与关系是什么？心理现象的基质或主体是什么，是人类、机器、身体、大脑、心灵、精神吗？

第三，是本体论问题或心身关系问题。心身关系问题也就是：所称的心理、心灵或精神等的本质是什么？各种心理语词的所指中有没有共同的本质？如果有，这种共同的本质与物理的本质有何关系？心理现象与物理现象是什么关系？心理的功能与身体的机能是什么关系？究竟是物质决定精神，身体决定心理，还是精神决定物质，心理决定身体？心物或心身是一元的，还是二元的？

第四，是认识论问题或他心和我心问题。这里存在两个特别令人困惑的问题。一个就是他心认知的问题。如果人们相信在我心以外还有他心，那么如何予以证明？换言之，人们能否认识自心以外的他人的心灵或心理的活动、过程、事件和状态？如果能认识，是怎样认识的？认识的基础、根据、过程是什么？另一个就是我心认知的问题。这也就是内省与自我意识的问题：有意识的存在是怎样得到关于自己的思想、情感、信念等的直接知识的？这种知识如何可能，有什么价值？内省能不能作为认识自己心理的方式和途径？如果能，内省本身是如何可能的？怎样回答“意识流”之类的责难？如果内省不可能，人又是怎样得到关于自我的意识的？

第五，是心理现象的独特性质与特征问题。这包括如下主要问题：心理现象有没有不同于物理现象的独有特征？如果有，心理现象有哪些独有的特征？现在一般认为，心理现象有四个基本特征：意识性、意向性、感受性和随附性。围绕着这些特征，正进行着激烈的争论，因而这是一个最为活跃、最富成果的研究领域。意识性涉及意识与心理的关系。例如，意识并不等同于心理，心理还包含潜意识。意向性就是心理状态指向一定对象的特征。这既是把心理现象与非心理现象区别开来的标志，同时对意向性的研究也成了语言哲学与心灵哲学的交汇点。感受性是主体在经历某种心理过程，如看、听时所体验到的主观经验的质的特征或现象学特征。随附性是指心理现象由物理现象决定的，是依存物理现象的伴随或附带发生的特征。

除了上述重要领域之外，心灵哲学还有许多横断性的、相对独立性的问题。这主要可以包括如下两类问题。第一是命题态度和意识内容问题。心理不仅作为一种机能、运动、属性、过程和状态而存在，而且会表现为内容，即具有语义性。因为一定的心理状态也就是一种特定态度，如相信、知道，而态度总有其内容，后面可以跟随着命题，如“相信天要下雨”。这也就是命题态度。第二是思维语言或心灵语言问题。这是在心灵哲学和认知科学中涉及非常多的概念，表示的是一种假设的、不同于自然语言的、类似于计算机所用的形式化语言的载体，这是大脑唯一能够直接把握、理解、加工和操作的载体。许多研究推断，心灵、思维一定拥有自己独特的不同于自然语言的语言。如果是这样，那么这种特定语言的形式、结构、本质是什么？遵循什么样的规则？这种语言的语法、语义与自然语言有什么联系？它是怎样起源的，是天赋的还是习得的？

以心灵之“用”为研究对象的心灵哲学，就是对人的生存的内在心理方面的哲学心理学研究。换言之，这也就是从哲学心理学的角度对作为生存之内在构成的心理现象的结构、作用和机制的研究，就是探讨在任何既定的外在条件下，怎样通过心理调节达到改善生存状况、提高生活质量的目的。这一研究的资源除了现当代西方的心灵哲学和有关的科学成果之外，主要是传统的东方生存智慧和心灵哲学。在这一领域应该做的工作主要包括六个方面。一是现代人类生存状况考察。二是存在的心灵哲学分析。三是心灵状态对存在状态、生活质量的作用研究。四是心态结构及其生存价值研究。这就是对各种与生存感受有关的心理现象及其体验进行全面的现象学考察，如描述心理学倡导的那样，对人的各种心理过程、状态进行身临其境的描述。五是心态优劣及其生成研究。心态优劣是生存质量高低的重要条件和标志。六是奠定于心灵哲学基础上的幸福观、价值观、境界论和理想人格论之重构。七是人性、人的本质与人的最终解放研究。①

很显然，哲学心理学是更为传统的研究领域，这在当代心灵哲学的研究中已经得到了极大扩展。因此，哲学心理学与心灵哲学就成为相互缠绕的研究关系。这共同形成了一个日益广阔的探索领域和研究范围。表面上看起来，心灵哲学似乎正在取代哲学心理学研究。但是，实际上哲学心理学正在扩展成为哲学形态的心理学，而哲学形态的心理学则完全可以包容心灵哲学的探索。

5. 认知哲学

认知科学是当代发展最迅猛的大学科群。关于人的认知的研究和探索汇聚了自然科学、社会科学和人文科学的一系列学科分支，含纳了心理学、语言学、神经科学、计算机科学、人类学和哲学的研究。尽管哲学的研究常常受到具体实证科学研究者的质疑，但是，哲学的探索也属于认知科学中的重要组成部分，认知科学本身经历了研究纲领或研究取向的重大转折。从基本的研究范式上看，认知科学经历了认知主义、联结主义和共生主义的演进过程。

在早期，有研究从人工智能与人类智能的关系，涉及了关于人工智能的

① 高新民.广义心灵哲学论纲[J].华中师范大学学报(人文社会科学版),2000(4):5—12.

哲学探讨。研究指出，人工智能就是以控制论、心理学、仿生学、语言学、计算机科学等学科为基础发展起来的新兴学科。人工智能的目标是研究并模拟人的智能，并进一步去扩展人类的智能。人工智能就是用人工制造的机器—智能机来模拟人脑的思维，也就是把人的推理、学习等功能赋予机器。智能模拟机虽然非常复杂，包括很多部分，但其主要部分是计算机。所以，也可以把智能模拟机叫智能计算机。应该说，人工智能与人类智能的本质区别就在于：第一，人工智能虽然在功能上与人类思维是等效的，但是人工智能包括不了思维的本质。人脑和电脑是两种不同的运行过程：人脑是复杂的生理—心理过程，电脑则是机械—物理过程。第二，人的思维具有社会性和主观能动性，而智能机不具备这些属性。思维是社会实践的产物，只有在社会中实践着的人才能有思维。智能机再复杂也不是实践活动的主体。人工智能与人类智能相比较，人工智能在局部上可以超过人的智能，而在整体上则不及人的智能。机器的“智慧”不过是人的智慧的物化，从总体上讲并不能超出人类智慧的界限。同时，人工智能同人类智能相比，也有着一定的局限性。人工智能只能模拟人的某些自然属性，人的社会属性是不能模拟的。对人工智能系统的研究应该采取“人机结合”的方针。人机智能系统是人脑与电脑构成的统一体，是人与计算机各自完成自己最擅长的任务、优势互补的统一体。人机智能系统就是使智能计算机与人之间形成一种合作关系，系统的智能是人机合作的产物。①

有研究考察了人工智能的界限，也就是人工智能可以实现的和不能实现的。研究指出，在严格意义上，机器智能只能部分放大而不能取代人的思维。人类思维有多种形式，包括逻辑思维、直觉思维、形象思维、辩证思维，并在人脑中结成网络和不断发展。人工智能仅能放大人的悟性活动中的演绎方法，这是有极限的，不可能取得真正的主体性，更不能超越人的理性思维和价值主体界限。

人工智能研究的目的是把人类智能赋予机器，这就是机器智能。机器智能与机器思维是两个概念。从过程上来看，机器智能一开始是分离的，而机器思维进程是非分离的。思维能把系统（包括人—机系统）的行为高度地

① 张云台．人工智能及其前景的哲学思考[J]．科学技术与辩证法，1995(6)：15—18.

限定在任务目标中，并能从环境中提取线索，以便指示过程沿着目标前进，将知识转化为方法，去处理和控制变化着的对象，并从中诊断自己的错误，予以修正，肯定和分析自己的成绩，以便提高自己今后的能动性。这是人类的实践推理（即思维）的智慧，是机器智能无法企及的。从结构上来看，机器结构的分离性与人脑结构的分离性的不同之处在于，机器只“理解”信息的形式，而人类能理解信息的内容。

有研究认为，人类理性的本质特征是辩证思维。辩证思维是与逻辑思维相对应的一种思维方式。对概念本性的辩证思维是人类理性的本质内容，使人类从偶然中发现了必然，从形式中理解了内容，从现象中抽象出本质，从而得以认识客观世界的规律性。在这个意义上说，辩证思维是人工智能不可逾越的鸿沟。

计算机不能模拟人的“价值观”。广义价值论将价值主体扩展到生物界，也适用于人工智能机。但是，广义价值论并不能说明人工智能将会拥有价值观，这种扩展而来的主体只是存在的主体，广义价值论将其直接提升为价值主体，而不是像传统价值论那样经过认识主体这一中介。由于没有意识、没有自由意志，这个目的或这个“善”就不是主观性的，而仍然只是一种系统变换的状态。广义价值论并不能说明人工智能将拥有价值观，还在于道德与价值论域只能是有伦理意识的人这一唯一的主体，将其扩展到人工智能领域是毫无意义的。①

有研究考察了科学哲学的探索给人工智能带来的影响。研究指出，在近半个世纪人工智能的发展过程中，对其产生了广泛而深刻影响的哲学分支主要有认识论、逻辑学和科学哲学。科学哲学对人工智能的作用在于，传统人工智能以符号处理为核心，故与强调对科学知识进行合理重建的逻辑经验主义具有较强的相关性，由逻辑经验主义者提出和发展的确证概念和归纳逻辑等，便早早成了传统人工智能的组成部分。20 世纪 70 年代后期，掀起了知识工程的热潮，结果波普尔的证伪主义和拉卡托斯的科学研究纲领，成了一些人工智能工作者设计专家系统的方法论原则。20 世纪

---

① 李亚宁. 关于人工智能极限研究的哲学问题[J]. 四川大学学报（哲学社会科学版），1999(6)：13—18.

80 年代以后，随着分布式人工智能的出现，科学共同体的思想又开始融入人工智能研究的主流。由于科学活动是人类智能的集中体现，而其产品则是人类智慧的结晶，故当人工智能研究试图通过建构智能系统以达到对人类智能的模拟和理解时，便自然要关注人从事的科学研究过程和科学知识的结构、功能，可见人工智能与科学哲学之间天然地存在关联。

当人工智能的研究试图建构人类的智能系统，并需要相应的知识时，便自然会倾向于从科学哲学这种已经相对成熟的学科中，寻求有用的概念、理论和方法。这样，科学哲学就能对人工智能的发展产生实实在在的影响。另外，作为一门学科，人工智能形成和发展的规律及方法论的特质，本身就可成为科学哲学的研究对象。由于建构人工智能系统本身是一个探索性和实践性都很强的研究过程，在这个过程中必然会形成新的概念、理论和方法。所有这些反过来又可为科学哲学工作者所利用和借鉴，并给科学哲学研究带来新的机遇。就科学哲学而言，对人工智能这种尚未成熟而又日趋兴旺的学科进行理性思考和分析，应该特别具有吸引力，并有可能开辟出科学哲学研究的新方向。这将进一步加强科学哲学与人工智能的关联，从而在科学哲学与人工智能之间形成相互作用、相互促进的局面。作为哲学的一个分支，科学哲学能够发挥其特有的批判功能，从而为人工智能的研究和发展提供方法论上的指导。对于人工智能来说，科学哲学的作用就是及时地从实践活动和研究成果中揭示其方法论意义，剖析由于智能产品的问世而会产生的社会影响和对人类进化历程可能引起的改变。

不仅科学哲学对人工智能的发展能起到积极的推动作用，人工智能也可以为科学哲学的繁荣和发展做出贡献，而且这种贡献会随着人工智能的日趋成熟和兴旺而不断增大。由于人工智能是一门经验性和技术性都很强的学科，因而借助科学哲学或其他途径具体实现的智能产品，转而又可以成为检验科学哲学中已有模型和理论有效性的手段，甚至有条件充当鉴别不同学派对立观点之优劣的尺度。人工智能中形成和发展起来的新概念、新理论和新方法可为科学哲学工作者利用或借鉴，从而开创科学哲学研究的新局面。随着人工智能的发展，智能体在认识和改造世界方面的能力将会进一步提高。这样一来，不仅需要对人在科学研究中扮演的角色重新加以审视和定位，而且必将改变科学哲学研究对象的侧重、范围和方向，从而为科学哲学的繁荣起到很好的催化作用。①

有研究从人工智能去理解科学技术哲学关于科学发展和科学进程的探讨。研究指出，人工智能的研究在特定层面或侧面，体现了科学哲学研究中的实证主义、证伪主义、历史主义、多元主义关于科学技术发展的思想、解说和阐释。

首先，是从人工智能看方法论的证实与证伪主义。就人工智能的整体发展来看，单纯的逻辑经验主义和波普尔的证伪主义思想，都只能在某些方面切近真实的科学历程，而在另外的方面又有着明显的偏离甚至扭曲。这种过于严格的证实要求和过于武断的批判理性，对尚在发展阶段的新兴科学而言是十分不利的，因此，作为方法论来说，就对人工智能这类新兴学科的发展有着很大的局限性。

其次，是从人工智能看科学哲学中的历史主义思想。人工智能研究确实形成了库恩意义上的范式，确实发生了革命并有新的范式产生，导致了理论的革命性突变和飞跃。然而，新兴学科中的这些新范式却并没有如库恩所指出的那样，是一种格式塔的转换，完全取代旧的范式，而是以多个范式并存的形式，从不同侧面和在不同时空阶段，推进科学的历程。

再次，是从人工智能看科学哲学中的多元主义思想。实际上，人工智能中的联结主义、行为主义、进化主义，对一直占主导地位的传统逻辑主义提出了挑战。人工智能科学家在一定时期置反常于不顾，而坚持一种理论以推动人工智能发展。历史表明，作为普遍性标准的一元主义方法论，都有其一定的适用范围和内在的历史局限性。科学中事实与理论不一致，绝不是抛弃理论的理由，而是发展更多理论的源泉。科学理论确实是一个开放的系统。在科学中剥夺反对的权利，就一定会损害科学的发展，反之，被设想为一种批判性事业的科学将会从这些活动中受益。这样，新兴科学在任何时候都表现出理论的“坚韧性”，并在不断地“增生”，理论在任何时候都是多元的，且只有理论多元论才符合科学发展的实际情况。②

有研究考察了人工智能中知识获取面临的哲学困境及其未来走向。研

---

① 郦全民. 科学哲学与人工智能[J]. 自然辩证法通讯，2001(2)：17—22.

② 盛晓明，项后军. 从人工智能看科学哲学的创新[J]. 自然辩证法研究，2002(2)：9—11，41.

究指出，所谓知识获取就是把问题求解的专门知识，如事实、经验、规则等，从专家头脑或书籍文献等其他知识源中提取出来，然后将其转换成计算机系统内部表示的过程。知识获取的任务是：获取领域专家或书籍的知识，在对其理解、选择、分析、抽取、汇集、分类和组织的基础上，转换成某种形式的系统内部表示；对已有的知识进行求精；检测并消除已有知识的矛盾性和冗余性，保持知识的一致性和完整约束性；通过某种推理或学习机制产生新的知识，扩充知识库。

知识获取面临着哲学困境。在人工智能的发展过程中，曾经盛行的认识论是符号主义、联结主义和行为主义。符号主义又称逻辑主义和物理符号系统假设，这种假设本质上认为知识是由符号和这些符号之间的关系组成的，智能是这些符号及其符号之间关系的适当操作。符号主义的专家系统在发展过程中，会遇到三大难题。其一，在研制专家系统时，知识工程师要从领域专家那里获取知识，这是一个非常复杂的从个人到个人的交互过程，没有统一的方法。其二，知识工程师在整理和表达从领域专家处获得的知识时，用产生式规则表达局限性太大，知识表达成为难题。其三，人类专家的知识是以拥有大量的常识为基础的，常识的运用成为难题。联结主义是一种基于神经网络、连接机制和学习算法的智能模拟方法。这一方法从神经心理学和认知科学的研究成果出发，把人的智能归结为人脑的神经网络活动的结果，强调智能活动是由大量简单的单元通过复杂的相互联结后并行运算的结果。联结主义的目标从用符号模拟大脑转变成用大规模并行计算建构大脑。即使经历了从符号主义到联结主义范式的转变，模拟人类高级智能的目标依然遥远。其中一个重要原因是，大脑结构是经历了长期生命进化并与环境交互作用形成的，试图通过机器程序建立一个与大脑功能类似的人工网络，实在是过于困难。造成困难的另一个重要原因是，联结主义仍然难以摆脱常识知识问题。行为主义是一种基于"感知—行动"的行为智能模拟方法。这一方法认为智能取决于感知和行为，取决于对外界复杂环境的适应，而不是表示和推理，不同的行为表现出不同的功能和控制结构，期望认知主体在感知刺激后，通过自适应、自学习、自组织方式产生适当的行为响应。

知识获取面临着一系列的挑战。一是生态学的挑战。生态学的研究范式来自一些人工智能专家、认知科学家、心理学家和人类学家的共同信念。这些信念在许多方面与符号加工范式、联结主义范式相对立，认为认知过程不是发生在每个人头脑或智能机内部的信息加工过程，否定在人为环境中研究认知现象的价值，认为认知并不会发生在所处的文化背景之外，即所有的认知活动都是由文化背景塑造的。二是社会学的挑战。知识获取倾向于忽视认知或知识的社会方面。认知科学家都极力地避免考虑某些本不可以忽视的因素，如环境背景、经验情感、文化历史等因素对人的认知的影响。三是现象学的挑战。目前的知识获取没有适当考虑人类认知中意识经验的作用。现象学分析的基本问题是避免把注意力集中于物理事件本身，而是更多地注意这些事件是怎样被知觉到和经验到的。四是解释学的挑战。知识获取专家大都忽视了对人类认知现象进行叙述性和解释性说明，缺乏解释学的维度。哲学领域日益关注社会认识论，批评西蒙等人的认知个体主义，主张在认识论中加入"社会"的维度。①

博登在《人工智能哲学》中汇集了人工智能思想界著名学者的代表性观点。这是在人工智能半个世纪的发展历程中陆续发表的影响了人工智能研究的重要论文。这些论文中的思想涉及有关人工智能的非常重要的方面，都是具有创建性和开拓性的研究。书中阐述了人工智能研究与哲学探索之间非常密切的关系。在科学的家族之中，没有哪一个学科能比人工智能与哲学的关系更为密切。正如该书的导言中所说，人工智能哲学与心灵哲学、语言哲学、认识论等紧密相连，同时又是认知科学哲学，特别是计算心理哲学的核心。

人工智能思想界的著名思想家关于人工智能的理论思想，论及了人工智能的发展历史，简述了人工智能遇到的困难和当今的困惑，论述了经典人工智能哲学的基本概念、主要问题和相关结论，阐述了经验知识的重要性及其在智能模拟中的作用。研究还涉及人工智能探索中对立的思想和观点，特别是涉及有关人类心灵与计算心灵之间的类比和模拟、联系和差异、表征和计算、大脑和心灵、符号和联结、心理和物理等一系列重大问题。②

① 高华，余嘉元. 人工智能中知识获取面临的哲学困境及其未来走向[J]. 哲学动态，2006(4)：45—50.

② 博登. 人工智能哲学[M]. 刘西瑞，等，译. 上海：上海译文出版社，2001：1—30.

人工智能的研究已经成为一个汇集了众多学科的大科学研究。尽管在人工智能的具体研究中，有许多属于科学阵营的科学家对哲学的参与有着各自不同的排斥态度，但是人工智能哲学仍然以自己的方式，探索了人工智能研究中的重大思想前提和重大理论预设的问题。这些思想前提或理论预设影响着人工智能研究的历史走向、学术影响和现实价值。人工智能的发展非常需要思想的突破和支撑。

在人工智能的研究中，哲学的探索实际上起着非常重要的作用。心灵哲学、语言哲学、符号哲学、思维哲学、逻辑哲学、宗教哲学和文化哲学等，都在人工智能的研究中扮演着重要的角色。

6. 心理美学

有研究曾经讨论过欧美20世纪的心理美学。研究指出，心理美学也被称为"审美心理学""艺术心理学""实验美学"。心理学家认为这是一门应用心理学，美学家认为这是美学中的一个分科。不管划归哪一个领域，心理美学的研究对象都是创造艺术的人和欣赏艺术的人的行为和经验。现代西方心理美学的专门研究领域可以分成如下五个方面。一是从态度和欣赏状态上对于与艺术家有关的种种现象的研究。比如，艺术家如何创造、表演、制作、思维、感受、想象，如何得到一个意象，如何把意象闪现出来，又如何进一步把"闪现"的意象体现在物质媒介之中。这也是对于与欣赏者有关的现象的研究，比如，人们怎样知觉，怎样领会和怎样反映艺术品等。二是从艺术媒介方面，可分为对视觉艺术、听觉艺术、语言艺术等诸种艺术的研究。主要研究这几种艺术的知觉、想象和创造方面的异同。三是对不同的社会集团、文化背景、历史时期的创造过程和欣赏活动的研究，探讨不同的社会文化环境和不同的社会经济体系中，艺术与艺术家发挥的作用有什么不同。通过这种探讨，又进一步导致对艺术家创造才能的发展史和进化史的研究，还导致对艺术家在特定时期和特定文化中所继承的风格、技巧和价值的研究。四是对不同类型的人的研究，主要研究在各种不同的艺术中，不同年龄、个性、智力、才能、教育、训练的人，其创造和欣赏活动会发生什么样的变化。这一研究又能进一步发展为对个体差异的研究，即对于在艺术的创造、表演和欣赏活动中，个体与个体之间在能力、趣味、倾向方面的差异的研究。五是对影响艺术欣赏和艺术创造的心境、兴趣、身体和状态的研究。个体的艺术创造和艺术欣赏要受到多种不同因素的影响，包括内在的因素和外在的因素、社会的因素和文化的因素、过去的艺术经验的因素等。当把审美现象从真实的或正常的生活联系中孤立出来时，就有可能改变其性质，乃至全然歪曲或毁坏其本来面目。人的审美反应会随着条件的改变而发生极大的改变，不仅会随着人的年龄和能力的改变而改变，而且会随着人的态度和经验的改变而改变。①

有研究通过考察马斯洛的人本心理学的价值论，探讨了心理美学的价值追求和生态观念。对于文艺心理研究来说，价值取向的中心问题是审美价值的探索和判断。审美心理学和心理审美学（或心理美学）通常被视为同一类，即都是研究审美中的心理活动的学问。但是，两者理应加以区别。如果审美心理学是对审美中的心理活动的考察，心理审美学（或心理美学）则是对心理活动的审美价值和美的规律的考察。②

美学研究中的重要组成部分就是心理美学的探讨。心理美学涉及艺术创作的心理基础、艺术作品的心理蕴含、艺术接受的心理历程等内容。这实际上就是一个创造美、产生美、欣赏美、感知美、体验美、传递美的美学和心理学的跨界的研究和探索。

第二节 史学的贡献

有研究考察了历史学与心理学的结合。研究指出，不论是心理史学流派，还是社会心态史研究，其真正目的是研究历史，而不是研究心理学。提出历史心理学这个概念，旨在从心理学出发来研究不同历史时期、不同历史人物的心理特征及其变化，研究有关人类心理的民族性、历史性等问题，从而得出对人类心理和个体心理发生、发展的规律性认识。

西方历史心理学研究存在心理史学研究取向、心态史学研究取向和心理学理论取向。之所以如此，是因为历史心理学与历史学的关系极为紧

---

① 滕守尧. 欧美二十世纪心理美学概述[J]. 西北师大学报（社会科学版），1982（1）：30—37.

② 黄同，曾永成. 论心理美学的价值追求和生态观念——马斯洛心理学价值论对文艺心理研究的启示[J]. 成都大学学报（社科版），1997（4）：22—25.

密，甚至没有确切的界限。心理学与历史心理学的关系也同样非常密切。文化人类学与历史心理学也有重要的关系，文化人类学是研究史前人类和野蛮民族及其文化的科学。原始人心理和民族心理（主要是野蛮民族的心理）是其研究的重要内容。历史心理学要探讨历史上人类心理的演变规律，离不开对原始人心理和野蛮人心理的了解。历史心理学要探讨的问题与社会学也有关系。社会学中的社会变迁理论、社会角色理论、社会控制理论、社会分层理论，对于研究历史心理学都有重要的参考和借用价值。

历史心理学对历史事件、历史人物的心理分析，能够进入到历史主体深层结构中去，挖掘历史行为背后的心理因素，对心理动因的把握，在某种意义上，不仅可以更深刻地说明“是什么”，而且能够更全面地回答“为什么”。心理史学方法为历史学提供了一种新的视野和新的解释。其中一些具体方法，如作品分析法、心理投射法、社会测量法，在一定程度上能够改变传统史学那种注重抽象概括、逻辑论证方法带来的主观性色彩。历史心理学能够在很长的时间跨度和广阔的空间领域中，为心理学提供溯源研究和比较研究的参照。此外，历史心理学还可以克服心理学研究中的被试效应、实验者效应、样本小等局限，可以研究不能接近的研究对象等。①

有研究指出，历史心理学是运用心理学的知识，研究历史上的个体和群体的心理活动对于创造历史和认识历史的作用与影响的一门边缘学科。首先，这一定义指出了历史心理学研究对象是历史上的个体与群体的心理活动，暗示了心理活动的三个层面：社会心理、文化心理和认知心理。其次，这一定义提出了历史心理学的研究任务和目的，即主要探讨心理活动对人们创造历史和认识历史的功用，或者是研究心理活动对历史发展变化的作用与影响，以及心理活动对人们认识历史、研究历史、撰写历史所起的作用。再次，这一定义道出了历史心理学研究方法的基本特征。这就是运用心理学的方法和结论对历史进行考察，是心理学与历史学的结合，并要求研究者必须既运用历史学的理论与方法，又比较完整地掌握心理学的理论与方法。因此，我们可以这样定义，历史心理学是以历史上的社会心理、文化心

① 郑剑虹．历史学与心理学的结合[J]．社会科学，1997(5)：68—71.

理、认知心理为具体研究对象，以阐述这三方面心理对人们创造历史和制作历史的作用与影响为主要任务，是历史学与心理学自然结合的一门边缘学科。①

有研究认为，20 世纪是现代历史科学进一步成熟的时期。在研究方法方面，是叙述史学向解释史学演化，形成各种理论模式和边缘学科；在人文史学方面，是历史学向行为科学演化，并深入到对历史人物的心理行为进行分析和解释。这样，人的内部世界，包括心理、感觉、欲望、个性，都成为历史研究的重要组成部分，现代历史心理学由此应运而生。②

有研究指出，自进入 21 世纪以来，从心理史学的研究情况看，不再仅仅是过去那种心理学与历史学的简单结合，而是逐步吸收社会学、人类学、文化学和伦理学等学科的研究方法，向着以心理与历史为主，同时综合多种学科方法的大综合方向发展。历史研究吸收的心理学理论包括生理心理学、差异心理学、发展心理学、动机心理学、知觉心理学、人格心理学、变态心理学和社会心理学。因此，心理史学已成为多学科研究方法相互渗透与融合的综合性学科，其认识途径、分析手段和研究方法的多样性，给史学研究带来了很大的方便。研究者可以借助新方法、新途径的优势，将分析、研究的触角深入到过去研究无法触及的死角，以期克服历史研究存在的程式化弊端，力求再现历史的真实感和历史人物思想的丰富性，同时也可以通过思想与社会之间的中间环节——社会心理，来把握社会转型与文化变迁的内在动因和变化信息。③

有研究考察了西方心理历史学的两大主要流派。研究指出，心理历史学是现当代西方史学领域的新兴学科，依据其源流发展、理论方法和传播地域，分别形成了两大主要流派——心理史学与心态史学。心理史学以弗洛伊德精神分析学说为理论基础，以美国为中心；心态史学则由法国年鉴学派开创并倡导，以集体精神状态为对象。两者之间相互交叉，但又有区别，理论和方法上各有缺陷，但又互为补充。

心理史学与心态史学这两个不同的概念，其差异不仅在于前者盛行

① 胡波. 试论历史心理学及其研究对象[J]. 学习与探索，1988(2)：124—129.
② 朱孝远. 现代历史心理学的产生和发展[J]. 历史研究，1989(3)：83—94.
③ 陈曼娜. 二十世纪中外心理史学概述[J]. 史学史研究，2003(1)：61—69.

于美国，后者勃兴于法国，还在于两者在关注人类的心理因素、精神状态在历史中的作用时，在具体的研究内容与方法上的分野。它们有着不同的学术渊源与侧重，因而构成了当代西方心理历史学的两个主要流派。

心理史学与心态史学有着如下不同。首先，从两者的理论来源看，心理史学的理论基石主要是弗洛伊德的精神分析学说，而心态史学则植根于法国史学悠久的历史积淀和传统，在理论上偏重于集体心理学或社会心理学。其次，两者的研究对象和范畴也不同。由于精神分析学主要是一种个性心理学，因此传统的心理史学研究主要以心理传记为主，往往偏重于一些在历史上产生过重要影响和作用的精英人物。尽管最近的研究已逐渐在群体史方面有所突破，但其理论依然根深蒂固地建立在弗洛伊德的个人心理学的基础上。然而，心态史学在一开始就将眼光从个体转向了集体，用集体无意识来取代或压倒弗洛伊德所说的个人无意识。再次，两者传播的地区范围不一样，这是一个最明显也是较为模糊的特点。心理史学与心态史学的两个最主要的阵地分别是美国和法国，两者基本是在相对独立的范围内各自发展起来的，成为现当代西方史坛一种特有的史学景观。

整合心理史学与心态史学两个流派，吸纳非精神分析的其他心理学理论，以及进行更为广泛的多学科综合研究，成为近年来心理历史学发展的最新趋势。① 心理史学与心态史学都逐渐在历史学的研究中有了一席之地。这不仅是将心理学研究引入了历史学的研究，而且通过历史学研究的深入，挖掘了历史源流和文化传统之中的心理学内涵和心理学资源。历史研究对心理层面的关注和挖掘，提供了一个把握人的心理行为的重要维度。这是历史与心理、个体与群体、传统与演变的深度整合。

第三节　文学的贡献

有研究指出，在文艺阐释中，心理学角度的研究具有越来越重要的地

① 周兵.心理与心态——论西方心理历史学两大主要流派[J].复旦学报(社会科学版)，2001(6)：51—55.

位。文艺的心理学阐释已成为文艺阐释的一个重要方面。作者和读者是文艺心理学阐释的两个基本议题。一是针对作者的心理学阐释。对文艺的心理学阐释首先是针对作者的。这是因为人们希望在作品阅读中得到一种“正解”,而这一正解就得参照作者用意。问题在于作者对于作品的含义并不是完全自主的。作者思考的内容与作品形象实际表达的内容,或者与读者理解的内容往往错位。在这里,作者颇像一位蹩脚的招灵巫师,他引来了祈祷的神灵,却又无法对其施行控制,也无法再将其驱走。二是针对读者的心理学阐释。对文艺的心理学阐释的另一重点是关于接受心理的探究。以往的文学研究把重点放在作者和作品方面,完全忽略或低估了接受者在文学活动中的主体地位。关键在于,文艺作品不是作为一种物质的存在被人评说,而是一种精神的存在、一件心理的事实。那么这个存在着的心理事实可以追溯到作者方面,也更应关注到广大接受者。①

有研究对文艺心理学中的马克思主义文艺观、西方文艺心理学理论和中国古典艺术心理学思想,提出了三位一体的研究模式。研究指出,要获得文艺心理学的新生长、新发展,就不能采用单一的方法,而应该选取最优方法的组合,即三位一体的新方法。所谓三位一体,就是以马克思主义文艺观来统摄西方文艺心理学的众多理论,并补充中国古典文艺心理学的精髓。在三位一体的研究模式中,中国古典文艺心理学应是这个新模式的灵魂所在,对中国古典文艺心理学进行深入的分析研究就成了目前探寻出路的关键。研究中国古典文艺心理学的具体方法仍然是三位一体,具体讲就是以马克思主义文艺观为总体指导,以西方文艺心理学理论为参照框架,以中国古典文艺心理学为个性特色的研究方法。一是以马克思主义文艺观为总体指导。所谓总体指导,就是要以马克思主义文艺观来统摄西方文艺心理学的众多理论,并相应地补充中国古典文艺心理学的精髓。首先,以马克思主义文艺观为总体指导符合心理学尤其是文艺心理学的学科性质。其次,马克思主义文艺观可纠正西方文艺心理学偏颇之处。再次,马克思主义文艺观可为中国古典文艺心理学注入新的活力。马克思主义文艺观与中国古典

---

① 张荣翼,李澜. 文艺心理学阐释的两极:创作与接受[J]. 中南民族大学学报(人文社会科学版),2005(5):139—142.

文艺心理学之间的相互融合渗透，并不是一种随意的拼凑，而是有着共同的基点。两者都是以生命为哲学精神核心，均从人的生命活动出发，强调生命的自由表现和生命创造的价值。二是以西方文艺心理学理论为参照体系。要加强思维的形式化、逻辑化、确定性、定量性、程式化、模式化，就必须将西方规范的知识体系作为比照，才能明确知晓自己的理论思想能否合乎科学规范的体系要求，只有合乎规范的体系才能获得认可。要使中国心理学思想(包括古典文艺心理学思想)成为一门学科，也必须以现代心理学体系为框架，否则就不能厘定出真正的心理学思想范畴体系。三是以中国古典文艺心理学为个性特色。如果基本上依照西方文艺心理学理论来构架的中国文艺心理学是以共性为主，那么中国古典文艺心理学则代表了个性特色。在研究中国古典文艺心理学的具体问题时，必须结合中国传统文化的独特含义去加以解释，即遵循一种个性化原则，只有这样才能够体现中国古典文艺心理学的精髓。①

有研究探讨了文艺心理学研究中的体验的概念。研究指出，艺术家是体验的阐释者，接受者是体验的二度阐释者。这就以体验为核心，把文艺活动中艺术家、艺术作品、接受者、生活世界等四个要素关联了起来，以及把艺术创作与艺术接受的两个过程也都联结了起来。

“艺术家是体验的阐释者”，这也就是说，艺术家在对世界进行体验的基础上，运用感觉、知觉、思维、情感、体会等心理功能而生成艺术体验，再运用具体形象的人、物、事作为无形的心理存在的艺术体验的载体，通过艺术媒介将其外化，就成为艺术作品。关于艺术家与世界的关系，历来有两种观点：一种认为艺术家与世界没有关系，艺术家的创作只是要表现自己的思想与情感，即表现说；另一种认为艺术家完全从属于世界，其创作就是对世界的反映与描绘，即再现说。无论是再现说还是表现说，都是片面的，不能全面地体现艺术家与世界的真实关系。艺术家的体验是形形色色的。从心理效应看有缺失性体验、丰富性体验、崇高体验、优美体验、超越体验、愧疚体验、孤独体验、同情体验、神秘体验、皈依体验。从心理状态看有痛苦性体

① 彭彦琴. 文艺心理学的研究出路：三位一体的研究模式[J]. 江西师范大学学报(哲学社会科学版)，2002(3)：84—89.

验、愉快性体验。从存在领域看有人生体验(如生命体验、情感体验、婚姻家庭体验、生老病死体验等)、历史体验(如战争与和平的体验、沧海与桑田的体验等)、宇宙体验。从先天后天看有基于本能与欲望的生命体验和基于社会历史文化的身份角色体验。

接受者在进行艺术接受或艺术欣赏时,其心理也并不是"白板"的状态,而是带着自己在整个生命过程中形成的情绪、情感、理想、态度、思想、观念等,也就是体验。所以在艺术接受活动中,艺术家并不是完全的支配者,而接受者也不是绝对的被动者,两者是平等地交流与对话。接受者自己的体验可以同于,也可以不同于艺术家的体验。①

文学心理学研究和探索文学的创作心理、文学的语言心理、文学的接受心理、文学的价值心理等。文学活动包括文学创作、文学欣赏、文学评价、文学传递等具体过程。在所有这些环节中,都具有心理的层面,值得研究者加以考察和研究。长期以来积累的文学心理学的知识内容,也就给出了有关人的特定领域中的心理行为的解说。

第四节 艺术的贡献

艺术和艺术学也是人文科学中的重要分支。无论是艺术,还是考察艺术的艺术学,都内含着心理学的内容。这体现在艺术创作、艺术鉴赏、艺术传播、艺术批评等一系列的艺术活动之中。这些艺术活动也对心理学的发展具有贡献。

有研究从多学科的视野考察了艺术研究。研究指出,现代的考察多将视角从艺术作品转向了艺术家的心理,艺术家的个性心理及其对艺术创作的影响越来越为研究者所重视,于是在艺术学学科领域内产生了一门新的交叉学科——艺术心理学。从艺术创作到艺术欣赏,心理学对艺术的研究多有启示。艺术家以独特的个性心理和思维方式从事着艺术的生产,艺术

① 唐虹.体验的阐释与二度阐释——"文艺心理学"课程之纲[J].广西师范学院学报(哲学社会科学版),2010(3):65—67.

作品中蕴含着艺术家的个性、构思、品德，并以一种特有的意蕴吸引着观赏者。观赏者面对艺术品，会产生情感的波动和心理的冲击。艺术也常被用作解决现代人的心理冲突问题的良药，即主要利用了艺术对于人类心理的潜移默化的影响作用。①

有研究对艺术心理学进行了学科定位。艺术的内在结构是十分复杂的，与这个结构体相对应的是一个学科群。这包括艺术学、艺术符号学、艺术心理学、艺术信息学、艺术教育学、艺术价值学、艺术社会学、艺术控制论、艺术文化学等。艺术学与艺术心理学只是艺术的学科大家族众多学科中的两个。

艺术学与艺术心理学虽然都在研究艺术，但各自的角度是不同的：艺术学是哲学认识论的自然延伸；艺术心理学是现代心理科学的自然延伸。艺术心理学虽然也是在用心理学的理论、方法研究艺术，但是对象只能是艺术，是包含在艺术中的一切心理现象，除此之外，别无对象。艺术心理学研究艺术的根本目的，并不是为了心理科学，不是要揭示心理学的一般规律，而是为了艺术本身，为了发掘艺术中的各种心理因素。由此去研究有关艺术的某种十分特殊的、不可重复的、独一无二的特点、特质、规律性，并从一个独特的心理学角度去认识艺术的本性。

先有作为非艺术科学群落成员的一般心理科学对艺术的非独特性水准的研究，而后才出现作为艺术科学群落成员的艺术心理学对艺术的独特性水准的研究。对艺术的非独特性水准的心理学研究，常常是人们对艺术进行独特性水准心理学研究的重要启发。

艺术心理学产生之后，并不意味着它与心理学家对艺术所做的非独特性水准的研究是相排斥的。恰好相反，两者完全可以共时态存在。这种对艺术的、非独特性水准的研究，对艺术心理学的发展起着某种不可低估的作用。首先，这种对艺术的非独特性水准的研究，虽然对艺术来说，只是从艺术的外部对艺术做了一点浅层的观照，但毕竟为艺术心理学进入艺术内部进行深层考察，起到了目标导向及廓清外围的作用。其次，这种对艺术所做的非独特性水准的研究，可以在研究方法、研究手段和范畴体系等方面给艺

① 李欢喜. 多维学科视野下的艺术研究[J]. 内蒙古大学艺术学院学报，2006(4)：21—24.

术心理学提供有效的借鉴。①

艺术心理学的探索和研究不仅在艺术创作、艺术欣赏、艺术交流、艺术传播等方面产生了重要的作用，而且对心理学的探索、心理学的理论、心理学的方法、心理学的应用、心理学的技术等产生了相应的影响。关联到艺术和艺术心理的心理学探索，从心理行为的层面深化了心理学的理解，也从心理科学的层面丰富了心理学的探索。

第五节　文化学的贡献

在心理学研究中，文化与心理的关系、文化与心理学的关系，是非常密切的。这两种关系相互贯通又有所区别。文化与心理学的关系涉及心理学的发展和未来。心理过程影响社会文化的形成与发展，社会文化又给心理过程打上文化的"烙印"，使其折射出所属文化的色彩。因此，它们之间是一种动态交互作用的关系。心理学研究已经开始重视文化的存在和文化的问题，并开始重视关于文化心理和文化心理学的研究。

在实际的研究进程中，大多数的心理学研究关注文化与心理的关系在动态过程中的稳定部分，通常使用静态的术语使文化概念化，因此加强了对文化的刻板形象，忽视了文化与人类心理过程相互作用的动态的发展变化的一面。为了更充分更准确地理解文化与心理学之间的关系，在将来的研究中，有必要更明确地关注文化与心理的动态交互作用过程。有研究考察了研究这个动态交互作用过程的几个策略。其中一个策略是关于目前的文化模式如何影响了人际交流过程，而这些人际交流过程又如何对目前文化的发展产生影响。还有一个策略是运用动态系统理论中的逻辑与数学工具，来考察人际互动在个体和文化水平上的纵向结果。②

但是，这种关于文化与心理学关系的探讨，是一种非常简单的相互作用或交互影响的定位，实际上是关于文化与心理的关系的探讨，而不是关于文

① 咏枫. 艺术心理学的学科定位[J]. 文艺研究，1990(3)：107—112.
② 纪海英. 文化与心理学的相互作用关系探析[J]. 南京师大学报(社会科学版)，2007(4)：109—113.

化与心理学的关系的探讨。严格地说，文化与心理的关系是指人类文化与人类心理之间的关联，而文化与心理学的关系则是指人类文化与心理学探索之间的关系。前者涉及心理学研究对象，后者涉及心理学学科本身，这两个方面都是十分重要的。

文化学的研究是关于人类文化的考察和探索。当然，文化学是多学科或大学科的研究领域。许多学科都要涉及文化的问题，都要涉足文化的研究。文化学研究与心理学研究的关系，应该是两个学科的研究及其结果互涉的问题。

在心理学研究中，无论是关于人的心理行为的理解和解说，还是关于心理学学科的理解和解说，都会与文化产生重要关联。在心理学成为实证科学的门类之后，心理学研究曾经以物理学、化学为榜样，也曾经以生物学、生理学为根基。这给心理学力求成为精密科学带来了希望，但同时也忽略、忽视、歪曲、扭曲了人的心理的文化的性质和内涵。

在心理学研究中，文化心理学的兴起至少关系到两个重要方面，一是关于心理学研究对象的理解，二是关于心理学研究方式的理解。前者使文化成为研究的内容，后者使文化成为研究的取向。前者是对象化意义上的，后者是方法论意义上的。

同样，在心理学研究中，多元文化论对心理学研究和探索的影响，也是非常重要的方面。近些年来，这也成为心理学研究的热点，并影响到心理学的预设和前提、发展和走向。

有研究考察了心理学中的文化意识的演变，认为心理学中的文化意识经历了跨文化心理学、文化心理学、文化建构主义心理学三次重大的演变。跨文化心理学视文化为心理规律的干扰因素，认为理论研究应力求去文化；文化心理学认为心理是文化的投射，并寻求理论的文化敏感；文化建构主义心理学则认为心理与文化是相互影响、相互建构的关系，因而更加关注心理、意义与现实的双向建构过程。①

跨文化心理学预设了贯通性、普适性的心理学规律的存在，所谓跨文化

① 杨莉萍. 从跨文化心理学到文化建构主义心理学——心理学中文化意识的衍变[J]. 心理科学进展，2003(2)：220—226.

的就是贯通所有文化的，也就是对所有文化都通用的。跨文化心理学的主要功能在于阐述适用于一切个体的规律，因为跨文化心理学家相信，在一定数量个体中的研究结果就代表一个逻辑层次，这将适用于一切个体，并因而适用于人性。所以，尽管跨文化心理学采用了跨文化比较的研究方法，但就其本质而言，它还不属于文化取向的研究范畴，而是一种完全的经验主义范式。

20 世纪 80 年代末 90 年代初，真正文化取向的心理学研究开始出现，其主要理论形态就是文化心理学(cultural psychology)。与早期跨文化心理学谋求对理论的去文化不同，文化心理学的文化取向表现在：一是把心理看作文化的投射。正因为将心理视为文化的投射物、对应物，文化心理学坚决反对跨文化心理学把文化作为寻找具有普遍意义的心理规律所要规避、排除、克服的干扰因素。文化心理学认为，人的任何内在的、深层的心理结构及其变化，都不可能独立于文化的背景和内容，心理和文化既有着相对区分的、各自不同的动态系统，又彼此贯穿、相互映射、相互渗透。心理学永远不可能将自己的研究对象与文化情境相剥离。二是凸显文化敏感对心理学研究的重要性。文化心理学不再以一种心理学理论为研究背景，去寻求理论在异域文化中的检验，而是从某种社会文化背景下特有的社会问题、心理问题出发，以社会化过程、人际互动过程为研究重点，以本土心理学取代普适心理学。随着文化心理学研究成果的不断增加，对心理的文化负载、文化内涵(content)的理解的不断深化，文化敏感对于心理学研究的重要性也愈益凸显。三是实地的研究方法由边缘走向中心。以对文化与心理关系的认识转变为导引，实地研究方法作为实验方法的重要补充，正逐步由边缘走向中心，成为文化心理学最常用的研究方法。实地研究更加关注不同文化背景下的心理过程、心理机制和人格品性的个别性、特殊性和差异性。因此，它更倾向于选择一种文化、一个对象加以深入研究，并不期望对其他文化加以概括。实地研究必须对社会结构、文化传统、价值偏好有深入的了解，要参与、融入被研究者的日常生活世界，并与对象建立互信互赖关系。研究者不再企图对被研究者的行为进行纯客观的描述，而是力图理解和体验研究对象的真情实感，并站在被观察者的立场上对行为或问题做出合理的解释。

文化建构主义思潮与文化心理学几乎同步发生。文化心理学视心理为文化的投射，而文化建构主义则视心理为文化的建构。这并不是对文化的投射的简单否定，而是对其的超越。作为后现代精神与后现代文化在当代心理学中的体现，文化建构主义从一开始就谋求消解外源论、内成论隐含的主客二元论局限，试图在外成论与内源论的两极之外，构造一种全新的理论框架。这一框架既不视心理为单纯的精神表征，即对客观事实的经验性描述（经验主义），也不视其为一种先验的结构性存在（理性主义），而是将心理置于社会互动过程中，将其作为一种建构过程的结果加以理解。文化建构主义心理学不仅否定了实证的客观主义范式，而且否定了文化心理学的主观主义范式，持有的是一种超越主客对立的后现代取向。以批判为基础，文化建构主义试图在心理学现代叙事的对立面上，创建一种全新的反基础主义、反本质主义的后现代的心理学理论与思想构造。文化心理学强调以本土心理学取代普适心理学，重视对心理的文化内涵的分析。与之不同，文化建构主义以作为知识、理论、心理的载体的话语作为突破口，通过阐释语言的生成、本质、意义，去深刻揭示知识、理论、心理作为社会文化建构的本质。除了话语分析之外，建构主义关注的另一个焦点是人的内在、外在世界的双向建构过程。建构主义认为人、自我、情感乃至一切人对现实的信念，都是通过社会互动建构起来的。

第六节 人类学的贡献

人类学是从生物和文化角度研究人类种族的学科群，具有自然科学、社会科学和人文科学的源头和性质。它包括体质人类学、文化人类学、心理人类学等分支。有研究认为，哲学、心理学和人类学是心理人类学的三大来源。简单地认为心理人类学是在文化与人格研究的基础上形成的，或直接把心理人类学等同于文化与人格研究，是一种片面的看法。心理人类学包含的研究内容，早就超出了文化与人格关系研究的范围。当然，心理人类学在人类学研究中的兴起和扩展，是与对文化与人格之间关系的考察和探索直接有关的。

心理人类学的来源之一是哲学。德国古典哲学家对心理人类学的初步探索，为后来的心理学和人类学分别从各自学科的特点出发，进一步研究不同民族传统中、不同文化背景下的心理问题，奠定了理论基础。心理人类学的来源之二是心理学。受德国学术界注重研究不同民族、不同文化的心理行为的传统影响，德国心理学家冯特在开创实验心理学研究的同时，也开创了民族心理学研究。在英国心理学界，策动心理学派创始人麦独孤（William McDougall）除了进行实验心理学、生理心理学和变态心理学研究外，还花了大量精力研究民族心理学和社会心理学。在法国心理学界，心理学家受孔德（Auguste Comte）的社会学思想影响较深，他们在研究心理学时很自然地用社会学的观点看待心理行为，形成了群体心理学派。心理学对不同民族、不同文化的心理行为的研究不仅丰富和完善了心理学体系，而且对人类学产生了巨大的影响，为心理人类学的确立奠定了坚实的基础。心理人类学的来源之三是人类学。从人类学的发展历史看，在美国学术界有关文化与人格的研究兴起之前，欧洲一些主要国家的人类学家在研究的过程中，同样对不同民族、不同文化的心理行为十分关注，并做了大量的研究。人类学家对不同民族、不同文化的心理行为的研究，不仅有效拓宽了人类学的研究领域，使人类学研究逐渐摆脱只关注表层文化的状况，而且使心理学界进一步认识到文化变量在心理学研究中重要地位和作用，为心理人类学的确立提供了内在的动力。①

有研究考察了心理人类学的核心课题，即文化与人格的关系。研究指出，文化塑造个体的人格，而这种塑造作用在个体人格形成的不同阶段发挥的作用有所不同，其实质是个体接受文化影响的过程，而且文化的变迁对人格又产生新的影响。同时，个体又影响文化的接纳和传承。如何在全球化趋势下合理推进不同文化的相互作用，引领和预期健康的人格模式，避免诸如不可预期的“文化混血”的人格特征的影响，是文化与人格关系研究面临的一个挑战，也是未来研究的发展方向。②

文化与人格的研究产生于20世纪30年代，这类研究关注文化对人格的影响，也关注不同文化背景下表现出来的人格普遍性和文化特殊性。文化

① 韩忠太. 心理人类学的三大来源[J]. 云南民族大学学报(哲学社会科学版)，2008(4)：5—10.
② 马前锋，孔克勤. 文化与人格：心理人类学的解释[J]. 心理科学，2007(6)：1517—1520.

与人格的研究早期有兴盛，中间有衰落，目前也有复苏。目前，文化与人格的研究领域有进展，也存在问题。在此基础之上来展望未来的研究趋势，可以认为大五人格是连接文化与人格的概念框架，对大五人格以及人格测量方法展开进一步探讨，通过理论来整合实证研究，将是未来研究的发展趋势和基本走向。① 在关于文化与人格的研究中，实际上包含着文化中的人格和人格中的文化两个命题。当今文化与人格的研究存在几个重要的问题，如人格特质的跨文化普遍性问题、人格与文化研究中的文化问题、人格与文化的作用机制问题。要解决这些问题，就要做到：将主位研究与客位研究结合起来，将文化看作动态的过程，考虑到文化与人格之间起作用的中间机制，加强人格心理学与其他学科的联系。②

人类学研究中，心理人类学的研究已经成为独特的和独立的研究分支和研究领域。心理人类学对于人类种族的心理存在、心理构成、文化人格、国民性格等的研究，都产生了非常重要的影响。这不仅突出了心理行为的种族属性、生物属性，而且突出了心理行为的文化属性、社会属性。这不仅突出了心理科学的自然科学、生物科学的性质，而且突出了心理科学的社会科学、人文科学的性质。

第七节　语言学的贡献

语言学是以语言为对象的学科，探索语言的性质、结构、功能、演变、运用。语言学涉及心理行为的分支包括语言心理学、心理语言学、认知语言学。有研究考察了心理学传统在语言学中的嬗变。研究指出，心理学和语言学研究的对象有很多重复和交叉之处，两门学科的关系一向都比较密切。语言学家试图用心理活动来解释语言，心理学家则把言语当成是自己的研究课题。心理学和语言学自古以来就结下了不解之缘。

当前，由于心理学传统的发扬光大，心理学与语言学进一步结合，催生

① 蒋京川. 文化与人格研究：历史、现状与未来趋向[J]. 国外社会科学，2005(5)：15—20.
② 杨慧芳，郭永玉，钟年. 文化与人格研究中的几个问题[J]. 心理学探新，2007(1)：3—7，11.

了一门新的学科——心理语言学。心理语言学发展迅速，并且对心理学和语言学的研究和发展起到了积极的推动作用。语言学的心理学派是作为自然主义学派的学说和结构主义学派的学说的反动而出现的。

语言是复杂的心理活动，语言与心理之间有着千丝万缕的关系，研究语言学的学者试图从心理学中找到证据，揭开语言习得、产生和理解的神秘面纱。研究心理学的学者也试图通过语言进一步了解大脑的运行机制。所以，语言学与心理学的结合是历史的必然趋势。①

有研究对心理学的语言转向进行了考评。研究指出，哲学的语言转向给心理学研究带来了深刻影响，语言也成为心理学一个新的研究维度。由此，传统心理学语言缺失问题的解决获得了新的契机。心理学的语言转向有深刻的理论背景和哲学根源，在此基础上，当前的话语心理学及心理学语言形态等问题成为心理学语言转向的集中体现。心理学的语言转向的意义在于心理学研究中思维方式的变革，语言问题也将成为心理学研究自身的一个发展方向。

从本体论到认识论的转向促成了西方科学主义心理学的繁荣，从认识论到语言学的转向则成为反思科学主义心理学的一次契机。由于这次转向对传统心理学的强烈震撼和重要影响，以及语言学与心理学之间的千丝万缕的联系，人们不再仅仅关注知识的起源和演变、认识的能力和限度、主体的地位和作用，而是转向探究语言的意义、理解、交流、本质等。它把语言本身的一种理性知识提升到心理学的基本问题的地位。

心理学的语言转向主要考虑语言在心理学研究中的功能与关系。心理学研究中的各种问题的争议，在某种意义上可以被归结为语言的表述和解释问题。话语分析是当代语言转向在心理学中的反映。传统的心理学认为，语言是人认识世界、表达观念的符号或工具，能够提供对于世界或事实的准确描述。心理学的话语分析则关注由于语言使用的目的和情境不同而导致的语言的歧义性和语用的复杂性。事实上，语言转向之后，话语分析、话语形态、话语结构和表达方式成为人们关注的重点，并直接进入心理学的视野，成为心理学研究的重要部分。话语分析作为一种研究的立场，在心理

① 王德亮. 心理学传统在语言学中的嬗变[J]. 广西社会科学，2007(12)：143—145.

学领域不断发展渗透，同时也逐渐成为一种心理学研究方法。

语言转向引起了心理学理论深层次的、多方位的变革，其中最根本的是思维方式的变革。当代心理学对日常语言给予了特别的重视与关注，日常语言是人们在社会交往和人际沟通中的对话。这就把心理学研究引向了一个人际交往的世界或者一个对话沟通的世界，也就是区别于科学世界和生产世界的生活世界。心理学的语言转向促使心理学的理论追求开始从本质论转向存在论，在思维方式上从还原论转向整体论，在心理科学观上从自然主义科学观转向社会文化科学观，在文化模式上从单一文化模式转向多元文化模式。①

无论是语言学中的心理学传统，还是心理学中的语言学转向，都给出了相关的心理学的探讨和语言学的资源。这成为心理学思想、理论、方法和技术的一个重要来源。这也提供了相应的关联到语言学的心理学思想、理论、方法和技术的资源。

第八节　宗教学的贡献

宗教学是以宗教为对象的学科，探索宗教的现象、起源、演变、性质、作用。宗教学涉及宗教哲学、宗教地理学、宗教社会学、宗教人类学、宗教生态学、宗教心理学等分支学科。宗教心理学有两种不同的含义，存在着两种不同的理解，也就有两种不同性质的宗教心理学。一是实证科学的含义和科学传统中的宗教心理学，是科学心理学家采纳科学的方式和运用科学的方法对宗教心理的研究。二是宗教体系的含义和宗教传统中的宗教心理学，是宗教家按照宗教的方式和宗教的教义对人的心理行为的说明、解释和干预。宗教的宗教心理学是宗教性质的或信仰形态的心理学，并体现在不同的宗教流派或宗派中。世界上不同的宗教有自己的宗教教义，也都有宗教的心理阐释。两类宗教心理学既有区别，也有着不可忽视的联系。可以将两种不同的宗教心理学合称为宗教形态的心理学。

① 周宁，刘将. 心理学的“语言转向”考评[J]. 内蒙古师范大学学报(哲学社会科学版)，2007(5)：21—25.

宗教的宗教心理学是指宗教传统中的或者宗教源流下的宗教心理学，它由特定的宗教创立，蕴含在宗教中，是十分重要的文化学、宗教学和心理学的资源。很长时期以来，科学心理学和科学心理学家并没有去重视和提取这种重要的心理学资源，也没有去开发和利用这种有价值的心理学资源。[①] 其实，这种宗教的宗教心理学提供了非常丰富的心理学的理论知识、探索方法和实用技术。它不仅考察和解释人的心理，而且干预和影响人的心理。无论是哪一种宗教、哪一种派别，都非常关注人的心灵的性质、功能和活动，都有对人类心理行为和内心生活的系统阐述和全面干预。例如儒家思想中有心理学内容，[②] 道家思想中有心性心理学的思想，[③] 儒家心性学说中也有心理学的内容。[④]

科学的心理学或科学的宗教心理学为人类理解和干预自己的宗教心理和宗教行为，提供了科学的方式、科学的理论、科学的方法、科学的工具和科学的手段。这使得人类从宗教活动的盲目和愚昧中走了出来。但是，尽管如此，宗教的宗教心理学实际上并没有真正的消失和灭亡，仍然在普通民众的宗教生活中发挥着特定的作用。应该说，宗教提供的心理学是依据宗教的生活和实践而得出的。普通人或者宗教信仰者在习得和掌握了宗教的宗教心理学之后，会对他们理解他人的和自己的心理行为起着关键的作用。只不过，这种所谓的宗教的宗教心理学并不是科学心理学的组成部分。

如果从学术资源的角度去理解，宗教的宗教心理学具有独特的和重要的学术价值。这主要可以体现在如下三个方面。

首先，宗教的宗教心理学以宗教的方式，给出了关于信仰、信念、价值定位、价值追求等人的心理的意向性方面的解释和阐释。这正是实证科学的心理学在自己的历史发展中有所回避、有所放弃、有所否定的方面。在科学心理学诞生之后，科学心理学家曾经把运用实证方法看成是心理学作为科学的唯一尺度。所谓实证的方法，实际上是建立在研究者感官证实的基础

---

① 葛鲁嘉. 心理文化论要——中西心理学传统跨文化解析[M]. 大连：辽宁师范大学出版社，1995：12—13.

② 杜维明. 儒家思想新论——创造性转换的自我[M]. 曹幼华，等，译. 南京：江苏人民出版社，1991：48—63.

③ 张广保. 金元全真道内丹心性学[M]. 北京：生活·读书·新知三联书店，1995：250.

④ 蔡仁厚. 儒家心性之学论要[M]. 台北：文津出版社，1980：2.

之上。对人的心理的意向性方面来说,研究者的感官却是无法直接把握到的,因而是科学心理学研究本身无法证实的或无法揭示的。所以,人的信仰、信念、意向、价值等,都很难给予合理的科学探索,也都很难运用科学的方法证实。既然无法加以科学的证实,就意味着这是可以放弃的或是可以忽略的存在,就意味着这是根本不实的或完全虚假的存在。因此,在相当长的历史时段里,实证的科学心理学并没有去认真系统地研究和考察人的心理的意向性或价值性的方面。或者,对信仰信念和价值取向的研究,实证的心理学至多是将其当作客观的对象加以考察的,仅仅是去描述、证明或验证其作为心理现象的存在。或者,这样的研究就只能是中立客观的和价值无涉的。因此,实证心理学研究根本就无法去说明和解释、无法去给出和引导对人的心理生活来说非常重要的价值取向、价值定位、价值赋予、价值评判、价值取舍等。这就等于是心理学研究放弃了原本在人的心理生活中起着重要作用的价值问题。科学心理学的当代发展,正在努力填补这样的缺失,正在努力克服自己的不足。从宗教的宗教心理学中,可以获取相关的学术资源。

其次,在宗教的宗教心理学中,宗教家或宗教学者还把人的一些独特的心理行为置于一个重要的位置,给予了十分特殊的关注,进行了宗教方式的探索。可以说,这些独特的心理行为在人的宗教以外的其他活动领域中是很少存在的,或者是人在宗教以外的日常生活中很少出现的。但是,这些独特的心理行为却在人的日常宗教信仰的生活中占有十分重要的地位。它包括人在宗教信仰活动中的独特体验,比如茅塞顿开、出神入化、心悦诚服、顿然开悟、宁静平和、幸福安详、超拔解脱、喜悦极乐,也包括宗教信仰者实际上得到的种种关于美好、高尚、圣洁、完善、永恒等的心理体验,种种对事物本质、存在价值、高峰体验、终极意义、神圣使命、神人相合等的心理体悟。在心理学研究中,在对于心理学传统文化资源的挖掘中,在立足传统资源的心理学探索中,这些心理现象和心理行为都得到过系统深入的体现,以各种不同的专题得以探讨,例如以心灵的困惑与自救的专题,① 以荣格的心理学与藏传佛教的关系的专题,② 以关于体验的心理学探索的专题。③ 对于这些

---

① 林方.心灵的困惑与自救[M].沈阳:辽宁人民出版社,1989:1—8.
② 莫阿卡西.荣格心理学与西藏佛教[M].江亦丽,等,译.北京:商务印书馆,1994:1—5.
③ 瓦西留克.体验心理学[M].黄明,等,译.北京:中国人民大学出版社,1989:26.

独特的心理行为的考察，对于这些涉及内在体验和精神追求的解说，正是实证的科学心理学研究中长期遗留的、缺少考察的研究空白，也正是实证的科学心理学必须面对的研究难题。尽管宗教的宗教心理学并不是以科学的方式去说明和解释上述那些独特的心理行为，但是以宗教的方式体现了这些心理行为的现实存在和宗教意义。

再次，宗教的宗教心理学还给出了各种各样的、十分独特的、力求实现或达成目标的方式、手段、途径、步骤、程序等。无论是基督教、伊斯兰教还是佛教，都提供了净化人的心灵、提升人的精神境界、引导人心向善的方式和方法。例如，佛教中的禅宗心理学实际上就提供了关于达成顿悟的、入静的、止念的、超拔的、无牵无挂的、无虑无忧的、无滞无碍的、精神解脱的、大彻大悟的、极乐无忧的等境界的方式和方法。对改变、转换或提升人的心理境界来说，这些技术和手段十分独特，也都有着特殊的功效。其实，宗教的宗教心理学正是通过相应的技术和手段，来改变人的心理和提升人的境界，来验证自己的理论和确立自己的学说。这种由宗教提供的体验和体证的方法，对心理学研究和应用来说，是有着重要的、可借鉴的价值的。怎样提取和借用宗教的宗教心理学资源，是心理学研究者必须面对的问题。

第七章　中间科学的贡献

所谓中间科学，是指处在多种或多元学科之间，能够关联不同的学科，能够横跨不同学科的学科体系。实际上，中间科学可以有多重不同的存在方式，有多重不同的表现方式，有多种不同的学科定位，有多种不同的学术取向。中间科学包括边缘学科、横向学科、综合学科、方法学科、数学学科、医学学科、军事学科、管理学科等。这些属于中间学科的不同探索，都对心理学研究有重要的贡献。

第一节　边缘学科的贡献

有研究对边缘学科进行了考察。研究指出，交叉科学的出现是现代科学整体化、综合化的必然结果。作为交叉科学一个重要门类的边缘学科，是交叉科学中历史最长、数量最大的学科体系。边缘学科是两个或两个以上的学科相互交叉、渗透，而在学科间的边缘地带形成的学科。科学分化为边缘学科的产生和发展奠定了坚实的科学基础。

20 世纪中期以来，在边缘学科大量出现的同时，又诞生了综合学科、横断学科、软科学学科和比较学科等一批新兴学科，从而形成了交叉科学群。这丰富和发展了现代科学体系，引起了现代科学总体构成的重新调整和组合。从科学发展的趋势看，交叉科学的发展将最终导致不同于传统科学分类的新科学体系的产生。

从历史的回顾中可以看出，最初的科学交叉就是以边缘学科的形成为标志的。边缘学科是当代交叉科学的先驱和主要组成部分。时至今日，边缘学科已经取得了长足的发展。这导致了学科的成分变化多样、结构日趋复杂。首先是组成学科的数目已由最初的两门增加到三门甚至四门。其次是由自然科学和社会科学内部的交叉发展为两者之间的交叉。第三是组成学科的级别由同级交叉发展为混级交叉。第四是交叉程度由全部为传统的单一学科间交叉发展为既有单一学科又有交叉学科的深度交叉。

边缘学科作为一种科学认识活动，在发展过程中形成了鲜明的特征。一是边缘学科是传统学科分化的产物。边缘学科的存在是以传统学科分化为基础的，没有科学高度分化导致的大量分支学科的出现，边缘学科便失去了自己赖以产生的条件和土壤。任何一门边缘学科，无论形式和特质发生了多大的变化，都可以从传统学科中找到其生长点和母体学科。交叉学科是学科间相互渗透而产生的学科集合，按不同的交叉形式可分为边缘学科、横断学科、综合学科等。二是边缘学科是科学分化与科学综合的统一体。科学分化与科学综合是科学发展中密切相关的两种基本趋势。分化以综合为基础，只有把科学实践中获得的知识加以综合，形成一定的科学领域，进一步的科学分化才成为可能。综合以分化为条件，只有在科学分化比较充分的前提下，才有可能进行新的综合。三是边缘学科对科学发展具有深化和开拓作用。考察科学分化的具体过程，可以发现，边缘学科在科学发展的两条线索上发挥着关键作用。首先，边缘学科能够不断深化传统学科的研究领域。其次，边缘学科不断开拓科学研究的新领域。四是边缘学科反映了科学发展的新水平。边缘学科是伴随着传统学科沿纵向和横向发展延伸而产生的，因而在一定程度上显示了各个研究领域的最新水平。

探讨自然科学、社会科学和交叉科学等三大科学门类内部及其相互之间产生的边缘学科分类问题，可以按学科体系分类和按边缘学科的形成方式分类。在讨论按学科体系进行分类时，可以将每个门类内部各学科之间形成的边缘学科称为近缘边缘学科，而将横跨各科学门类之间的边缘学科称为远缘边缘学科。在近缘边缘学科中分为自然科学内部、社会科学内部和交叉科学内部三个方面。在远缘边缘学科中分为自然科学与社会科学之间、自然科学与交叉科学之间、社会科学与交叉科学之间三个方面。

按边缘学科形成方式分类，可得到以下几种类型：一是方法借用型。将A学科的研究方法应用到B学科的研究中去，由此形成边缘学科。二是技术转移型。将 A 学科的新技术应用到 B 学科的研究中而产生的边缘学科。三是理论融合型。将 A 学科的理论渗透到 B 学科的理论体系中去而形成的边缘学科。从理论体系看既不同于 A 学科，也不是原来的 B 学科，而是已经成为 A、B 两学科相互交融的有机整体。四是中心聚集型。以某一两门学科为中心主干（基底学科），以其他若干学科为辅助部分（植入学科），多学科相互交叉而形成的边缘学科。由于这是建立在传统学科的基础之上，显然与综合学科不同。例如，消费心理学是以普通心理学为中心主干，以市场学、社会学、经济学、文化人类学等学科交叉渗透而形成的。再如，环境心理学是心理学、环境学、社会学、生态学、人类学、建筑学等学科相互渗透而产生的一门边缘学科。①

边缘学科的研究给了心理学的探索一个更为广阔的空间。边缘学科吸纳的多学科的资源，成为心理学研究的非常重要的学术资源。可以说，心理学中的大量分支学科都属于边缘学科，汇集了不同学科的思想、理论、知识、方法、工具、技术、手段，等等。

第二节　横向学科的贡献

在心理学研究中，有的分支或取向侧重与自然科学分支的关联，有的分支或取向侧重与社会科学分支的关联，而有的分支或取向则侧重与人文科学分支的关联。所以，现代心理学有自然科学的传统，也有社会科学的传统，也有人文科学的传统。心理学与一系列重要的自然学科、社会科学和人文科学形成了特定的联系和关系。此外，心理学与其他学科的合作也体现在与横断科学的密切联系中。在现代科学的发展进程中，所谓的横向学科或横断科学是在概括和综合多门学科的基础上形成的一类学科，是从众多学科的研究对象中抽出某一特定的共同方面作为研究的内容，其研究横贯多个甚至一切领域，对具体学科往往能起到方法论的作用。信息论、控制论和系统论就是传统的横断科学。耗散论、协同论和突变论则是新兴的横断

① 徐家宁. 浅论边缘学科[J]. 天津师大学报(自然科学版)，1988(1)：80—84.

科学。相变论、混沌论与超循环论则是所谓更新的横断科学。无论是旧三论、新三论还是新新三论，都与心理学研究有着密切联系。心理学与之形成的是合作的关系。

信息论的研究涉及信息的接收、编码、变换、存储和传送。受信息论的启发，一些心理学家也把人看成是接收、加工和传送信息的装置。认知心理学是以信息加工作为理论框架，把人的认知看成是信息加工的系统。正是运用信息加工的观点，认知心理学试图揭示人的内在心理机制，将其看成是信息获取、储存、复制、改变、提取、运用和传递等过程。认知心理学研究涉及人的感知、注意、记忆、心象、思维、语言等。人的认知作为信息加工的系统，能够通过认知来表征现实世界或外部对象，能够通过认知的操作和计算来变换其表征的现实世界或外部对象。心灵作为信息加工系统依赖于神经基础，却不必归结于神经系统。因此，同样的信息加工过程可以在物理系统或生物系统等完全不同的基础上实现出来。脑科学的研究、认知神经科学的研究都为心理学研究的深入提供了必要的前提和基础。

控制论涉及调节、操纵、管理、指挥、监督等方面。控制论研究一切控制系统(包括生命系统、社会系统)的信息传输和信息处理的特点和规律，研究用不同的控制方式达到不同的控制目的。心理控制论是运用控制论的原理和方法研究人的心理的科学，是心理学与控制论相互渗透而形成的学科。这是20世纪70年代以来形成的学科。心理控制论认为，人总是居于一定的系统之中，成为一定系统中的子系统，并与其他子系统构成一定的控制关系。心理控制论包括如下基本研究内容：同系统相适应的人的心理状态(认同性、积极性、相容性、适应性)，系统中人的心理控制(指令控制、诱导控制、监督控制、自我控制等)。心理控制论的诞生，为传统的心理学研究提供了新的途径和方法，而且在人的各种活动领域中都有重要的实际意义。

系统论的研究表明，系统是由若干要素以一定结构形式联结构成的具有某种功能的有机整体，包括要素、结构、功能。整体性、关联性、时序性、等级结构性、动态平衡性是系统共同的基本特征，其核心思想是整体观念，系统不是各个部分的机械组合或简单相加，系统的整体功能是各要素在孤立状态下没有的新质(整体大于部分之和)。研究系统的目的在于调整系统结构，协调各要素关系，使系统更加优化。从系统论来看，人处于物理系统、生物系统、社会系统的交叉点上。物理系统是人的自然属性的基础，生物系统是人的生物属性的基础，社会系统是人的社会属性的基础。人的心理是一个多层次、多水平、多维度的复杂系统。

耗散论的观点认为，一个处于非平衡态的开放系统，通过不断地从外界环境中获取物质和能量而带进负熵流，可以从原来无序状态转变为有序状态，使系统形成具有某种功能的新的层次结构，这种非平衡态下的有序结构就叫作耗散结构。一个开放型的耗散结构系统（如人体系统等）从外界环境中吸收物质和能量而带进负熵流的功能特性称为系统的耗散性。耗散结构论是关于系统自组织的理论，自组织就是进化。耗散结构论认为生物体是非平衡有序的结构系统，系统的形成和延续只能是在系统不断与环境进行物质、能量、信息交换的条件下进行。非平衡有序结构的特点是，一方面是有序，另一方面是耗散，系统是在物质和能量的不断耗散中形成和维持。人的心理也是一个自组织的有序系统，心理发展和心理活动要通过不断地同外界环境进行物质、能量和信息的交换来实现。目前，耗散结构论也影响着现代心理学。费斯廷格的认知不协调理论，斯腾伯格的智力三元理论等，其基本精神都与耗散结构论相一致。

协同论是应用广泛的现代系统理论，它在自然科学与社会科学之间架起了一座桥梁。协同论认为，一个系统从无序向有序转化，不在于是否处于平衡状态，也不在于偏离平衡有多远，而在于开放系统内各子系统之间的非线性相干作用。这种相干作用将引起物质、能量等资源在各部分的重新搭配，即产生涨落现象，从而改变系统的内部结构及各要素之间的相互依存关系。一个由大量子系统组成的复杂系统，在一定的条件下各子系统之间通过非线性相干作用就能产生协同现象和相干效应。该系统在宏观上就可以形成具有一定功能的自组织结构，出现新的时空有序状态。协同论是关于系统内部复杂自组织行为的理论。协同论的原理符合人的心理系统的特性。心理系统虽然受环境影响，与环境相互作用，但决定心理系统发展和变化的还是其自身的变量。

突变论涉及不连续的现象。突变论研究的过程本身是连续的，但连续的原因造成了不连续的结果，这种现象称为突变。突变论力图揭示造成这种不连续性的一般机制。突变的本质是系统从一种稳定状态经过失稳向另一种稳定状态的跃迁，是自然界和生物界进化的内在动力之一。自然界中有许多与不连续性有关的现象。这种不连续性既可以体现在时间上，如细胞分裂；也可以体现在空间上，如物体的边界或两种生物组织之间的界面。这种不连续性使人们在用连续性的数学方法处理问题时，面临着巨大数量的状态变量的难题，而突变论可解决这一难题。当处理复杂系统时，只要观察到某些突变特征，就可选择合适的状态变量和控制变量并用突变模型来拟合观察结果。突变论既可运用于自然科学，也可运用于心理科学。例如，在研究攻击行为、决策心理、语言识别、心理顿悟方面，突变论都显现出自己的优势。

当代的科学发展，又有相变论、混沌论与超循环论等所谓新新三论的出现。新的研究进展带来了新的学科探索，也给心理学研究带来了新的启示。心理学可以从中获得新的思想、新的方法和新的技术。相变论主要研究平衡结构的形成与演化，混沌论主要研究确定性系统的内在随机性，超循环论主要研究在生命系统演化行为基础上的自组织理论。新新三论对心理学研究具有的价值和意义，或者心理学与新新三论可以形成的关系，还值得进一步考察和探讨。

第三节　综合学科的贡献

综合学科是指研究自然现象、社会现象和文化现象等多个领域的一门学科。涵盖商业、化学、教育、工程、法律、生命科学、物理与天文、数学与统计、计算机科学、地球与环境科学、医学与公共卫生、聚合物与材料科学等领域。

近代科学发展特别是科学上的重大发现和国计民生中的重大社会问题的解决，常常涉及不同学科的相互交叉和相互渗透。学科交叉逐渐形成一批交叉学科、综合学科，如化学与物理学的交叉形成了物理化学和化学物理学，化学与生物学的交叉形成了生物化学和化学生物学，物理学与生物学交叉形成了生物物理学等。这些交叉学科的不断发展大大地推动了科学进步，因此学科交叉研究(interdisciplinary research)体现了科学向综合性发展的趋势。科学上新理论的提出、新发明的产生、新技术的出现，经常是在学科的边缘或交叉点上，重视交叉学科将使科学本身向着更深层次更高水平发展，这是符合自然界存在的客观规律的。由于现有学科是人为划分的，而科学问题是客观存在的，根据人们的认识水平，过去只有天文、地理（地质）、生物、数学、物理、化学六个一级学科。经过20世纪科学的发展和交叉研究，逐渐形成了新的交叉学科，如认知科学、生命科学、材料科学、环境科学等综合学科。

认知科学是研究心智和认知原理的科学，由哲学、心理学、语言学、人类学、计算机科学和神经科学六大学科支撑，是迄今最大的学科交叉群，在某种意义上可以说是数千年来人类知识的重新整合。认知科学的诞生为众多学科的交叉融合提供了一个可能的框架，也预示着一个新的科学综合时代的到来。

从脑与神经系统产生心智的过程叫认知。认知科学是研究认知规律的科学。作为认知科学分支学科之一的心智哲学，其最为经典、深刻和持久的问题是精神与身体的关系问题。在认知科学的框架下，心身重新被统一起来，人的精神活动和身体活动（主要是脑的活动）重新被统一起来，甚至精神活动中的意识行为和无意识行为也重新被统一起来。认知科学诞生以后，由于研究领域的交叉，发生了众多学科的交叉和融合。例如，哲学发生了认知转向，即哲学与认知科学的交叉融合，其结果是心智哲学的诞生。

认知科学诞生以后，心理学与哲学、心理学与逻辑学、心理学与其他相关科学才算找到了统一的基础和根据。一是哲学、心理学、语言学、人类学、计算机科学和神经科学在认知科学框架下的统一。这六大学科与认知科学交叉，生长出心智哲学、认知心理学、认知语言学（语言与认知）、认知人类学（文化、进化与认知）、人工智能和认知神经科学六大分支学科；这六大学科之间互相交叉，又生长出控制论、神经语言学、神经心理学、认知过程仿真、计算语言学、心理语言学、心理学哲学、语言哲学、人类学语言学、认知人类学、脑进化等众多交叉学科。二是逻辑学在认知科学的框架下形成的新研究领域和学科群。这就是认知逻辑的研究。认知逻辑包括哲学逻辑、心理逻辑、语言逻辑、文化与进化的逻辑、人工智能的逻辑和神经网络逻辑。这些学科，有的已经存在，如哲学逻辑、语言逻辑、人工智能的逻辑，其历史可以追溯到20世纪50年代，与认知科学的萌芽同步；有的正在发展，如心理逻辑、神经网络逻辑，其发端于20世纪70年代中期，与认知科学的建立同步；有的虽然尚未开展，但预计将来可以得到发展，如文化与进化的逻辑等。

认知科学的建立开启了一个学科大交叉、大融合的时代，可以称这个时代为“综合的时代”，以区别于20世纪的“分析的时代”。认知逻辑的建立则开启了当代逻辑学发展的新时代，逻辑学告别20世纪上半叶局限于数学基础研究和数学推理的狭隘路径，走上了作为多学科共同工具的广阔发展道路。20世纪是分析的时代，那时人们更加重视对各个不同的领域进行分门别类的研究。21世纪将成为综合的时代，人们将进行交叉学科的研究和知识门类的整合。认知科学的诞生则为进行跨学科和交叉领域的综合研究提供了可能。①

认知科学是综合学科，脑科学也是综合学科。无论是认知科学，还是脑科学，都汇聚了大量的学科分支，都综合了大量的不同学科的知识、理论、方法和技术。这种大的综合学科尽管已经超出心理学的范围，但是心理学常常是其中的核心学科。认知科学提供的心理学的内容是心理学进步的最重要的方面。

第四节　方法学科的贡献

关于心理学研究的方法论，可以进行扩展性的探索。扩展性的探索是指，心理学方法论并不仅仅是关于方法的认识和理解，而是涉及理论、方法和技术的反思。方法论是任何一门科学研究的基础，它既是思想和理论的基础，也是方法和技术的基础。所以，心理学方法论的探讨是关系到心理学学科发展的核心问题。但是，传统心理学中的方法论的探讨主要考察心理学研究运用的具体的研究方法，如心理学具体研究方法的不同类别、基本构成、使用程序、适用范围、修订方法等。随着心理学的发展和进步，心理学方

① 蔡曙山. 认知科学框架下心理学、逻辑学的交叉融合与发展[J]. 中国社会科学，2009(2)：25—38.

法论的探索必须跨越原有的范围，应该包括关于研究对象的立场，关于具体方法的认识，关于应用技术的思考。

关于研究对象的立场。心理学关于研究对象的考察和研究是建立在对心理学研究对象的理论预设的基础之上，或者是取决于心理学家对心理学研究对象的基本性质的预先理解。关于心理学研究对象的理论预设可以是隐含的，也可以是明确的。但是，无论是隐含的还是明确的，预设的前提都决定着心理学家对心理学研究对象的理解。有什么样的关于研究对象的理论预设，就会有什么样的对研究对象的理解。

关于具体方法的认识。科学的研究是通过研究方法来进行的，对方法的认识就会决定方法的制定和运用。这也是心理学中的方法论和方法学的内容。有关心理学研究方式的理解涉及心理学作为一门科学的预先设定。这个预先设定可以是隐含的，也可以是明确的。无论是隐含的还是明确的，这都决定着心理学家对心理学研究方式的理解和运用。

关于应用技术的思考。在心理学研究中，心理学家不仅要揭示、说明和预测人的心理，而且要通过相应的技术工具和技术手段去影响、干预和改变人的心理。要对人的心理进行技术干预，西方主流的心理学家坚持的是有效性原则。①

有研究提供了一个关于科学方法论的研究提纲。研究表明，不同的科学家在研究方法上各有不同的习惯、风格和特点，不同的学派也各有研究方法的特色和传统，不同的学科更有不同的研究方法。进行方法论的研究，就是要从个别学者、个别学派、个别学科的研究方法和研究经验中，总结出关于方法的共同性的、规范性的内容。方法论的研究形成了三个层次：比较具体的各专门学科的方法论或方法学；概括自然科学的一般方法的自然科学方法论，概括社会科学研究方法的社会科学方法论和概括人文科学研究方法的人文科学方法论；从哲学认识论和方法论来论述的更为一般的科学方法论。

方法论研究涉及十对认识论的范畴。一是主体与客体。方法是由人创造，并由人来掌握和使用的，而人对方法的创造和使用又是与研究对象的特

① 葛鲁嘉. 对心理学方法论的扩展性探索[J]. 南京师大学报(社会科学版)，2005(1)：84—89.

性联系在一起的。二是已知与未知。对于所从事的科学研究的领域，应了解其中有哪些是已知的，即人们已经取得的认识，哪些是未知的尚待研究的。三是经验与理论。可以将迄今已有的科学研究方法分为经验层次的方法和理论层次的方法。前者是指直接从实践中积累经验以对事物的性质和规律进行判断，后者是指运用科学假说、逻辑推理和构建理论等方法来认识事物的性质和规律。四是部分与整体。部分与整体或局部与全局的关系是科学认识活动中的一个基本问题。五是定性与定量。任何客体都是质和量的统一体，质要通过量来表现和规定，量又从属于质。数学方法着重从量的方面来研究客体的质，要经过一系列科学合理的分析和抽象过程，并反复校正逼近，才能使量的研究真正反映客体的质的特点。在科学研究中，定性分析与定量分析是不能截然分开的。六是简单与复杂。认识对象有简单与复杂之分。从科学发展的历史看，认识经历着从简单到复杂的过程。七是模型与原型。科学模型是按照科学研究的特定目的，在一定的假设条件下，用物质形式或思维形式的手段再现原型客体的某种本质特征，诸如关于客体的某种结构（整体的或部分的）、功能、属性、关系、过程等。八是抽象与具体。科学认识的第一步是从具体上升到抽象，即对客体进行科学的分析，舍去那些非本质的因素、关系和过程，抽取出客体的本质属性、本质关系和本质过程。科学认识的第二步是从抽象上升到具体，即从已经获得的抽象概念出发，把客体放在多方面的联系中加以考察，经过从分析到综合的研究过程，达到对客体的整体的本质认识，在科学模型或科学理论中复制或再现实际的具体对象，即达到理论思维中或理论认识中的具体。九是正确与错误。在科学研究中，正确和错误，成功和失败，都不是主观裁定的，需要通过实践的检验。在自然科学中检验要靠科学实验，科学家们把实验称为“最高法庭”。在社会科学中，检验是靠社会实践，社会实践就是“最高法庭”。十是学习与创新。科学方法论的研究是从理论上总结前人和今人在方法方面的经验，尤其应该着力去总结人们的创新经验。科学方法的灵魂就在于创新，探讨怎样创新也应该成为科学方法论的灵魂。①

无论是方法学还是方法论，对于科学的研究，对于心理学的研究，都是

① 孙小礼.科学方法论的一个研究提纲[J].哲学研究，2001(2)：66—71.

至关重要的。这可以决定着心理学研究的科学性质、学科性质、知识性质、理论性质、方法性质、技术性质等诸多方面。方法论是根本的、核心的方面，是心理学研究的基础。方法学是附属的、手段的方面，是心理学研究的程序。心理学依赖于方法论支撑学科，依赖于方法学构成知识。

第五节　数学学科的贡献

数学是研究数量关系和空间形式的一门科学。数学研究中包含了数学心理学的探索。有研究很早就介绍过数学心理学。数学心理学事实上就是使用数学模型构造的方法推进心理学研究的各种尝试。数学心理学的历史发展涉及先驱期、勃兴期。数学心理学的先驱期是在 19 世纪至 20 世纪 40 年代。在 19 世纪，可以看到韦伯-费克纳（Weber-Fechner）的心理物理学法则、扬-赫尔姆霍茨（Young-Helmholtz）的配色公式、艾宾浩斯（Hermann Ebbinghaus）的记忆实验等。这些是成为以后数学方法研究契机的一些先驱业绩，但都是零散发生的。进入 20 世纪，心理学研究中采用数量方法的动向便变得明确了，特别是与数据分析方法相关联，统计方法的应用多起来了。20 世纪初到 20 世纪 30 年代的因素分析法的发展，成为心理学领域独自产生的数学方法，代表着最辉煌的时期。但是，这种研究还只被看成是心理学的数据分析方法，而不认为是心理学的理论。20 世纪三四十年代，格式塔心理学家勒温（Kurt Lewin）频繁使用了“心理学的场理论”“拓扑心理学”等数学概念。数学心理学的勃兴期是在 20 世纪五六十年代。第二次世界大战促使产生的许多跨学科领域的协作研究，把具有数学与自然科学素养的科学家的注意力吸引到了心理学领域。心理学领域中表现最活跃的要算数理学习理论。就是在这一时期，研究者开始使用数学心理学这一名称。数学心理学现在正在从数学模型到计算机模型（信息处理模型）转换。心理学家的兴趣正从数学（或数学式）模型转向信息处理模型，数学模型的有效应用则可以在必须进行群体处理的数学社会学领域中发现。①

---

① 池田央. 数学心理学[J]. 陈治中，译. 自然杂志，1992(12)：927—931.

有研究通过数学心理观，对21世纪的心理本质观进行了新解读。研究指出，数学心理观是一种关于心理活动“数量本质”的本体论认识和观念，即在认定现实世界存在量及量的变化与关系的基础上，承认心理活动存在定性因素及其结构、机能或特性的同时，承认心理活动还存在与之并存的数学的量和量的变化及其内在规律。关于心理活动的“量”的认识可以概括为数学的心理观。它用“数学”这一概念来表达心理活动存在的量及量的变化与关系，并以此表明心理“量”永远具有数学的可证与可解的性质。数学心理观反对数学的心理化，因为抽象数学和纯数学仅仅是数学的分支领域。数学心理观也反对心理学的数学化，纯数学公式及其计算机模拟本身并不是完整的心理学。

实践证明，无论从脑科学、认知科学揭示的心理属性来分析，还是从心理科学自身发展历程揭示的心理“量”的研究来分析，数学心理观都具有现实的科学基础。脑科学和认知科学取得的重要成就的背后，总是伴随着“量”的基本设定、量化检测、计算证明、关系论证、创立模型、模拟确证等一系列的数学基础工作。联结主义认知心理学的最大特征，就是以神经活动机制和数学原理为基础，直面人类大脑神经系统结构与功能的现实本身，以实验与模拟为主要途径，以构建数学模型为重要方式，探求心理因素在“质”与“量”的规律。数学心理观的提出，具有深厚的历史渊源和广泛的学科联系。数学心理观思想还与数学领域有着不解之缘。千百年来，心理活动的数学性质问题一直就是数学发展史的一部分，成为数学界的敏感话题。①

数学心理学的研究和探索，在心理关系和数量关系之间建立起了一种重要的纽带。无论是对于心理的数量化描述，还是对于数学的心理化解说，都为心理关系与数量关系两种不同的关系给出了科学的把握。

第六节　医学学科的贡献

医学是探索人类健康、防治身心疾病的科学。医学研究中包含了医学

① 严由伟，叶浩生．数学心理观：21世纪心理本质观的新解读[J]．心理科学，2003(2)：356—357.

心理学的探索。有研究对医学心理学的新发展进行了描述。研究指出，1852年德国学者第一次使用了“医学心理学”的概念，1896年，美国学者建立了美国临床心理学诊治所，从此医学心理学的工作开始在临床心理学的概念下进行。20世纪50年代以后，临床心理学迅速发展起来。20世纪70年代，来自美国医院的内科学、精神病学、流行病学、心理学、医学社会学等学科的科学家，成立了“行为医学研究组”，行为医学广泛地采用了医学心理学的成果，代表了医学心理学的一个发展方向。1978年，健康心理学诞生了，研究健康人在患病前或患病后的心理问题，吸取当代各学科研究的积极成果，为心理卫生事业提供了先进的观点与理论指导，成为医学心理学大显身手的重要领域。现代健康心理学、临床心理学、咨询心理学都是医学心理学研究的重点。

首先，是健康心理学的发展。健康心理学运用了生物心理社会模式。研究表明，尽管疾病的原始发生是由物理性损害而引发的，但疾病的危险因子、症状的严重程度、疾病的时间过程和预后等，都受一系列复杂的社会心理变量影响。健康心理学的研究侧重于以下方面：一是心理健康标准的研究。制定标准时遵循的指导原则不同，有众数原则和精英原则之分。遵循众数原则提出的标准是一种相对标准，即个体心理健康状况是比照同社会的大多数人的心理特点来判断。遵循精英原则提出的标准是自我实现、机能完善、心理成熟、有创造力。二是自我防御机制的研究。在人们日益注重健康的当今时代，自我防御机制作为一种自我保护机制，正在得到全面深入的理论探讨和实证研究。

其次，是临床心理学的研究发展。医学模式和医疗服务必须加速改革，由纯生物医学模式向生理—心理—社会医学模式过渡，才符合21世纪教育和卫生事业发展的需要，临床心理学的研究必将弥补这些不足。临床心理学是心理学与医学相结合的交叉边缘学科，研究疾病、诊疗中的心理行为。

再次，是咨询心理学的研究发展。随着科学技术的迅猛发展，人们的物质生活更加丰富，精神生活也日趋复杂。人的社会化程度越高，人际交往就越频繁；社会生活的节奏越快，由心理社会因素带来的纠葛也就越多。随着生物医学模式向生理—心理—社会—医学模式的转化，健康的标准更加完善。心身医学的发展使人们不断明确心理社会因素对疾病，特别是脑血管疾病、心血管疾病和癌症等的重要影响，而这些疾病又直接威胁到人类的生命。随着社会物质文化水平的不断提高，人们的自我意识也不断增强。现代社会中的人，需要更多的理解，需要充分显示自己才能的机会。①

有研究对行为医学学科的发展进行了考察与展望。研究指出，行为科学是与自然科学和社会科学并列的第三科学，行为医学则是行为科学在医学中的应用。目前我国行为医学的研究，在基础研究方面涉及神经行为学、行为生理学、行为药理学、行为解剖学、行为病理学、行为毒理学(药理学)、行为生化学、行为遗传学等，并逐步形成了相对独立的分支学科；在应用研究方面，产生了行为流行病学、预防行为医学、临床行为医学、内科行为医学、妇科行为医学、儿童行为医学、护理行为医学等以应用研究为主要内容的分支学科。行为医学作为一门与多个学科相关的交叉性学科，研究覆盖宽，应用范围广，越来越为医学界所重视。行为医学的研究成果不断推动我国医学发展的事实日益被承认，目前已涉及基础医学、临床医学、疾病防治、医学教育、医学哲学、心理咨询、预防医学、保健康复和健康教育等领域。在心理行为干预治疗方面，推行认知行为治疗、行为矫治法、行为塑造法、松弛疗法、音乐疗法、暗示疗法、脱敏疗法、厌恶疗法和生物反馈治疗等，对多种心身疾病的防治发挥了重要作用。②

有研究对中医心理学与现代心理学的结合进行了探讨。研究指出，中医心理学是用中医理论和实践研究人的心理活动规律及心理因素在人体疾病的发生、发展、诊断、治疗过程中的作用及其规律的一门学科。而现代心理学是对人的社会心理学和社会行为规律进行系统研究的科学。人的心理是一个整体，所以这两门科学是可以结合的。

中国本土的中医理论也是重要的医学贡献。中医心理学是中医理论体系的重要组成部分。中医学的突出特点是整体观念和辨证论治。它把人体看成是一个有机的整体，强调形与神的统一性，人与自然环境、社会环境的内外统一性，因而完整、活体、动态地看待具有情感思维的人及其疾病的反应状态，所以重视心理因素在疾病的发生、发展过程中的作用。中医理论体

① 曹召伦，李晓明. 医学心理学的新发展[J]. 安徽农业大学学报(社会科学版)，2002(4)：88—90.
② 杨菊贤，等. 行为医学学科发展与展望[J]. 中国行为医学科学，2005(8)：673—674.

系中蕴含着丰富的心理学思想，这些心理学思想贯彻了中医的整体观思想，充分认识到人的精神、意识、思维活动建立在脏腑功能基础之上。同时，人的心理活动有个体差异性，必然受到自然环境和社会环境的影响。因此，中医心理学是从中医学这个母体中分化出来的学科。

中医心理学仅仅论述了人的心理的功能，而没有认识到功能的应用。现代心理学仅仅论述了心理的功能应用，而没有认识到心理的功能。所以，中医心理学和现代心理学都是不完全的，它们各自讲述了人的心理的一个方面，结合起来才是真正的人的心理整体过程。①

医学是与人类最亲密和亲近的学科。医学研究的推进，逐渐把生物、生理、社会、文化、心理等不同的维度，组合在了医学的框架之中。大量在医学领域中的有关人的心理行为的探索，为心理学更加广泛深入地揭示和解释人的心理行为，提供了重要基础。无论是西医还是中医，都有关于人的心理行为的医学角度的探讨。这同样可以成为心理学研究的重要资源。

第七节　军事学科的贡献

军事学是研究战争的本质和规律的科学。军事学中包含了军事心理学的学科分支。军事心理学是军事学与心理学相交叉的学科。有研究对国外军事心理学研究现状进行了分析。研究指出，军事心理学是心理学的重要组成部分。军事心理学依靠心理学研究成果和方法服务于国防事业，提高了国家的军事实力，同时推动了心理学的发展。根据军事心理学研究文献的高频关键词的分布，结合国内外军事心理学研究领域的划分，可以将军事心理学研究内容归为军人心理选拔、军人心理训练、军事职业分析、军事领导和组织行为、测量理论和技术、军事临床心理等领域。大部分的文献能归于这些领域中，表明这些领域是军事心理学研究的主题。②

有研究对军事心理学与军事心理学研究进行了考察。研究指出，所谓

① 刘家强，王米渠. 中医心理学与现代心理学的结合[J]. 中华中医药学刊，2008(3)：530—531.

② 唐军华，等. 国外军事心理学研究现状分析[J]. 心理科学，2011(5)：1258—1262.

的军事心理学(military psychology),以满足军事需要为目的,从军事作业环境出发,注重军队内部的文化特点,解决军队的实际问题。它既不是建立在一套系统的理论上,也不是一套常规性技术总和,而是心理学的原则、理论和方法在军事环境中的应用。军事心理学是一门范围宽广和内容复杂的学科,几乎涉及心理学的各个门类,但它又是一门独立的学科,直接为解决特殊军事问题服务。军事心理学按为军事服务的内容分类,主要研究领域包括军事人员心理选拔、军事人因学、特殊军事环境与军人适应、军队领导与组织、军队临床心理、心理战和特殊军事心理学问题等。

军事心理学几乎包括所有心理学专业门类,如实验心理、社会心理、临床心理、组织心理、心理测量和心理生理等。但是,由于军事心理学研究涉及特殊军事问题(有时甚至是生死攸关的问题)与特殊组织人群,军事心理学又成为一门独立的学科。第一,军队组织是由特殊人群组成,军人的选拔、任用、训练与发展构成军队人力资源管理的独有特性。第二,即使在和平年代,军事行动也通常是在异常环境中实施的,高原、海岛、太空、水下、沙漠、边防、寒冷、酷暑、连续作业与高工作负荷等,对军事活动效率构成了不同程度的影响。第三,军事活动负有保卫国家的特殊使命,任何直接服务于这一使命的研究工作都是军事科学发展的基础。第四,任何军事活动都是以人而不是以武器为基础的,军事活动更强调武器装备与人类认知的有机协调。①

有研究指出,军事心理学的核心概念、研究领域、研究内容、技术方法、最新成果、面临问题、主要困难,主要体现在如下方面。一是军事人员心理选拔。军事活动的特殊性要求军队必须通过人员筛查,选拔在躯体、心理上适合部队需要的个体进入部队。两次世界大战中,心理学工作者都帮助军队选拔了大批青年人入伍,出色的工作奠定了军事心理学在军事研究中的地位。目前,心理选拔、人员分类与岗位设置仍然是军事心理学研究的重点和焦点问题。二是军事人因学。人—机协调的设计理念,武器装备设计的人性化,目的是提高掌握武器装备的效率。仿真模拟、人工智能研究,通过优化人类活动绩效,指导专业选拔与训练,以提高武器系统的智能化。

① 苗丹民.军事心理学与军事心理学研究[J].第四军医大学学报,2004(22):2017—2020.

三是特殊军事环境与军人适应。研究高海拔、严寒、酷暑、噪声、有毒物质、射线、加速度、振动、睡眠缺失或疲劳等这些环境的特点，制定职业标准和训练标准，有助于寻求有效的措施，维护身心健康，保障战斗力。四是军队领导与组织。军队的任务莫过于建立一个有凝聚力的战斗单位，领导才能通常是决定凝聚力的关键。士气、凝聚力、集体荣誉感、适应军事环境的能力等是影响作战单位军事活动绩效的重要因素。五是军队临床心理。一些心理评估、咨询与治疗技术在部队得到改进和发展，神经心理评估与治疗、物质滥用综合治疗、危机干预、组织绩效与人力资源匹配、健康促进、自杀预防，以及战斗应激反应矫正等研究成为军队临床心理发展的趋势。六是心理战。心理战既能削弱敌军的战斗力，也能维护和提高我军战斗士气，是战斗力的“增效器”。心理战的实质是“利用信息打击敌方的心理弱点，导致敌方的信息损伤”。心理战效果的好坏取决于对信息利用的巧妙性和对心理弱点分析的透彻性；心理战效果的评价在于导致敌方信息损伤的程度。七是特殊军事心理学问题。军事心理学家始终在为指挥人员和军事机构提供咨询服务，包括专题咨询、组织发展咨询、心理剖析；研制心理检测工具；参与军事行动方案制定，包括特种作战、心理作战、生存营救、人质谈判、政治宣传、反恐策略、团队建设、宇宙空间探索等。①

军事心理学是非常重要的心理学应用的学科门类。它涉及在军事领域中的所有人员的心理行为的方面，同样也是在特殊的人类活动领域中的心理学探索，为心理学研究提供了特殊的研究内容。军事对抗的核心是人的对抗，其中心理对抗是重要方面。军事心理学全面涉及特殊领域中的心理对抗，从而丰富了关于人类心理的了解、理解、把握和控制。

第八节　管理学科的贡献

在社会组织或社会群体的管理活动中，管理活动的双方，也就是管理者与被管理者，都具有心理行为的方面。因此，在管理学科的研究中，管理心

---

① 苗丹民．军事心理学研究[J]．心理科学进展，2006(2)：161—163.

理学就成为学科群中非常重要的核心构成。无论是对于人的管理活动，还是对于人的被管理的活动，还是对于管理的互动的过程，都会涉及管理心理的层面。这也就成为管理心理学或组织行为学涉及的内容。

一、管理心理学研究前沿

对管理心理的研究有管理心理学和组织行为学的不同称谓。无论是管理心理学还是组织行为学，该学科在我国还是一个非常年轻的学科。但是，伴随着我国社会的飞速发展，伴随着社会文化的多元交汇，伴随着社会组织形态的日益多样化，伴随着人类心理行为的日益复杂化，管理心理学研究也在迅速地变化。该学科的发展非常迅猛。管理心理学研究的前沿到底在哪里，都有哪些受到关注的热点，这本身就是一个前沿的热点。当然，如何筛选和分离出重要的、前沿的研究热点，这需要确定几个基本的原则和标准。

一是关键性的原则和标准。这些热点在管理的实践和研究中都是关键性的。这主要体现在两个方面。其一，这些热点是管理实践中要应对的，或者是无法回避的。在实际的管理活动中，对这些热点问题的解决必然会带来更高的活动效率和更好的活动结果。其二，这些热点是管理心理学研究要面对的。管理心理学学科的发展取决于对一些重大理论问题的突破。这会极大地推动管理心理学学科的理论、方法和技术的进步和更新。

二是前瞻性的原则和标准。管理心理学的前沿研究涉及的问题，应该是关系到管理心理学未来发展的重大问题。具有前瞻性的研究会带来新的研究前景，构建新的理论学说，形成新的研究方法，发明新的干预技术。其实，在管理心理学研究前沿，有很多需要研究者关注的重要课题。但是，问题在于，这些研究课题是否能够标志和推动管理心理学研究的可能的进一步发展。

三是本土性的原则和标准。管理心理学在不同国度里的发展，会面对着不同的背景条件和发展目标，会带来不同的管理实践和管理结果，会形成不同的管理学说和管理方式。关注中国本土的管理心理学研究，就是要摆脱对国外的管理心理学研究形成的理论、方法和技术的模仿式或复制性的研究。管理心理学的本土化就是要立足中国本土文化，挖掘、提取和运用本土的管理心理学资源，探讨中国本土独特的管理心理问题，创建中国本土的管理心理学研究方式、思想原则、理论概念、管理技术和应用手段。有研究认为，在我国管理心理学目前的探索中，热点和重点包括跨国管理、战略管理、国企改革、干部选拔、管理决策、组织承诺、心理契约、激励机制、人力资源等。①

根据以上筛选和分离重要和前沿的研究热点的三个原则和标准，结合有关的研究成果，可以从组织行为、组织效能、组织文化三个方面概述管理心理学研究前沿的热点。这三个方面的研究探索还可以从每个方面中进一步细化出更为具体的研究课题。这不但丰富了管理心理学的研究，而且推动了整个心理学的进步。

二、组织行为的研究热点

从管理心理学到组织行为学的研究进化，将组织行为放到了研究的中心。组织行为的研究热点包括组织的公民行为的研究、组织的心理契约的研究、组织的人际信任的研究、组织的学习活动的研究，等等。

组织的公民行为是指一种有利于组织的角色外的行为和姿态。这涉及组织成员作为公民的行为和品德。因为组织中的个体不仅是组织的成员，而且是社会的公民。组织的公民行为不是正式的角色强调的，也不是劳动报酬合同引出的，而是由一系列非正式的合作行为构成的。这是组织成员与工作有关的自主行为，但与正式的奖励制度无关。其实，在任何工作组织中，角色内的规范和行为在管理活动中都是受重视的。但是，角色外的组织的公民行为以前却很少受到关注和考察。目前，在组织管理中，不仅角色内的行为和品质受到重视，而且角色外的行为和品质也受到了重视。② 组织中的个体不仅要承担组织中的特定角色，而且要履行作为公民的职责。重要的是，只有成为好的社会公民，才有可能成为好的组织成员。组织公民行为涉及公民美德、文明礼貌、责任意识、参与精神、利他行为等一些重要特征。

① 时勘，等. 管理心理学的现状与发展趋势[J]. 应用心理学，2001(2)：52—56.
② 张小林，戚振江. 组织公民行为理论及其应用研究[J]. 心理学动态，2001(4)：352—360.

这都是作为公民应该具备的，是组织中的个体完成好组织角色的重要前提。组织中成员的公民素质或文明程度会决定其在组织中活动的性质和效率。影响组织的公民行为的主要因素包括工作满意、公平知觉、组织承诺、领导支持、个人利益、个性特征等。组织的公民行为的应用研究包括对组织的公民行为与绩效关系的研究，也包括对组织公民行为的跨文化研究。①

组织的心理契约是指在组织与员工的互动情境中，员工个体对于相互之间责任与义务的信念系统。20 世纪 60 年代，心理契约的概念被引入管理领域。这是指在正式的雇佣契约之外，还存在着隐含的、非正式的、未公开的相互心理期望。对心理契约的研究经历了三个发展阶段。第一是概念引入阶段，研究者开始使用心理契约的概念来解说雇员与雇主之间的关系，用心理契约来指代个人与组织之间内隐的心理协议。第二是概念发展阶段，研究者开始把心理契约看作组织情境中员工个体对于相互之间责任与义务的信念系统。第三是实证研究阶段，研究者开始采用定量的方法对心理契约进行探讨，涉及心理契约的内容构成和动态发展。② 心理契约的研究涉及心理契约的内容、心理契约的发展、心理契约的履行等。原有的心理契约的研究涉及雇佣关系中的心理契约，现在的研究则扩展到员工之间的、员工与客户之间的心理契约。心理契约是在心理上建构起来的，是随着契约双方的心理互动而变化的。心理契约与契约双方的心理期望值的变化有重要的关系。在心理期望值高的情况下，心理契约就会有很好的约束力。但是，在心理期望值低的情况下，心理契约就不会有很好的约束力。心理契约的违背是指心理契约未能得到充分兑现和履行。这会导致员工的失望、挫折、愤怒、怨恨等。心理契约最核心的原则是互惠性。违背心理契约常常就是忽视了互惠性的原则。影响心理契约的要素包括薪酬水平、绩效工资、额外福利、工作安全、培训发展、晋升机会、工作本身。③ 当然，这些要素对于不同员工的价值是不相同的。如薪酬水平会直接影响到员工的生活水平、自我价值、公平感、自尊感等。在组织的活动中，不但会有心理契约的缔结，而且会

① Podsakoff, P. M. et al. Organizational citizenship behaviors: A critical review of the theoretical and empirical literature and suggestions for future research. *Journal of Management*, 2000(3): 513-563.

② 李原，等. 组织中的心理契约[J]. 心理科学进展，2002(1)：83—90.

③ 杨杰，等. 心理契约破裂与违背刍议[J]. 暨南学报(哲学社会科学版)，2003(2)：58—64.

有心理契约的破裂。心理契约的破裂会造成一些不良后果，包括组织员工的离职、职务内绩效降低、职务外绩效降低、出现反社会行为，也包括组织员工满意度降低、忠诚度降低、留职意向降低、对组织的责任感降低，等等。

对组织的人际信任的研究涉及对人际信任的定义、影响人际信任的因素、如何建立组织中的人际信任。一种对人际信任的定义，是把信任看作对人际关系中的竞争风险的认知判断。人在不确定条件下或存在利益冲突风险的条件下，做出的继续交往的认知判断，就是人际信任。另一种对人际信任的定义，是把信任看作人际交往中两难情境的决策行为。这包括理性模型和关系模型。理性模型是指人在进行风险决策时，会根据自己的价值体系进行利益计算。关系模型是指组织的内外关系会对人际信任行为产生作用，社会性动机能促使人际信任行为的产生。① 影响人际信任的因素包括人格特质、交往经验、人际因素、宏观因素。要在组织中很好地建立人际信任，就要建立产生信任的制度和机制，通过制度和机制消除不确定性并加强人际交流。人际信任可以促进组织成员之间的沟通，增进组织员工之间的协作，增强组织的凝聚力，提高组织的工作效率，降低组织运行的管理成本。②

对组织学习的研究已成为组织行为研究的热点。组织学习可以有不同的层次，包括个体层次、团队层次、组织层次、社会层次。个体层次的学习是指组织中的个体成员通过自己的学习活动和经验积累来产生新的知识和行为。团队层次的学习是指团队达成共识，并采取合作的行动。组织层次的学习是指把个体和团队的学习整合到组织的系统、结构、战略、程序和文化之中。社会层次的学习是指在与其他组织比较的过程中，获得新知识、新行为的过程。组织学习过程的模型包括基本的组织学习过程模型、高级的组织学习过程模型、复杂的组织学习过程模型。基本的组织学习过程可以包括发现、创新、实施、推广。高级的组织学习过程可以包括个体信念、个体行动、组织行动、环境反映。复杂的组织学习过程可以包括个体学习、群体讨论、集体学习、制度规范。“第五项修炼”理论认为，自我超越、心智模式、团队学习、共同愿景、系统思考是组织非常重要的五项修炼。其中，“系统思

---

① 林丽，张建新. 人际信任研究及其在组织管理中的应用[J]. 心理科学进展，2002(3)：322—329.

② 郑伯埙. 企业组织中上下属的信任关系[J]. 社会学研究，1999(2)：22—37.

考”,即所谓的“第五项修炼”,尤为重要。自我超越是指理解个人的愿望、集中自己的精力、培养自己的耐心、客观地观察现实、对终身学习的承诺、对个人愿景的澄清。心智模式是指影响认识和行动的那些深层次的假设。团队学习是指发展团队成员的整体配合和实现团队共同目标的过程。共同愿景是指团队中成员共同持有的未来景象,可以使团队成员产生一体感。系统思考是指整体性观察的训练,寻求对事物的整体思考,并对前四个方面进行整合。

三、组织效能的研究热点

组织效能是指组织投入和组织活动达成组织目标和完成组织任务的程度和效率。这已经逐渐成为组织行为学研究的热点。如何提高组织的效能是组织的管理者和组织的参与者共同关心的焦点。关于组织的活动效能的研究涉及关于职业的社会认知理论的研究,关于工作的工作中心度的研究,关于工作与家庭冲突的研究,关于组织的人事培训的研究。

社会认知职业理论主要源于心理学研究中的社会认知理论。社会认知理论强调人的社会认知、自我效能、社会过程的相互作用。这一理论在健康行为、情感反应、教育活动、组织管理等研究中都得到了广泛的证实。把社会认知理论运用于说明人的职业活动,也可以很好地解释人的职业选择和职业发展。社会认知职业理论的基本概念包括自我效能、结果期望、目标设定。这是社会认知职业理论的三个基石。自我效能是指人们对组织和实施要得到的行为结果的能力的信念。结果期待是指个人对从事特定行为的结果的信念。这包括对结果的想象,对结果反应的信念。目标设定是指对未来活动结果的确立,并以之指导和维持自己的行为。社会认知职业理论的基本思想就在于强调个人与环境的相互作用,提出自我效能、结果期望、目标设定之间复杂的相互作用。这突出了人的追求和人的认知,注重职业兴趣、职业能力、职业价值等在职业选择中的作用。社会认知职业理论把职业兴趣看作影响职业选择的重要因素,强调认知因素对职业兴趣的影响。自我效能和结果期待会对兴趣的形成产生重要而直接的影响。职业能力和职业价值会影响到职业兴趣,但这种影响是通过自我效能和结果期待而发生作用的。在职业选择的过程中,社会认知职业理论在兴趣与行动之间加入

数理论不能解释的现象。

在经济活动中，传统理论假设的完全追求经济效用最大化的理性人和有效的均衡市场，并不完全能经受住实践的检验。因而探求人类的理性、行为与经济之间的关系成为经济学学科发展的一个关键点，同时也是行为经济学的初始点。①

其实，还有更多的学科也同样从心理学研究中获得了重大的收益。无论是自然科学的分支学科，还是社会科学的分支学科，还是人文科学的分支学科，都会在与心理学研究的关联中受到相应的影响。只要是关联到人的研究领域和学科分支，心理学就有探索的空间，并会极大地推进这些学科的发展。

第二节 其他学科对心理学的影响

在心理学学科发展的历程中，心理学与其他学科的关系，最初始的就是依附的关系。这种依附关系是心理学在独立之前的一种依赖关系。当然，在心理学从不成熟走向成熟的道路上，这种依附的关系开始表现出来的是从属关系，后来表现出来的是还原关系。

在特定的从属关系的阶段，心理学还没有自己独立的实证科学的形态，而是隐身在其他学科的范围之中。心理学成为独立的学科门类的时间很短，仅有一百多年的历史。但是，心理学的探索有着非常漫长的历史。心理学曾栖身于哲学，哲学心理学是最早出现的心理学历史形态之一。在哲学的追问当中，哲学家们非常关注人类的心理问题，并不断地探讨人类心理的基本性质、主要构成和活动方式。因此，哲学心理学是哲学家通过思辨的方式对人的心理行为的说明、阐述和解释。这种思辨的方式带有推测、推论和推断的性质。哲学心理学是一种最古老形态的心理学。这种心理学在历史上存在相当长的时间，并且是传统上对人的心理行为最具有主导性的解说和解释。

① 荣晓华.心理学对经济学的现实贡献[J].财经问题研究，2004(10)：9—12.

在特定的还原关系的阶段，心理学研究中盛行还原论的研究方式。还原主义曾经在心理学研究中占据着支配性的地位。其实，物理学看待世界的方式提供了物理世界的谱系。物理学也提供了理解物理世界的还原主义的立场。依据这个立场，处于根基的部分对于其他层面具有决定性的作用。或者，对其他层面的说明和解释可以还原到基础层面的性质和规律。这导致在心理学研究中十分盛行对心理的物化研究，或者按照解释物的方式来解释人的心理行为。这成为心理学发展中的一个痼疾。

还原论在心理学中的盛行，在很大程度上是因为心理学还缺乏自己的独立研究，而对其他的基础性学科有着严重的依赖性。对心理学研究来说，直接借用其他相对成熟学科的研究，来揭示和解说人的心理行为，正是通过还原论的方式来进行的。心理学研究就曾经长期地依附于生物学和生理学的研究，生物还原论也曾经长期地滞留在心理学研究之中。这也就是把人的心理行为的性质、特征、活动机制、变化规律都还原为遗传的特性、生理的特性、生物物理的特性、生物化学的特性，等等。

有研究考察了化学超循环与心理超循环。研究指出，全面理解超循环生命发生理论，可以说明还原论与整体论、构成论与生成论、还原论与突现论的统一与兼容；将其推广为意识生成的心理超循环，还可以说明意识、心灵的生成、演化中，还原论与整体论、构成论与生成论、还原论与突现论的统一与兼容。

生命超循环中体现着还原和突现两个方面。这两个方面是相互兼容的统一过程。生命超循环中的还原体现在：生命超循环既然是化学过程，那么将生命起源演化描述为超循环过程，也就说明了生命运动是以化学运动为基础的。这正符合还原论的原则。生命超循环中的突现体现在：生命超循环并不是决定论意义的化学过程，其起源和变异都不仅仅是化学定律的作用。

心理信息中的自组织程序可以被类比于生理层次的自组织程序——遗传基因信息，从而可类似于化学超循环研究生命起源演化，去运用心理信息超循环研究心理基因的生成变异过程。心理基因作为心理信息中的自组织程序，也就是精神、意识、心理的控制因素和主导成分。因此，人的心理基因可以表达人格品性和自我情感汇成的心灵，它通过心理信息超循环生成、变异、进化。①

许多新的学科分支的出现，都有可能给心理学研究带来重要的启示、必要的借鉴、有力的支撑和直接的内容。尽管心理学研究的独立性越来越强，但是心理学对于其他不同学科的依赖也会越来越大。心理学只有借用多学科的研究支撑，才有可能更快地发展。

第三节　大学科与跨学科的新思路

有研究对大科学与小科学的不同理念及其学术争论进行了讨论。研究指出，小科学(little science)项目通常是由科学家个人或科学小组进行的研究，由科学家个人或科学小组去设定问题，独自执行，探索解决。这种研究方式以竞争性为特点，科学家以追求科学真理为导向，集中在单个学科内进行研究，经常会产生出人意料的结果。大科学(big science)则具有两层不同的含义：一是指科学研究的社会规模上的大科学；二是指科学研究的项目尺度上的大科学。

大科学与小科学的不同主要表现在大科学项目与小科学项目具有不同的特点。首先，两者的研究规模迥异。经费或投入的多少是界定两者的首要标准。其次，两者研究的目的和范围不同。大科学项目具有清晰界定的目标，项目是在统一的目标驱动下，科学家是朝着一个方向进行其研究，项目中的研究者被动地接受科学目标。小科学项目一般是在有限的领域内，解决特定的科学问题，小科学研究以假设和探索为科学驱动力，由科学家个人设定目标，小科学项目的研究者对研究拥有主动权。因此，大科学项目追求解决交叉学科的问题，选择大科学项目时必须考虑到这一科学项目对相近科学领域是有益的。小科学项目一般集中在单个科学学科上进行研究。再次，两者的运行方式不同。在管理结构方面，大科学项目有更大更复杂的管理结构，以层级制为特点，小科学项目管理则以简单的、线性的管理为

① 陈红.化学超循环与心理超循环——还原和突现的层次性解读[J].安徽大学学报(哲学社会科学版)，2010(2)：150—156.

特点。

大科学与小科学的争论主要集中在科学价值、科学路径选择、科学自主性和科学家培养四个方面。关于科学价值的争论，大科学项目在目标设定时，首要考虑社会的需求和社会的价值，以社会目标为导向。关于科学路径选择的争论，大科学与小科学争论的核心问题就是在科学优先性的选择上。关于科学自主性的争论，小科学的坚持者怀疑大科学时代的科学自主性。关于年轻科学家的培养的争论在于，以大科学的研究路径培养的科学家，将会以同一种方向或同一种模式进行科学研究，这对于传统的同行竞争的研究方式无疑是一种挑战。①

有研究对小科学与大科学的关系进行了考察。研究指出，一般认为小科学是指历史上那种以增长人类知识为主要目的、以个人的自由研究为主要特征的科学。一般认为大科学是相对小科学而言的，是指规模巨大，拥有高技术装备，并对社会、经济、政治、文化等产生重大影响作用的现代科学。也有研究认为，大科学是指涉及的学科多，参加的人数多，耗用的资金多，需要的时间长的大型科学项目。科学研究已经走向集约化、规模化。综观上述科学的体制化过程，科学研究活动从最初的个人（或学派）自由研究为主，发展到松散的学会（或无形学院）形式，再到 19 世纪开创的集体研究模式，20 世纪中期之后，则已发展到以国家规模甚至国际规模进行科学研究。大科学还是系统化、整体化的科学，是科学整体化和技术群体化的必然结果。小科学与大科学是相辅相成的，是整个科学事业的重要组成部分。②

有研究讨论了从小科学到大科学的转变，并认为大科学将会更加明确地负载价值。一是科学与社会的关系会更加密切。科学与社会之间的互动，既表现为现代科学以其强大的改造社会、改造自然的能力，对社会生活的各个领域形成重要的影响；又表现为由于国家的科技实力最终决定着一个国家的国际竞争力，所以国家、社会就要对科学活动进行管理与引导。二是科学共同体内部的关系复杂化。在现代社会中，科学研究越来越成为一种集体的行为，这表现为科学界存在各种类型的科学共同体。三是科学技

① 申丹娜. 大科学与小科学的争论评述[J]. 科学技术与辩证法，2009(1)：101—107.
② 熊志军. 试论小科学与大科学的关系[J]. 科学学与科学技术管理，2004(12)：5—8.

术越来越不可分割。从传统上来说，科学与技术有着质的区别，并且是相互分离的。随着科学技术化和技术科学化的趋势日益加强，科学和技术作为两个既有本质差别又有内在联系的概念已成为一个有机的整体，所以会常常使用科技这一复合词。现代科学不是中立的，也不可能是中立的，而是负载着一定价值的。价值可以通过科学家的个人价值、群体价值和社会价值这三种方式进入科学理论。科学是人类理性和价值的共同的展开形式。从科学与社会的关系看，国家和社会的价值已在很大程度上渗入了科学研究的过程。在科学共同体内生产科学知识的过程中，社会建构的实质也说明了科学是无法价值中立的。从科学的运用和产生的后果来看，科学更是负载着价值的因素。研究认为，只有同时从科学的两种属性的统一性入手来评价科学，才能正确全面地理解现代的科学。①

毫无疑问，心理学正在从开始的一门小科学，转变成为当代的一门大科学。心理学或心理学研究从小科学到大科学的转变，应该体现为心理学学科方方面面的变化。这包括指向更大更复杂的研究对象，形成更大更多元的研究团队，具有更大更集约的研究规模，获得更多更稳定的研究经费，导致更持久更深远的影响，波及更大的生活范围，产生更强的社会效应。

第四节　大学科的研究构想与框架

近年来，随着知识经济的来临，人类知识的生产方式正在发生革命性的变化。以大学和学科为基础的知识生产模式正逐步让位于超学科(transdisciplinarity)的研究模式。超学科是不同学科的学者和利益相关者一起工作和共同研究，尝试解决生活世界的问题，是跨学科研究和多学科研究的一个新的发展方向。

20世纪上半叶，科学有加速分化的趋势，专门学科、专题研究和专有领域越来越多，科学学科变得越来越支离破碎。专业化逐步成为阻碍现代文明向前发展的一大障碍。基于这样的认识，有研究提出要进行跨学科和交

① 邱梦华.从“小科学”到“大科学”——科学中立吗[J].科学·经济·社会，2003(2)：70—74.

叉学科的研究。但是，这些跨学科或交叉学科研究对整个研究模式或大学体制影响不大，当时自然科学和社会科学占主导地位的范式是系统分析和数学建模。正是在这一背景下，20 世纪 70 年代，有研究用系统论来进行知识重组，使之成为分层目标导向的系统，这个协调框架的理论基础就是一般系统论和组织理论。系统可以分为四个层次：目的层次（意义价值）、规范层次（系统设计）、实用层次（技术生态）和经验层次（物理世界、生命世界、心理世界）。正是在此基础上，研究提出了超学科的概念。

有研究用后常规科学（post-normal science）的概念来表述超学科研究活动。后常规科学就是对管理的高度不确定性进行分析的结果，也是对科学研究政策隐含的决策利害关系进行分析的结果。有研究提出了第二种知识生产模式的概念。在认识论上，与传统跨学科和交叉学科的研究实践和方法相比，或者与第一种知识生产模式相比，第二种知识生产模式则是发明性的、暂时性的、折中性的和情景性的。新的知识生产模式是以解决现实问题和社会问题为导向的，往往会受到实际运用、社会政策、市场因素等的影响。传统知识的生产是在专业学科的学术背景之下进行的，而新兴知识的生产则是在现实应用的背景之下进行的。科学发展的外在导向对科学进步来说，已经变得越来越为重要。

超学科的概念是在单学科、多学科和跨学科的概念基础之上发展起来的。单学科的研究是最常见的科学研究形式，其仅限于在单一学科、单一领域或单一分支里进行研究。在单学科的研究中，一般有共同的研究主题、学术语言、研究范式和研究方法。多学科的研究则扩大了研究的范围，涉及不同学科之间的合作。但是，这种合作还是比较初步的，仅限于研究结果的汇总，概念、理论、方法和学科之间的融合程度或整合程度都不高。跨学科的研究则是一种更高水平的学科合作，整合了多个学科的数据、技术、工具、观点、概念和理论，提出的解决问题的方案也超出了单一学科的范围和领域。超学科是在跨学科研究的基础上出现的一种新的研究形式。超学科的目的在于通过整合学科和非学科的观点，来获得对整体现实世界的认识。超学科将不同的知识整合成一个比较全面的知识形式，这种知识形式的特征是较强的公共观点的导向和较强的解决问题的能力。超学科主要有四个研究重点：放在生活世界的问题上；学科范式的整合和超越；涉及参与性研究；寻求学科外的知识统一。超学科研究涉及三类知识：系统知识、目标知识和转化知识。系统知识是指关于当前状态的知识，涉及提出问题的经验过程，并对问题的未来发展产生影响。目标知识是指关于未来状态的知识，涉及对所期望的目标产生影响的价值和规范。转化知识则是指关于如何从当前状态过渡到目标状态的知识，涉及现有问题状况是否和如何能够现实地加以转变和改进。

一个成功的超学科研究需要特定的研究步骤和条件。首先，必须有指导整个研究过程的系统步骤。其次，为了确保超学科研究步骤的有效性，行动者互动的社会场要满足一定的条件。再次，超学科研究者要有特殊的技能和品质。最后，当超学科研究被现有研究结构接受时，机构的组织环境必须有利于进行超学科研究。从根本上说，超学科不是一般意义上的方法，而是一种方法论或世界观。超学科具有五个方面的本质特征：(1) 超学科致力于处理生活世界的复杂性和异质性，挑战科学知识的支离破碎，具有杂交性、非线性和反思性。(2) 超学科强调不确定性和应用语境，重视语境限定的知识沟通，而这个应用语境正是通过不同利益相关者的不断沟通来建构的。(3) 超学科强调相互沟通，要求科学知识与社会实践在各个研究阶段进行密切和持续的合作，在不同行动者及其观点的沟通中形成要研究的问题。(4) 超学科是行动导向的研究。这不仅要整合不同的学科，而且要整合理论的发展和专业的实践。这不仅要产出解释社会问题的知识，而且要产出解决社会问题的知识。(5) 超学科要有新的组织构架来保障，超学科知识生产的管理模式应该是松散的结构网、扁平的科层制、开放的指挥链。①

大学科的研究构想与学术框架需要研究者或研究团队具有更为宽广的研究视野和研究思路，必须具有更为系统更加有力的研究保障和研究支撑，必须具有更为紧密的团队协同合作。心理学不仅要从弱小的学科走向强大的学科，而且要从单一的学科转成超级的学科，还更要从分化的学科迈入整合的学科。

---

① 蒋逸民．作为一种新的研究形式的超学科研究[J]．浙江社会科学，2009(1)：8—16.

第十章　还原主义的问题

在心理学研究中，还原论一度非常盛行。正是因为心理的存在与其他的存在有着密切的关系，也正是因为心理的存在可以归属于或归因于其他的存在，还原主义就成了主导心理学研究的重要的理论原则。还原主义的问题涉及研究的还原主义，还原主义的体现包括物理主义的还原，也包括生物主义的还原，还包括其他不同的还原。重要的问题在于对还原主义的理解，在于还原主义的去留。

第一节　研究的还原主义

有研究对心理学探索中的还原论进行了考察。研究指出，还原论表现出多种理论形式，如果不涉及分类标准和范畴大小，可以随意地罗列出许多种类，例如：本体论的还原论、方法论的还原论、认识论的还原论、语言学的还原论、生物学的还原论，等等。尽管这些还原论形式各异，但其核心思想是一样的：世界是分层的梯级系统，可以通过已知的、低层级的事物或理论来解释和说明未知的、高层级的事物或理论。

心理学中的还原论是哲学还原论思想在心理学中的贯彻和体现，其思想传统几乎同心理学的历史一样悠久。心理学中的还原论确立了以下的最基本信念，即心理学的研究对象（人的心理行为）是一种更高层级的现象，对心理行为的研究可以用低层级事物（如原子、细胞、基因等）及其相关理论（如物理学、生物学、遗传学等）来加以解释和说明。

与哲学还原论一样，心理学中的还原论也有本体论的还原论与方法论的还原论之分。本体论的还原论坚持实体的还原，把心理或行为当作实体，将其还原或归结为基本的物理、生理实体或粒子（如原子、基因等），企图通过对这些终极构成成分的分析来达成对心理行为的最终了解。方法论的还原论坚持知识的还原，认为心理学是跨越物质运动层次较多的一门学科，心理学的知识可以由低层级事物的相关知识来说明。方法论的还原论又可以分为两种主要的类型。第一种可以称之为元素主义的还原论，主张把心理行为划分为多个部分或元素，通过对这些部分或元素的研究来了解整个心理行为。第二种可称之为生物主义的还原论，主张通过低层级学科的理论来解释心理学研究对象，形成和构造心理学理论知识。根据将心理学理论还原为低层级理论的不同，又可以将心理学理论还原为物理学理论、生物学理论和遗传学理论三种类型。

还原论是心理学方法论的必然选择之一，但并不是适用于研究所有心理学问题的方法论，它有着自己适用的边界范围与特定的前提条件。具体说来，还原论有两个基本的理论前提与预设：(1) 世界是由低级向高级发展的层级系统，心理现象与物理现象、生理现象是不一样的，这一点已经得到人们的普遍认同；(2) 这些层级之间是连续的，低层级事物与高层级事物之间存在因果关联。事实上，还原论之所以患有足以致命的顽疾而依然生机勃勃地存活在心理学中，其根本原因是到目前为止，人们尚无法找到一种更为行之有效的方法论来取代还原论。①

有研究对还原论的概念进行了多维的解说。研究指出，应该从更广义、较狭义、最狭义三个层次理解还原论概念。第一个层次是更广义的还原论。这是对自然的一种哲学思考，一种探索自然的哲学研究纲领。人类在对自然的探索中，逐渐形成了一些使大多数人都认可的解释自然的模式，即认为自然界中的各种现象有一种潜在的基础规律，比其表面实在更为根本。科学的目的就是要揭示这种潜在的规律来解释自然，这种解释自然的模式便是更广义的还原论。这种还原论的最基本内涵是，自然界中所有的现象都能够被还原为某种自然的基本规律，其总特征是自然的复杂性的祛魅。隐藏在更广义的还原论后面的基本预设是：自然现象存在着结构。无论这些

① 杨文登，叶浩生. 论心理学中的还原论[J]. 心理学探新，2008(2)：7—10.

结构的本质是什么，但有一种结构是最基本的、不可还原的，即自主存在的结构。第二个层次是较狭义的还原论。这是多视角探索自然规律的方法论。更广义的还原论伴随着具体科学的进步，也呈现出多视角探索自然规律的具体形态。这也就是较狭义层次上的还原论。首先是本质还原论。本质还原论主张，现实中的一切最终仅仅由一种存在构成，这种存在可能会是神灵、精神或物质。其次是方法还原论。这种还原论是和作为研究现象方法的分析相关联的，也就是将一个复杂的整体解构成该整体更为简单的部分或认识一个现象更低层次的基础，然后研究这些部分或基础的特征和组成，了解其是如何运作的。再次是结构还原论。这种还原论涉及组成特定结构的层次问题，其基本主张是，所有现实中的并非真实的结构都可以还原成物理结构。最后是描述还原论。这涉及对现象的再解释，被还原的观点的术语不得不被转换成新的还原观点的词汇。第三个层次是最狭义的还原论。这是不同层次理论间的演绎，一种科学认识论的模型。这主要表现为探讨不同学科间的演绎问题，这种还原论试图在不同的理论间建立起某种科学认识论的模型。这种最狭义的还原论至今仍是探讨的最主要方向。对于还原论的概念并不能单从某一个层次来理解，因为还原论概念的三个层次并不是彼此孤立的，而是在还原论思想的发展过程中既有联系又有区别，是一种辩证统一的关系。这正体现了还原论概念的多面性和广泛性，共同彰显着还原论的本质性含义。①

实际上，还原可以成为研究的方法，也可以成为研究的原则，还可以成为研究的思路。在心理学研究之中，无论是方法，是原则，还是思路，都曾经得到了不同的贯彻和体现。心理学中的还原主义曾经在相当长的时间中支配着心理学的研究。这给心理学的思想构成、理论假说和知识描述带来了巨大的便利，也给心理学造成了无法克服的弊端。

第二节　物理主义的还原

有研究指出，在本体论方面，物理主义将自然中的一切事物、性质和关

① 严国红，高新民. 还原论概念的多维诠释[J]. 广西社会科学，2007(8)：49—52.

系都看成是依赖于、附随于或实现于物理的事物、性质和关系；在知识论方面，则坚持各门知识以物理学为基础组成一个解释的等级结构，其中每一个层次的现象都可以由较低层次的现象得到解释，而物理学则是所有这些解释的最终根据。这种物理主义的立场反映在当代心灵哲学的研究中，就是一方面在本体的层次对心身关系从还原的物理主义到非还原的物理主义的种种解决方案，另一方面在理论的层次对常识心理学或大众心理学这种“心的理论”能否被还原为低层次自然科学理论，或者是否与低层次自然科学理论相一致的关于常识心理学及其预设的信念、欲望等命题态度的实在性问题的探讨，以及心灵哲学家们对这个问题做出的种种回答。①

有研究从哲学的角度考察了物理主义。研究指出，在认知哲学中，物理主义与心理主义形成了理论争论的基调和焦点。认知科学及其众多子学科中，物理主义成了其行动本体与方法推论的主要论证基础。无论作为方法体系还是本体理论，物理主义显现了科学逻辑的谱系框架，它始终是重大哲学争论中的核心问题。

在哲学逻辑主义浪潮下的科学逻辑化或统一科学运动中，物理主义方法论是其核心纲领。统一科学的可能性在于，所有科学的规律都根源于基本的观察陈述，科学语言与物理过程可以有机地联系起来。统一科学的语言是物理学的语言，这种过程和方法就被称为物理主义（physicalism）。因而，物理语言是所有科学的统一语言，是物理主义的核心，而哲学的目的就在于用物理主义语言，凭借逻辑形式化的研究方法和路径，为科学研究创立恰当的语义框架和研究准则。通过把所有的事象翻译成科学化的或者物理学家的陈述，就能够消除一切无意义的形而上学。

对物理主义方法论进行理论化实践的主要人物有美国哲学家卡尔纳普（Rudoll Carnap）。卡尔纳普师从德国哲学家弗雷格（Gottlob Frege），也是继英国哲学家罗素（Bertrand Russell）和英国哲学家维特根斯坦（Ludwig Wittgenstein）之后哲学逻辑主义的主要代表。卡尔纳普指出，物理学的语言是科学的普适语言，任何门类科学的语句都可以翻译成对等的物理语言

① 田平．物理主义框架中的心和“心的理论”——当代心灵哲学本体和理论层次研究述评［J］．厦门大学学报（哲学社会科学版），2003(6)：22—29．

陈述，这种翻译规则就是逻辑。但是，无论是奥地利哲学家纽拉特（Otto Neurath）还是卡尔纳普，他们把物理主义方法论应用于社会与心理问题时，都不可避免地暴露出一种唯形式主义或唯科学主义的内在缺陷。面对关于心理与意识的信念与行为问题，他们提出了统一科学的行为主义研究路径。①

实证的科学心理学在自己的起步阶段，曾经把物理学当成自己的榜样和标准。这在心理学史的研究中被描绘为"物理学妒羡"。这除了导致心理学家希望心理学能够像物理学那样精密和可靠之外，也给心理学研究带来了物理主义还原的研究方式。显然，物理学揭示的物理世界被认为是最实在和最可靠的存在，物理学揭示的物理规律是最基本的规律。因此，心理学在解说人的心理行为的过程中，就把心理行为的规律归结为或还原为物理主义的规律。

第三节 生物主义的还原

有研究对心理学中的生物决定论进行了探析。研究指出，生物决定论是决定论思想的近代发展。决定论认为世界上一切事物都存在普遍的因果制约性、必然性和规律性，其理论的核心假设是事发必有因，有因必有果，因果关联决定了事物发生、发展和灭亡的整个过程。自然科学遵循的决定论实质上还是一种机械主义的、物理主义的决定论，被决定的范围还只是"自在"的自然界。随着生物学的迅猛发展及技术的不断进步，人们开始将决定论思想的触角延伸到人类自身。将生物因素当作解释动物或人类行为及其差异的主要甚至是唯一原因的理论就是生物决定论。心理学进一步将生物决定论观点运用到人类的心理行为的解释中，认为人的心理行为主要受人的生物因素决定，人类的社会行为、人格和社会生活的基本方面都决定于这些个体的或群体的（种族的或人种的）生物因素，进而形成了心理学中的生物决定论。

① 邹顺宏. 物理主义：从方法到理论[J]. 自然辩证法研究，2007(12)：37—43.

生物决定论是远古决定论思想运用到人类心理行为的解释过程中的一种理论形态，是从生物学角度解释心理学问题，将心理学理论还原为生物学理论时产生的一种理论结果。在实践中，生物决定论为改善和促进人类健康、预防和治疗身心疾病、了解和把握行为动机等，均提供了重要的依据。在理论上，生物决定论为了解人类心理行为的历史演进和生物基础、为解决复杂的心理学理论问题，提供了一种新的视角。

但是，生物决定论也存在巨大的问题。首先，生物决定论存在先天的理论缺陷。如果说将心理学理论还原为生物学理论，从生物学层面来把握心理学还是一种可以理解的研究方式的话，那么生物决定论则违背了还原的初衷，忘记了进行还原的条件，转而一切从生物因素出发，把心理行为的解释来源唯一化、绝对化。生物因素线性地决定了一切，一切心理行为的解释都能而且只能从生物学的角度（尤其是基因角度）来进行说明。这在方法论上并没有摆脱古老决定论的顽疾。它混淆了基因、环境和有机体的关系，把遗传的或“基因的”等同于“不可变的”，明显地表露出机械论的痕迹。其隐含的本体论承诺更是认为生物因素（包括大脑、神经、基因等身体因素）是心理行为现象产生的绝对的唯一合法来源，即心理是身体的副现象，甚至本身就是身体的物质现象与生理现象。其次，生物决定论容易被误用而导致社会问题。

生物决定论将继续存在并推动心理学的发展，它所带来的学术张力也许永远不会消失。反对生物决定论，不是反对从生物学的角度来考察心理行为，否认生物因素对人类心理行为的影响，而是反对把生物因素当作心理学解释的唯一来源，认为生物因素与心理行为有着线性的决定关系。总之，反对生物决定论实际反对的是一种理论霸权。①

第四节　其他不同的还原

有研究对还原方法与还原论进行了区分。研究指出，还原论与还原方

① 杨文登，叶浩生．心理学中的生物决定论探析[J]．自然辩证法通讯，2009(1)：16—21.

法既有联系又存在着质的差别。还原作为一种方法对科学研究来说是必要且有效的，但就对事物的认识而言一般来说并不充分；还原论则是对还原方法的认识功能不加限制地扩大而形成的一种哲学思想，主张运用还原方法就能够获得对世界的完美认识，各门学科间也就能相应地实现完美的统一。

近年来，在科学共同体内出现了一种要求超越还原论的强烈呼声，并形成了以探索复杂性为主要目标的研究群体。然而，在科学的认识和实践中，不论是研究简单现象还是复杂现象，其实都离不开运用还原方法。由于目前在许多科学和哲学文献中经常不加区别地使用还原论和还原方法，结果给人们的思想和交流造成了不少困难甚至误解。因此，有必要就还原论和还原方法的内涵及两者之间的联系和差异进行梳理，并在此基础上去探讨还原论面临的种种挑战。

就建立统一科学的纲领而言，其依据的还原论前提就是：一种科学的理论可以用另一种更为基本的科学理论来进行系统的解释，或者复合体的定律可以还原为关于构成复合体的部分定律。所谓还原的对象既可以指物理世界中的存在物，也可以指人类创造的知识体系，因而存在两个不同层面的还原论，即本体论上的还原论和认识论或方法论上的还原论。本体论上的还原论以物质世界的本体同一性为前提，认为各种物质形态归根到底可以约化为一个最基本的层次，并从支配这一基本层次的物理规律出发来解释更高层次的规律。

方法论上的还原是针对科学知识体系而言，主要指在理论或学科之间的还原。这类还原一般可以分为同类还原和非同类还原。同类还原（同种类的减少）指的是，被还原的理论是还原的理论的一部分，同种类的理论最终达到统一。非同类还原（不同类的减少）指的是，被还原的理论和还原的理论分析覆盖了不同的现象领域。认识论或方法论上的还原论提倡从理论的基本规律出发的严格的自上而下的演绎法，用单一视角来建立描述和解释不同组织层次上的现象的大统一理论，从而达到统一科学的目标。①

有研究指出，还原论存在四种不同类型。一是本体还原论。如前所述，现今绝大多数哲学家都坚持唯物主义一元论，认为世界只存在一种实体，即

① 周维刚. 论还原方法与还原论[J]. 系统辩证学学报，2005(1)：48—51.

物质。二是结构还原论。虽然宇宙只有一个实体，却丰富多彩，包含各种不同的现象，每种现象都有自己特殊的结构，那么这些结构中哪一种最根本和真实呢？结构还原论认为，物理现象或结构决定其他一切现象或结构，其他一切现象或结构都可以还原为物理现象或结构。三是理论还原论，指的是理论之间的一种关系，认为完全可由物理学术语来解释和代替其他理论。四是方法还原论。它将分析作为科学研究的唯一方法。这四种还原论并不始终一致，坚持本体还原论的哲学家同时可能是理论、结构、方法上的反还原论者，本体、结构、理论上的还原论者也可能主张方法还原论，承认结构还原论的哲学家必定也赞同理论还原论。①

对还原论进行细致的研究和深入的挖掘，可以从更为宽广的视域中去理解和把握心理学中的还原论。不同种类的还原论实际上体现在心理学研究的不同理论中。多种不同类别的还原论，表明的是还原论成为流行的科学思维方式。可以肯定的是，还原论在心理学研究中有其合理的地方。

第五节　还原主义的理解

有研究考察了科学还原论及其历史功过。研究指出，可以从四个方面概括还原论纲领的基本内容：(1) 一个好的还原概念与部分—整体关系的观念是不矛盾的；(2) 科学的有秩序的不同分支描述了实在的不同水平，特定水平上的事情是由属于较低水平上的简单元素组成的；(3) 科学统一性的方案是建立在科学的最基本水平——物理学水平之上的；(4) 在宇宙的进化过程中，给定水平上的客体相互结合，构成属于较高水平的整体，时间上较晚出现的可以根据时间上较早出现的来解释。那么，以上的纲领包含了三种意义上的还原：(1) 组成的还原论——在自然系统中，高层次事物是由低层次的事物构成的；(2) 解释的还原论——可以根据较低水平上的事物的性质解释和预言较高层次事物的性质；(3) 理论的还原论——不同科学分支描述的是实在的不同水平，但最终都可建立在关于实在的最基本水平的科学，

① 史文芬. 心灵的还原[J]. 福建论坛(人文社会科学版)，2006(3)：41—44.

即物理学之上。

可以从四个不同角度对还原论进行分类。首先，根据还原论涉及的学科范围，还原论可分为狭义还原论和广义还原论。狭义还原论特指物理学中的近代力学还原论以及其后发展而成的物理化学还原论；广义还原论则指涉及一切科学领域的一般哲学意义上的还原论。其次，根据还原论包含的本体论意义、方法论意义以及还原的具体实现途径，又可分为本体论还原论、方法论还原论和理论还原论。本体论还原论是指不同运动形式间高级运动形式归结为低级运动形式的观念，以及同一运动形式内的高级层次归结为低级层次的观念。方法论还原论是指一种科学认识与研究的原则。它是以较低级的物质层次、较简单的物质运动形式去分析并认识较高级的物质层次和较复杂的物质运动形式。理论还原论则是指用较为成熟的理论去理解和表达较不成熟的理论。再次，理论还原论又依理论间的异同关系分为不同理论间的和同一理论内部的同类还原与非同类还原。同类还原指被还原的理论是还原理论的一部分，同种类的理论最终达到统一。非同类还原指被还原的理论和还原的理论分析覆盖了不同的现象领域，例如化学还原为物理学。通常，次级理论中包含了基本理论中不存在的术语和概念，就像心理学概念在物理学中不存在一样。最后，依据理论间还原的强弱程度不同，还原论又分为强还原论与弱还原论。强还原论体现的是一种无条件的、绝对的、完全的还原观念。它指一个理论的全部术语、规律还原为另一理论的术语、规律，而不借助任何附加条件和原理。与此对应，弱还原论则是一种有条件的、相对的、部分的还原观念。它是指两理论间还原的实现须依赖于一定的附加条件与原理。①

关于还原主义的理解和分类，是深入探讨还原论的必要进程。可以说，在心理学研究中，对心理还原论的体现和分类还缺乏必要的研究。但可以肯定的是，在西方心理学研究中，在中国心理学研究中，都有各种不同的还原的主张和观点，还原论已经成为解说人的心理行为的一个基本的理论原则。

正是因为人的心理行为与物理、化学、生物、生理、社会、文化等方面都

① 黄欣荣.科学还原论及其历史功过[J].江西财经大学学报，2008(4)：74—78.

有着非常密切的关联，所以心理学研究关于人的心理行为的解说，就可以体现出不同的还原的层次和阶梯。这也就可以区分出所谓的物理主义的还原、化学分析的还原、生物决定的还原、生理机制的还原、社会决定的还原、文化制约的还原，等等。

这构成了一个向基层还原的顺序。这实际上是设定了世界构成顺序的一个等级。高端的存在可以向低端还原，或者低端的层级可以解说高端的层级。在心理学研究中，还原论的设定常常受到批评或批判。但是，心理学实际上在很大程度上是得益于各种不同的还原论。

第六节　还原主义的去留

有研究指出还原论的思维方式已经在终结。研究表明，从近代科学产生至今，还原论不仅一直是科学思维中的重要成分，而且在人类社会生活的各个领域支配着人们的思想观念。最迟也是在19世纪中叶以后，理论自然科学的发展全面证明了还原论的失败。但是，由于科学本身的光辉，直到今天还原论还被视为具有某种合理成分的方法论。实际上，只要正视科学的历史和现状，就不难得出这样的结论：还原论彻底终结的时代已经到来，未来科学的突破性进展取决于摒弃还原论的程度。

首先，20世纪的科学从一开始就强调自己的非终极性，不承认有绝对不可逾越的物质结构层次和终极世界图景。其次，现代科学越来越注重个体性，强调粒子的个性，而不把晶体结构中那样的分子结构重复性看成是普遍的。第三，现代科学在更深的层次上表明，复杂运动形式不能被归结为简单运动形式。

从历史来看，还原论同机械论一样，在帮助人们贯彻唯物主义路线时起到过“矫枉过正”的作用。但是，还原论带来的益处也仅此而已。从现实来看，还原论的思维方式还牢牢地禁锢着人们的思想，严重阻碍了人类认识的进步。在新的时期人们期待着科学能如同20世纪末那样取得决定性的突破。①

① 孙革.还原论思维方式的终结[J].哈尔滨师范大学自然科学学报，1995(1)：109—112.

但也有研究指出,心灵哲学中的还原论是一般还原论的典型表现,也就是完全秉承了一般还原论的精神,强调低层级事件、状态、过程对高层级事件、状态、过程的先在性、决定性。反还原论赋予心灵完全的独立性和真实性,认为心灵是行为的原因,即使心灵的产生依赖于神经生理过程,也不可将之还原为神经生理过程。反还原论对还原论的批驳,实际上是一种信念对另一种信念的批驳,与还原论相比,反还原论更缺乏理论逻辑和科学证据。尤其是面对意识如何产生、意识与物质两种不同质的事物如何相互作用这些问题时,反还原论者暴露出严重的神秘主义和不可知倾向。相反,还原论的态度要科学严谨得多,具体来讲表现在以下两个方面：还原论倡导意识研究的科学机制;还原论坚持彻底的一元论,反对各种形式的二元论。①

批评或批判还原论,包括在心理学研究中批评和批判还原论,常常是一个不言而喻的研究倾向。但是,要真正合理地评判和评价还原论,并不是一个简单的任务。在心理学研究中,怎样合理地界定和评价还原论的功过,是理论心理学研究中一个极其艰难的任务。

把握还原论要比取消还原论更为重要和更有意义。在表面上看,心理学研究中的还原主义是一种简单化的或简约化的研究处理。但是,在深层上看,心理学研究却借助还原论而形成了自己的研究框架。并且,这也是将各自不同学科的相关的探索转换成了心理学的学术性资源。

---

① 史文芬.心灵的还原[J].福建论坛(人文社会科学版),2006(3)：41—44.

第十一章　共生主义的原则

在科学研究中，在心理学研究中，在对人的心理行为的研究中，分析、分离、分解、分裂常常占有重要的位置。这就是对原本作为一个整体的对象进行分门别类的细致考察和研究。但是，问题就在于，把分析的方法转换成为一种研究原则，会导致对研究对象的扭曲和歪曲。为了克服这样的研究缺失，共生主义的原则应运而生。把原本为一个整体的存在人为分割成不同的部分，又重新组合和整合为一个整体，这就是共生主义的研究原则。

第一节　共生主义的滥觞

在20世纪90年代初期，认知科学研究中出现了一种新的研究取向：共生的研究取向（enactive approach）。持共生取向的研究者认为，这一取向超越了认知主义和联结主义，是其连贯的发展。认知主义的隐喻是计算机，联结主义的隐喻是神经系统，而共生主义的隐喻是人的生活经验。共生主义的观点强调，认知并不是预先给定的心灵对预先给定的世界的表征，而是在人从事的各种活动历史的基础之上，世界和心灵的共同生成。尽管近年来对心灵的科学研究进展很快，但研究者很少从日常的生活经验来理解人的认知。这导致了脱离日常生活经验的科学抽象，使心灵科学落入客观主义和主观主义的窠臼。这是把心灵与作为对象的世界分离开了，假定了内在心灵的基础和外在世界的基础，所以也可称为基础主义。如果把认知主义、联结主义、共生主义看作认知心理学或认知科学的三个连续阶段，那么基础主义就随着上述理论框架的变化而逐渐衰退和崩解了。

认知心理学乃至认知科学要采取共生的研究取向，就必须包容人类的经验。佛教对心灵觉悟的探索和实践是对人的直接经验的极为深入的分析和考察。它不仅强调无我的心灵，而且强调空有的世界。因此，有必要在科学中的心灵和经验中的心灵之间建立一座桥梁，在西方的认知科学和东方的佛教心理学之间进行对话。这有助于克服西方思想中占优势的主客分离和基础主义的观点。引入佛学传统是西方文化历史中的第二次文艺复兴。总之，认知心理学研究范式的演化正在从一开始立足抽象的、人为的认知系统，转向立足生动的、具体的人的心灵活动。

有研究对共生理念的提出和界定进行了探讨。研究指出，共生就是不同生物和人类的共生单元之间为了生存和发展而彼此互惠、相互依赖的关系。共生双方或多方都通过这种关系获得持续发展，失去了其中一方，另一方就不能独立存在，共生单元之间构成难舍难分的互依关系。这就要求每个生命体只有保证、维护了共生系统中他者的生存和发展，自身才能得以存在，整个共生系统才能得以平衡协调。

共生的存在、共生的关系、共生的维系，都需要具有一些基本要素。共生包括三个最基本要素：确定的共生体，即生命体共生的领域和范围；同一共生体中至少有两个以上的异质互补和地位平等的共生单元，这是共生的基本前提；共生必须坚持利益的双赢原则，至少是以同一共生体中任何一方的利益不得受损为最低原则。

从事实层面看，共生是人类社会的基本存在方式之一。人与自然、社会之间的这种相互依赖就形成共生关系，无论有益或有害，人类都离不开这种关系，其实质是利益的共生。共生还是一个矛盾与冲突不断、竞争与斗争共存的动态过程，具有现实的复杂性。共生关系的和谐稳定状态具有相对性，是共生单元在人类漫长复杂的发展过程中彼此不断斗争、冲突、竞争、妥协和让步的结果。从价值层面看，共生关系的建立必须以共生单元之间的异质互补、平等独立和共同受益为条件。①

人类对共生本质的认识，最早是从生物之间相依为命的现象开始的，共

① 马小茹."共生理念"的提出及其概念界定[J].经济研究导刊，2011(4)：217—218.

生双方通过相依为命的关系而获得生命，失去其中任何一方，另一方就不可能生存。生物界的这种相互依存现象反映了生物界的存在本质就是共生。进入到人类社会，乃至整个宇宙，一般的共生内涵就是：共生是人类之间、自然之间以及人类与自然之间形成的一种相互依存、和谐、统一的命运关系。共生的基本类型可分为生物世界的共生和人类社会的共生。前者是指生物学性的异种之间的关系，后者则是指以人类这一生物学上的同种为前提，有着不同质的文化、社会、思想和身体的个体与团体之间的关系。

共生方式具有以下七个本质特征：(1) 本源性。这表明每一个生命的终极存在只能是一种关系的存在，也就是共生的存在。(2) 普遍性。共生现象是自然、社会领域中最普遍的存在方式。(3) 组织性。共生单元之间总是会按其内在必然的要求自发结成共时性与共空性、共享性与共轭性相统一的生存方式。(4) 层次性。“你”“我”“他”与“它”是共生的，是分层次存在的。(5) 共进性。万事万物，生生死死，生死与共，以至无穷。共生现象的存在总是意味着各个共生单元之间各自处于既彼此独立，而又相互承认，相互依赖，相互促进，共同适应，共同激活，共同发展。(6) 开放性。构成共生的基本单元是不确定的，共生也不是由同质的、一元的单元构成的封闭的系统，而是在开放性的系统运动中，实现物质、信息和能量的有效交换与有效配置。(7) 主体性。共生不同于共同，共同是以特定程度上的共同价值和目标为前提，而共生则是异质者的共存。人类因共生共存而彼此之间具有互为主体性，当我作为我而存在时，他人也同样作为我而存在，“我”与“他”彼此互依，自由共在。①

关于共生和共生主义的理解可以有不同的立足点和出发点，因此得出的结果也会各不相同。但可以肯定的一点是，共生应该并已经成为一个非常重要的理念和原则，可以贯彻在心理学等不同学科的研究中，带来一个整体而系统的全新把握。

第二节　共生主义的含义

近些年来，佛教心理学在西方变得越来越流行。一些西方学者已开始

---

① 吴飞驰. 关于共生理念的思考[J]. 哲学动态，2000(6)：21—24.

在有关人类心灵的东方的理论体系和西方的认知科学之间建筑桥梁。瓦雷拉(Francisco Javier Varela)等人在《具体化的心灵：认知科学与人类体验》的著作中，提出了应重新理解认知科学与人类体验之间的关系。根据他们的观点，人类的心灵应该在一种扩展了的视野中得到探索，它包括对生活中的日常体验的关注，也包括对自然中的心灵科学的关注。他们指出，认知科学实际上就站在自然科学和人文科学交汇的十字路口上。

“认知科学是个两面神，同时能够看到路的两端，一个面孔朝向自然世界，把认知过程看成是行为，另一个面孔朝向人文世界，把认知看成是体验。当人们忽视了这一处境的基本循环，认知科学的双重面孔就会成为两个极端：或者设定人的自我理解简单地说来是错误的，因此最终将会被成熟的认知科学取代；或者设定不可能有关于人的生活世界的科学，因为科学必定总是预设人的生活世界。除非超越这种对立，否则在人类社会中，科学与体验之间的断裂将不断加深。任何一个极端对一个多元化社会来说，都是不切实际的，多元化社会必须包容科学和体验的现实性。在对人类自己的科学研究中，否定人类自己的体验的真实性不仅是不令人满意的，而且会使对人类自身的科学研究失去对象。但是，设定科学无助于对人类体验的理解，这会使人们在现代背景中抛弃自我理解的任务。”①

瓦雷拉等人就提出了应重新理解认知科学与人类经验之间的关系。研究总结了认知科学的发展，在认知主义取向和联结主义取向之外，又提出了一个新的取向，也就是共生主义取向。这一取向强调，认知不是预先给定的心灵对预先给定的世界的表征，而是在人所从事的各种活动史的基础上，世界和心灵的共同生成。因此，按照共生主义观点，认知就是具体化的活动。他们提出了一个构造性的任务，即扩展认知科学的视野，使之包容更为深广的人类生活经验。在西方传统中，现象学曾经是也仍然是有关人类经验的哲学。但是，瓦雷拉等人指出，对人类经验或生活世界的现象学考察完全是理论的，缺乏任何实用的维度。因此，它曾经是也仍然是作为理论反映的哲学，而未能克服科学与经验之间的断裂。从而，瓦雷拉等人转向了非西方的

① Varela, F. J., Thompson, E., & Rosch, E. (1991). *The Embodied Mind: Cognitive Science and Human Experience*. Cambridge, MA: The MIT Press, pp. 13-14.

哲学传统,它既能够在理论的方面又能够在生活的方面提供对人类经验的考察。他们极为重视对东方或亚洲哲学的重新发现。他们把重心放在佛教心理学上,特别是放在促使心灵丰满的方法上。在东方的文化传统中,哲学不仅是纯粹抽象的工作,而且是特定的经由训练的觉知方法,也就是不同的入静的方法。更进一步,在佛教传统中,促使心灵丰满的方法被认为是根本性的。心灵丰满意味着心灵就体现在具体的日常经验之中。促使心灵丰满的方法被设计用来使心灵能够摆脱自身的成见,摆脱抽象的态度,进入到体验本身的境界。

瓦雷拉等人依据心灵丰满的概念,提出要改变反映的性质,使之从一种抽象的、非具体化的活动转向具体化的(心灵丰满的)和开放式的反映。因而,反映并不仅仅是关于经验的,而且是经验本身的一种形式。心灵丰满的实践能够避免两个极端:一是在反映中排除了自我,这意味着有一个对经验的抽象觉知者,它是与经验本身相分离的;一是容纳了自我,但完全抛弃了反映,赞同素朴的、主观的冲动。心灵丰满则两面都不是,它直接作用于并因此而表达了基本的具体性。毫无疑问,通过统一反映和经验,瓦雷拉等人找到了联结科学与经验的可能途径。瓦雷拉等人打开了使西方的传统和东方的传统相遇的通道,打开了使西方的科学心理学与东方的体验心理学相遇的大门。这使中国本土的传统心理学有可能会有助于西方心理学的发展。在东方的或亚洲的智慧传统中,中国本土的传统心理学是其重要的构成部分。佛教及其心理学智慧被中国吸收和消化,也成为中国智慧传统重要的构成部分。因此,中国本土的传统心理学能够提供比佛教传统更多的东西。

首先,中国本土的传统心理学提供了对人类心灵的具体而不是抽象的理解,超越了主观性和客观性的分隔。西方的主流心理学从物理学等发达的自然科学继承了客观主义的模式,其最重要的特点是分割了主体和客体,主体是观察者和研究者,客体是人的心理和行为。从而,观察者和研究者就是镜子,提供公开的资料,可为他人重复获得,提供公开的理论,可为他人重复检验。中国本土的传统心理学则超越了这个分裂。这并没有分离出研究者与研究对象,而是强调心灵活动的自我理解、自我修养和自我超越的生活道路。

其次，中国本土的传统心理学提出了把个人私有的体验转换为人类共有的体验的解说和实践。按照西方心理学的实证取向，统一研究者与研究对象，必然会导致把个人的私有性或个人的主观性卷入研究当中。但是，中国的思想家主张，个体必须超越自己片断和片面的体验，以实现共有和整体的体验。因此，人的自我理解就应该是人类共同体的自我理解，人的自我修养就应该是达于无我的精神境界。个体承载着，体认着和实现着天道。

最后，中国本土的传统心理学强调，心灵的活动是一个有机的、不可分割的整体，可以通过践行过程来实现和转变。心理学的实验研究采取的是分析的方式。任一心理现象及其与情境的关系都可以分解成不同的因素，然后在实验室中探讨这些因素之间的关系。相对照而言，中国的思想家提出的是一种完全不同的生活实践，个体通过体证可以提升精神境界，与天道通而为一。这不仅是可能的，而且是必要的。因此，任何精神境界都可以通过个人的修为来证明。这种“实验”可称之为超客观的和超分析的。①

当研究转向内在的心理意识时，认知心理学必然要面临来自其他探索人类心灵的心理学传统的挑战。对于认知科学的发展来说，最重要的事情是在心灵的科学和人类的体验之间建立有效的循环。这必然会打开西方的科学传统与东方的体验传统相遇的大门。这使中国本土的传统心理学有可能对西方科学心理学有所贡献。传统的中国思想提供了对人类心灵的特定理解，综合了主观性和客观性，提出了使个体体验转变为人类体验的解说和实践，提出了探索人类心灵的超客观和超分析的方式。正如瓦雷拉等人所说的，体验的理解和科学的理解就像两条腿，缺少任一条腿，都会无法前行。②

正是认知科学的研究进程，把共生的理念提升到了基本原则的地位。认知表达的多样性、多元性、多向性，认知涉及的多方面、多层面、多侧面，认知汇聚的多学科、多视角、多取向，导致认知科学的探索必须坚持共生的原则和理念。这可以带来关于认知的更为全面深入的探索。如此一来，心理

① 葛鲁嘉. 心理文化论要——中西心理学传统跨文化解析[M]. 大连：辽宁师范大学出版社，1995：177—178.

② Varela, F. J., Thompson, E., & Rosch, E. (1991). *The Embodied Mind: Cognitive Science and Human Experience*. Cambridge, MA: The MIT Press, pp. 31 - 33.

就不是对世界的单面的反映，而是创造性的共同生成。

第三节　共生主义的影响

把个人的心理行为与环境的影响分离或分裂开来，显然不利于对个体心理和对生活环境的合理理解。其实，在中国本土的文化传统中，就有着天人合一的思想传统，就有着心道一体的理论建构，有着心灵扩展的心性学说，有着境界提升的心理历程，有着自我引导的体证方式。在此，中国本土的文化传统提供了一种非常重要的和极有价值的心理学传统资源。这种资源可以成为中国心理学在新时代创新发展的根基。或者，本土心理学的发展可以从传统的资源和历史的根基上去求取新的内涵。中国本土的心理学传统就是心性的学说，或者说就是一种心性心理学。在此基础之上的创新和发展就是新心性心理学。新心性心理学包含六个部分的基本内容，或六个方面的基本探索，那就是心理资源、心理文化、心理生活、心理环境、心理成长和心理科学。

对心理环境的理解和解说是新心性心理学的最重要的构成部分。心理环境的研究就是试图从新的基点和新的视角去揭示环境，揭示环境对人的心理的影响。对于心理与环境的关系的理解来说，共生的概念是非常恰当和非常重要的。共生就是共同的变化，就是共同的成长，就是共同的创造，就是共同的扩展，就是共同的命运，就是共同的结果。共生的方法论是理解环境或理解心理环境的最基本的和最根本的原则。只有通过共生的概念，才有可能真正理解心理环境的概念。

心理学研究原有对心理成长的理解是有很大局限的，或者说是有很大缺陷的。例如，仅仅把心理的发展理解为在个体的早期就完成的，是伴随着个体的机体发育过程而进行的，当个体完成了机体的发育，心理的发展就停止了。又如，仅仅把发展理解为个体的发展，将其与人类文化、人类社会、人类群体的发展分离开，而没有将其看作一个共同的过程。

人的心理不是被动生成的，而是人主动创造的。这就是人的心理生活，心理生活应成为心理学的研究对象。同样，人的环境也不是自然而然的，而是人有意构造的。可以说，人的心理创造主要涉及两个方面：一是人构筑了自己的内心生活，二是人构筑了自己的生活环境。人的心理的一个重要的性质就是创造性。当然，这种创造性并不是随心所欲的，也不是凭空妄为的。因此，心理的创造是有前提的。所谓创造的前提可以体现在两个重要的方面：一个是所谓的客观性，一个是所谓的自主性。创造的生成可以体现在两个方面：一个是现实世界的改变，一个是心理生活的改变。对于人来说，无论是现实世界的改变还是心理生活的改变，都是一枚硬币的两面。其实，没有什么一成不变的东西，也没有什么神创的东西。创造的生活就是人的心理生活。当然，创造的生活可以体现为物质生活的丰富。但是，物质生活的丰富最终应落实为心理生活的丰满。个体创造的汇集就构成了历史。历史既是过去的累积，也是未来的走向。人并不是生活在片段的、零碎的、偶然的延伸之中，而是生活在连续的、完整的、必然的延伸之中。所以，人是历史的存在，人就融于自己创造的历史之中。或者，人是文化的存在，人就生存于自己创造的文化中，人的心理就是广义的文化心理。

在心理学研究分支中，并没有专门对环境的心理学探索。在许多心理学家看来，环境也许并不是或不应该是心理学的研究内容。环境对于人的生存、成长和发展来说，具有非常重要的意义。心理学研究中一直非常重视环境对人的心理的影响，但是其理解的环境却只是外在于人的存在，是客观的存在，是外力的作用，是独立的作用。非常重要的是应该把环境与心理理解为交互作用的过程。这种交互作用不仅是环境对人的心理的影响，而且人也会作用于环境的变化。这种交互的作用实际上就是一体化的过程，也就是共同生长的历程，任何一方的演变或发展，都会带来另一方的演变或发展。心理环境的概念就是有关共生历程的最好描述。

相对于人的心理行为，环境只是外在的影响，或者只是外在的干预。问题在于，无论是普通人还是研究者，人们都习惯了把环境看作外在的干预，是不以人的意志为转移的客观的力量。那么，环境就成了异己的力量，就成了强加于人的奴役，就成了无法摆脱的神谕，人的心理行为就是环境任意所为的对象。环境就是天意，环境就是强权。其实，无论是把环境理解成物理的环境、生物的环境、社会的环境，还是文化的环境，普通人和研究者都通常是把环境看作对人来说是外在的存在，是自足的存在，是异己的存在，是现实的存在，是变化的存在。那么，在环境面前，人就只能是受到制约的。相对于无所不在和无所不能的环境来说，人是非常渺小、无助和软弱的。

从环境对人的影响来说，人只是环境的产物，只能顺应环境，环境的影响是不以人的意志为转移的。在心理学研究中，就有环境决定论的观点和主张。环境决定论把环境的影响放在重要的位置。人的心理行为都是环境塑造的，都是随着环境的改变而变化的。早期的或古典的行为主义学派就是环境决定论的代表。在行为主义的创始人华生(John B. Watson)看来，人的行为并不是本能决定的，甚至根本就不存在什么本能，所有的行为都是由环境刺激引起的反应，没有什么中间的过程，没有意识的存在，没有内在的心理，通过揭示刺激与反应之间的关系，就可以通过控制刺激来控制人的行为。但是，把环境看成仅仅是外在的干预，显然无法完整地理解环境的内涵和作用。

所谓心理环境学，是对人在心理中把握、理解、构建的环境的研究。这样的环境是人的心理创造的环境，是被人赋予了意义的环境，是人与之共生的环境。心理环境学探索的就是人的心理筑就的环境，考察心理环境的基本性质、构成方式、表现形态、变化过程、实际影响等。心理环境学研究的就是心理与环境的一体化过程，这也就是中国文化传统中强调的天人合一、心道一体、物我为一的心境、意境、情境、化境等。在心理学本土化的历程中，或者在心理学中国化的历程中，中国本土文化中的心理学传统会为我们对心理与环境关系的理解带来完全不同于西方心理学的思路。心理环境学不是对环境的物理学的考察、生物学的考察、社会学的考察、文化学的考察，而是对环境的心理学的考察。心理环境学涉及的是人对环境赋予的心理意义，是人对环境建构的心理价值，是人向环境索取的心理资源。

第四节　心理共生的存在

人的环境与人的心理是一个共生的过程。这种共生的过程不仅是环境决定或塑造了人的心理，而且也是人理解或创造了物的环境。任何单一的理解，都会带来对环境和对心理的片面理解。环境并不是完全独立于人的存在。同样，人也不可能是独立于环境的存在。人与环境应该是共生的存在和协同的发展。有了环境的存在，才有依附于环境的人的心理行为。同样，有了人的心理行为，才有归属于人的生活环境。

生态学为理解人的心理与其环境的关系提供了一种新的思考方式。这种思考方式不仅突破了传统的、分离的、孤立的、隔绝的思考，而且建立了当代的、联结的、共生的、和谐的思考。这种思考方式不仅带来了对事物的理解上的变化，而且带来了研究者的眼界和胸怀的扩展。这也就是所谓的生态学方法论的意义和价值。生态学方法论已经超越了生态学学科本身，而延展到了各个学科的研究之中，包括延续到了心理学研究之中。

生态的核心含义和指向，就是共生。共生不仅是指共同生存或共同依赖的生存，而且是指共同发展或共同促进的发展。生态学的含义不仅是指生物学意义上的，而且包含着文化学、社会学和心理学的意义。生态学的含义在一开始的时候，更多的是在生物学意义上的理解。只是随着生态学的进步和发展，其意义才开始扩展到其他的学科领域，进入到人类生活的各个方面。正因为有了生态的含义，才使得科学的研究和思考有了更为宽广的域界。

生态的视角是指从共生的方面来考察、认识和理解环境、社会、人类、生活、心理、行为等。这否定的是分离的、片面的和孤立的认识与理解，而强调的是系统的、动态的和发展的认识与理解。生态的方法是指以共生的观点、手段和技术来考察、探讨并干预生活世界、生活过程和生活内容。因此，生态的方法可以是解说的方式和方法，也可以是考察的方式和方法，还可以是干预的方式和方法。

人的心理生活有其生态学的背景。人的心理生活并不是任意妄为的建构。人的心理生活与人的生存环境是一个共生的过程。所谓的共生以及共生主义是来自生态学的方法论。共生主义认为的发展，并不是单一的和孤立的过程，而是互动的和共生的过程。

正是在生态学的视角之下，对人的心理生活的理解才有可能是建构性的、生成性的、创造性的和发展性的。所谓的心理生活也就不仅仅是被动的感知，也不仅仅是被动的承受，不仅仅是孤立的进程，不仅仅是单一的发展，而且还是主动的建构，是积极的体验，是共同的进步，是协同的发展。这就是人的心理生活的最基本的性质，也是理解人的心理生活的最重要的视角，也是建构人的心理生活的最核心的内涵。

第十二章　心理资源的理解

对于心理学研究和探索来说，无论是关于心理学的历史追踪，还是关于心理学的现实考察，还是关于心理学的未来展望，心理资源的研究都给出了一个非常别致的思路。这就是把不同学科分支、不同学术领域、不同理论探索中的心理学研究，都视为心理资源。因此，对心理资源的理解是关于类同形态的心理学探讨的最终归结。

第一节　心理资源的界定

心理学在自身的历程和历史演变中，存在不同而多样的历史形态。心理学在自我的完善和成长壮大中，也体现了繁荣和创新的现实形态。心理学在自己的发展和进步过程中，也将会具有独特而开放的未来形态。其中就包括常识形态的心理学、哲学形态的心理学、宗教形态的心理学、类同形态的心理学、科学形态的心理学、资源形态的心理学。当代心理学的发展不应该抛弃自己的不同历史形态的心理学，也不应该固守自己的多元现实形态的心理学，也不应该忽视自己的可能未来形态的心理学，而应该把其当作发展和扩展自身的可以借用的文化历史资源和现实学术资源，从而扩大自己的视野，挖掘自己的潜能，丰富自己的研究，完善自己的功能。对学科资源、对心理资源的考察，是心理学学术研究的非常重要的任务。忽略心理学自身的资源，会严重影响到心理学的健康发展。这也是讨论分析心理资源的重要意义和重大价值。

心理学作为一门学科，曾经有一个长期的过去，但只有一个短暂的历史。这句话的含义在于，心理学作为非实证科学有数千年漫长的演变，但心理学作为实证科学则只有一百多年短暂的发展。在关于心理学的历史演变的研究中，通常认为，心理学的发展只是一个连续的更替关系，作为现代实证科学的心理学淘汰并取代了原有的和传统的其他形态的心理学。但实际情况并非如此。在科学形态的心理学诞生之后，其他不同形态的心理学仍然与之并存，各自发挥着作用。通常还认为，历史上只有哲学形态的心理学和科学形态的心理学。科学形态的心理学是从哲学的母体中诞生的。科学形态的心理学在取得独立之后，就取代了哲学形态的心理学，成为唯一合理的心理学。其实，这是一种非常幼稚和单纯的理解。历史上，有过各种不同的关于心理行为的探索。或者，出现过的心理学探索有着许多种不同的形态。这些不同形态的心理学并没有随着现代科学心理学的出现而消亡，而是依然存在于现实生活和学术研究之中，并在不同的生活领域和思想领域中发挥着重要作用。这也就表明，实际上存在许多种不同形态的心理学。归结起来，在人类文化史的角度共出现过六种不同形态的心理学。解读这些不同形态的心理学，考察这些不同形态的心理学之间的关系，对于心理学的发展和进步有着至关重要的作用。

对于心理学的学科发展来说，所谓的资源或学科资源是指学科生成或演化的基础条件，或者是指学科创生或创造的前提条件。任何的存在都有自己的生成和发展，任何的生成和发展都需要一定的条件或基础。那么，资源就是这样的基础条件或前提条件。资源是长期的历史积淀，是不断的条件积聚。这种资源的存在是促成进一步发展所必需的。

如果进一步分析心理资源的含义，心理资源可以有两种重要而不同的内涵：一是指心理行为发生的基础条件；二是指心理科学发展的基础条件。心理行为发生的基础条件是指，人的心理行为或人的心理生活是生成性的，或者是创造性的，在生成与创造的过程中是需要特定的资源的。所谓的资源，是指人的心理行为或人的心理生活的建构的基础、生成的条件、成长的养分和拓展的依据。心理科学发展的基础条件是指，心理学学科的生成和壮大是依靠多种多样的养分或滋养，包括自然的资源、文化的资源、社会的资源、历史的资源、现实的资源等。心理行为发生的基础条件同心理科学发展的基础条件存在相同和相通的地方，能够滋养心理行为的，也会滋养心理科学，反过来也同样。

在心理学研究中，考察人的心理行为的生理资源或心理资源，将其作为衡量人的心理或人的认知的重要方面，是心理学研究的非常重要的基础内容。那么，在心理学研究中，考察心理学的传统、现实和未来的形态或资源，将其作为心理学发展的重要基础，也同样是心理学研究的非常重要的基础内容。

把握心理资源的一些十分重要的特点是了解和说明心理资源的非常重要的方面。

首先，心理资源具有的一个重要特点是，心理资源既可以是有形的存在，也可以是无形的存在。所谓有形存在的心理资源包括支持心理存在和变化的自然、社会、机体、大脑等物质条件。所谓无形存在的心理资源则包括心理存在和变化的意义、价值、文化、符号等非物质条件。这就给心理资源的存在和理解带来了种种的不同和变化。仅仅重视有形的心理资源，或者仅仅重视无形的心理资源，都可能是非常片面的。其实，心理学研究中还原论的盛行，就是把人的心理行为归结到实现的基础、条件或资源上的结果。在心理学自诩成为科学的门类之后，对人的心理行为的探索就长期立足于还原论。如物理主义的还原就是把人的心理行为看作按照物理规律活动的存在，生物主义的还原则把人的心理行为看作按照生物规律活动的存在。

其次，心理资源具有的一个重要特点是，心理资源既可以是自然的存在，也可以是社会的存在，也可以是文化的存在。自然的心理资源是在大自然漫长的演进过程中逐渐生成和积累起来的。这构成了人的心理存在和发展的自然基础和自然条件。人的心理的存在和发展，不可能脱离自然的构成、自然的过程和自然的环境。可以说，自然是人的心理行为依托的最基础的资源条件。人在长期的自然演进和演化的过程中，就是依赖于自然资源来推动和改变的。进而，人又是社会的存在，具有社会的性质。人不仅是个体化的，而且是群体化的。或者说，人是按照社会构成的方式生存和发展的。那么，社会的存在、社会的生活和社会的演变，也就成为人的心理行为的社会基础或社会资源。再者，人又是文化的存在。人创造了文化，文化反过来又成为人生存和发展的条件或资源。人按照文化的方式生活和发展，人的心理行为也有自己的文化印记和文化方式。

再次，心理资源还有一个重要的特点，即心理资源只是按照人的心理存在的方式来解读和转用才有价值。否则，所谓的心理资源也就不过是自然物理的存在。这也就是心理资源的人性价值。所以，心理资源和心理行为是互生或共生的关系。脱离了任何一方，另一方的存在都会失去根基和理由。正是在这个意义上，心理资源才会与心理学研究建立起关联。任何心理学探索作为心理资源，都是取决于其对人的心理行为的独特的考察和探索。从与人的关联，从与人的心理行为的关联，从与人的心理行为的探索的关联，才会真正揭示出心理资源的内涵、特性、变化和功能。

第二节　心理学的学术资源

心理学学科的发展和演变会形成一种独特的学术传统。学术传统也是一种特定的学术资源。心理学的学术活动会涉及学术思想的创造、学术研究的推进、理论学说的建构、研究方法的定位、干预技术的发明等。这些特定的学术活动都与心理学的学术资源有着特定的关联。理解心理学的学科和学术的基础和根基是十分重要的学术研究目标和理论研究内容，因为学术资源是有待挖掘和提取的。

学术资源的含义也许需要进行严格的界定。界定了学术资源才能界定心理学的学术资源。有研究在涉及中国的文化传统时，就区分了知识资源和学术资源，认为这是生活与学术的区分。有研究指出，中国的文化传统正在从知识传统沦落为学术传统。这也就表明，文化的重建工作并不是要光大传统作为学术资源的意义，而是要赋予传统知识资源的地位。在该研究看来，所谓的传统仅仅是后人赋予的，并不是对传统的了解。传统的最重要的构成部分是其拥有的经典，并具体反映在知识的源流上。基于此，可以换一个角度思考 20 世纪中国传统的失落，以及失落的究竟是什么。近代关于传统的立场，主要体现在不把传统作为政治制度合法性的知识资源，传统也因此呈现出由知识资源向学术资源的转变。文化传统由各种经典向抽象化的象征符号过渡，意味着对传统文化的认知受到文化养成和历史境况的影

响，从中可见无论是批判传统还是弘扬传统，都不断在重新界定传统，并用新的象征符号表达。同时，经典的学术资源化，也表明传统作为知识资源的失落，构成了 20 世纪中国文化命运的实质写照。[①]

尽管上述研究表明的是希望恢复中国文化传统作为知识资源的地位和作用，而不是将其限定在研究者的书斋之中。这是从生活和现实出发的对中国本土文化传统的考虑和认定。但是，把中国的文化传统当成学术的资源依然是不容忽视的。特别是在当代科学迅猛发展和学科加速分化的情景之中，学术的进步和壮大会使学术知识更快更好地进入社会日常生活。

学术的资源包括学术制度、学术传统、学术思想、学术创造等。在这些广泛的学术资源中，最核心最重要的就是学术思想的资源。这正与前面所述的思想资源是相通的。挖掘作为学术资源的学术思想，是思想史研究的内容。心理学思想史的研究就应该是对心理学的学术资源的提取、挖掘和阐释，应该超越关于学科发展历史史实和历史资料的研究和积累。

拥有学术传统的学科才会拥有学科的学术资源，心理学学科也是如此。心理学研究要重视自己的研究对象，重视自己的理论构造，重视自己的研究方法，重视自己的应用技术，这是心理学研究非常重要的方面。但是，同样重要的还应该包括重视自己的学术资源。

第三节　心理学的思想资源

心理学的探索、心理学的建构、心理学的发展都是学术的活动，都可以体现为学术思想的创造、发展和传承。在心理学的发展中，可能更加重视的是心理学的理论、心理学的方法、心理学的技术，而忽视心理学的思想。但是，心理学的发展实际上也可以体现为心理学思想的演变。心理学思想史与心理学学科史并不是一个含义，心理学思想史也不仅仅是科学心理学诞生之前的思想家关于人的心理行为的猜测和思辨的历史。科学心理学诞生

① 章清. 传统：由“知识资源”到“学术资源”——简析 20 世纪中国文化传统的失落及其成因[J]. 中国社会科学，2004(4)：191—204，209.

之后，心理学思想史的进程并未终结。心理学思想是心理学思想家提供的，并贯穿心理学发展全程，是心理学最为重要的创造。

心理学思想是关于心理学研究对象的理解和思考，也是关于心理学研究方式的理解和思考。在人类思想史的演进历程中，心理学思想史是非常重要的组成部分。心理学思想家们提供了在自己的特定思想基础之上的关于心理学研究对象的解释，也提供了在自己的特定研究基础上的关于心理学研究方式的思考。

思想的起源、演变和发展，都会成为后来的研究可以运用的资源。心理学思想的起源、演变和发展，就是后来的心理学研究可以运用的资源。

心理学的思想资源是心理学的学术积累、学术演进、学术成长的重要内容。在心理学史的研究中，就曾经把心理学的历史发展区分为心理学思想史和心理学科学史。这实际上把科学心理学的诞生作为重要的分水岭，在此之前的就是心理学思想史，在此之后的就是心理学科学史。这似乎是表明，心理学思想是非科学的思辨和猜测。应该说，这种理解是不合理的。心理学作为一门学科或者作为一门科学，也仍然有自己的思想创造和思想历程。甚至可以说，心理学的思想创造和思想历程反而是心理学发展的最重要的创造和历程。

当然，心理学思想史的研究也常常把心理学思想的历史演变仅仅当作学术追踪的内容。这也就是一种当代的对历史的还原，所谓“还历史以本来的面目”。思想史的研究也就是思想演变的历史呈现。这种研究目的最根本的缺失是没有把心理学思想的演变和发展当作心理学的思想资源。因此，必须重新定位心理学思想史的研究，重新认识心理学思想的价值，重新理解心理学思想的内涵。把心理学思想的形成和发展看作心理学的思想资源。

心理学思想史的研究，不是对心理学思想历史和学科传统的展示和炫耀，而应该是一种对历史资源和思想资源的挖掘和提取，更应该是一种推进资源转化和利用的活动。但是，这在心理学思想史的研究中是最薄弱的一环。

心理学的考察、研究和探索，都是需要思想的活动，都是需要思想家的学问。应该说，在心理学的历史演变和发展过程中，出现过许多心理学大思想家。当然，在心理学成为实证的科学门类之后，实证心理学开始对思想的活动有了偏见和回避。心理学思想也与心理学思辨画上了等号。思辨的心理学被称为“安乐椅中的心理学”，是一种猜测，是一种推论，是一种臆断。对思辨的躲避和排斥，演变成为对思想的躲避和排斥。心理学研究变成了一种技术活动。这导致的直接后果就是心理学思想家日渐减少，心理学的创造力日渐衰退，心理学的思想性日渐弱化，心理学的建构性日渐浅薄。那么，心理学学科发展也就开始缺乏思想的创造和创造的思想。一个没有思想的学科是一个没有前途的学科，一个没有思想积累的学科也就是一个没有未来的学科。心理学学科发展应该关注思想，关注思想的内涵，关注思想的创造，关注思想的积累，关注思想的资源。心理学的思想需要心理学的思想资源，获取思想资源是推动思想创造的最根本的活动。

思想资源的形成是历史沉积的过程。在人类的发展历程中，人关于自身心理的探索和考察从来就没有停止过。探索和考察的结果有着不同的历史命运。有的被继续发扬光大了，有的被历史尘埃掩埋了，有的被岁月冲刷磨灭了，有的被变革创新转化了。其实，思想的资源是可以挖掘和提取的，心理学的思想资源的挖掘会给心理学的发展带来重要的财富。

追踪现代科学心理学的发展可以有十个线索：文化的线索、国别的线索、时间的线索、组织的线索、人物的线索、事件的线索、器物的线索、思想的线索、学说的线索和学科的线索。重视思想的线索就是关注思想的资源。现代科学心理学的真正内核是其学术思想的形成和传播，这是现代科学心理学的实际灵魂。心理学学科的发展，最重要的体现就是心理学思想的发展。心理学的思想可以包含两个方面的内容：一是对心理学研究对象的理解和认识；二是对心理学研究方式的理解和认识。心理学在自己的历史发展中，对心理学研究对象的认识发生了一系列变化。心理学成为独立的学科门类之后，最早是把意识当作心理学研究对象，所以这个时期的心理学也常常被称为意识心理学。因为意识不能通过研究者的感官来把握，而能够通过内省把握到，所以内省就成为心理学的研究方法。行为主义的诞生被认为是心理学发展中的一场革命。行为主义把意识排除在心理学研究对象之外，而把可以直接观察到的行为确立为心理学研究的对象。认知心理学的产生被认为是心理学发展中的又一场革命。认知心理学重新把人的内在认知过程确立为心理学的研究对象。心理学在自己的历史发展中，对心理学学科的认识也发生了一系列的变化。例如，有的心理学家就把心理学当作纯粹的自然科学来看待。这使得心理学一度全面模仿自然科学的研究方式和思考方式。①

尽管对于心理学研究来说，理论、方法和技术是非常重要的，但是思想是更为核心的部分。心理学思想的形成、延续、继承、变革、发展、充实和创新，都是心理学研究的思想资源。

第四节　心理学的传统资源

中国本土心理学的发展应该立足本土的资源。在本土文化或本土资源的基础之上来建构特定的心理学，也是近些年来许多研究努力的方向。运用中国本土文化中的传统资源来建构中国本土的心理学，这也是当前中国心理学研究追求的目标。回到中国本土文化，挖掘中国本土文化中的心理学资源，已经成为中国本土心理学研究的自觉行动。当然，不同的研究，其着眼点也不同，关注的内容也不同，思考的方向也不同。

有研究指出，“心”或“心理”等词语在汉语中有相当长的历史，对这些词语的理解反映了中国人关于“心理”的认识和理解。中文的“心”往往不是指一种身体器官，而是指人的思想、意念、情感、性情等，故“心理学”这三个汉字有极大的包容性。任何学科都摆脱不了社会文化的作用，中国心理学亦曾受到意识形态、科学主义和大众常识等的影响。近年来，中国学者对心理学自身的问题进行了反思。从某种意义上说，中国人对“心理”和“心理学”的理解或许有助于心理学的整合，并与其他国家的心理学一道发展出真正的人类心理学。②

其实，中国本土的文化传统中，有自己独特的心理学传统。这也是相对独立的、自成系统的心理学探索。例如，在中国本土的心理学传统中，就产生和保留有大量特定的心理学术语。③

① 葛鲁嘉. 追踪现代科学心理学发展的十个线索[J]. 心理科学，2004(1)：159—160.
② 钟年. 中文语境下的“心理”和“心理学”[J]. 心理学报，2008(6)：748—756.
③ 葛鲁嘉. 中国本土传统心理学术语的新解释和新用途[J]. 山东师范大学学报(人文社会科学版)，2004(3)：3—8.

有研究考察了中国文化与心理学。研究指出,"东西方心理学"成为心理学的一个术语,其基本内涵是要将东方的哲学与心理学思想传统,包括中国的儒学、道家、禅宗,印度佛教和印度哲学,伊斯兰的宗教与哲学思想,日本的神道和禅宗等,与西方的心理学理论和实践结合起来。由于"东西方心理学"这一概念主要是西方心理学家提出来的,所以该概念强调的是对东方思想传统的学习与理解。①

中国本土的研究也探讨了《易经》与中国文化心理学,认为中国文化中包含着丰富的心理学思想和独特的心理学体系,那么这种中国文化的心理学意义,也自然会通过《易经》来传达。研究以《易经》为基础,分"易经中的心字""易传中的心意"和"易象中的心理"等几个方面,阐述了《易经》中包含的中国文化心理学。同时,研究也比较与分析了《易经》对西方心理学思想产生的影响,尤其是《易经》与分析心理学建立的关系。例如,汉字"心"可以在心身、心理和心灵三个不同的层次上表述不同的心理学的意义,但以"心"为整体,却又包容着一种整体性的心理学思想体系。比如,在汉字或汉语中,思维、情感和意志都是以心为主体,同时也都包含着"心"的整合性意义。这也正如"思"字的象征,既包容了心与脑,也包容了意识和潜意识。②

应该说,中国文化传统中的心理学是非常值得挖掘和提取的。当然,这不仅是文化传统中的心理学思想,而且是特定的心理学形态和心理学资源。问题的关键在于找寻中国本土心理学的核心理论。中国本土心理学传统中的核心理论就是心性学说,也就是心性心理学。在此基础之上的发展就是中国心理学的当代创新,也就是新心性心理学。

有研究试图把中国的新儒学看作中国的人文主义心理学。但是,这种研究仍然没有很好地说明西方的人本主义心理学与中国的人本主义心理学之间的联系和区别。在该研究看来,与西方心理学以科学主义为主体的由下至上的研究思路不同,中国传统心理学探究走的是由上至下的研究路线,即从心理及精神层面最高端入手,强调心理的道德与理性层面,故其实质是人文主义的。现代新儒学作为人文主义心理学研究的典范,具有心理学研

---

① 高岚,申荷永. 中国文化与心理学[J]. 学术研究,2008(8):36—41.
② 申荷永,高岚.《易经》与中国文化心理学[J]. 心理学报,2000(3):348—352.

究“另一种声音”的独特价值与意义。现代新儒学的研究背景和思路，呈现出以传统心理学思想为深厚根基的中国近代心理学的独特个性与自信。这是现代新儒学对中国心理学的最大贡献。中国心理学的发展由于其特殊的历史条件，在进入近代时期开始明显地区分为两条路线：一条是直接从西方引进的科学主义心理学，另一条则是自生的人文主义心理学。近代时期不仅是中国科学心理学的确立与形成期，更是中国人文主义心理学在与外来文化的对撞、融合中，对自身特质的首次自觉、反省与确证，而现代新儒学无疑是担当这一重任的主角。西方心理学中的科学主义和人文主义主要是源自心理学学科的双重属性，且人文主义更多是科学主义的附属与补充。中国近代心理学的科学主义和人文主义，从根本上来看，则是由本土文化繁衍的人文主义对西方外来的科学主义的抗衡，相比于西方人文主义的阶段性与工具性，本土人文主义具有更多的主动性与自觉性。作为中国思想文化组成之一的中国心理学，将以其独特样式影响并带动西方心理学，并共同实现人性的真实回归。这也是现代新儒学对于中国心理学的最大贡献。①

儒学也好，新儒学也好，其最大的心理学贡献是儒学的心性学说，也就是儒学的心性心理学。科学主义和人文主义的分离、分裂和分立是西方文化传统的特产。在中国的文化传统中，原本就没有这样的分离、分裂和分立，从中国儒家的心性心理学传统可以提取、发展和创造出心道一体或心性统一的心理学。所以，没有必要按照西方的方式来开发中国本土的心理学。

第五节 心理学资源的开发

无论是自然的资源、社会的资源、文化的资源、历史的资源，还是思想的资源，开发和利用都是至关重要的。因此，开发心理学的资源是促进心理学的壮大和发展的关键。

心理学资源的开发不是回到心理学的过去，不是还原心理学的历史，不是陈列心理学的“古董”，不是展示心理学的“遗迹”。心理学资源的开发就

① 彭彦琴.另一种声音：现代新儒学与中国人文主义心理学[J].心理学报，2007(4)：754—760.

是将资源运用于心理学的研究和创造，就是将资源转用于心理学的扩展和成长。因此，面对大量的资源，心理学需要的是深度的开发。

心理学的不同方式和不同方面的探索和研究分散在许许多多的不同学科的考察和解说之中，怎样才能在一个统一的原则之下，在一个完整的框架之中，去汇总这些不同的心理学的探索和研究，去整合这些不同的心理学的考察和解说？问题更在于：怎样才能在一个全新的平台之上，在一个创新的思路之内，去运用这些不同的心理学的资源，去扩展这些资源的学术性价值？不同资源的开发需要通过以下一系列的步骤和程序来完成。

首先，要积聚心理学学科的资源，开放心理学学科的边界，开放心理学研究的视野，开放心理学探索的思路。在心理学的发展中，心理学为了保证学科的独立性，而一度封闭了自己的学科边界。心理学为了保证研究的精确性，而一度收缩了自己的研究眼界。心理学为了保证探索的明确性，而一度禁锢了自己的探索思路。但是，从心理学资源开发的角度去理解，心理学只有开放边界，扩展眼界、开放思路，才能够获取自己的学科资源、学术资源、历史资源、思想资源和学术资源。

其次，要挖掘心理学学科的资源，提取其中有价值的内容，获得其中有传承意义的文化。在心理学的探索中，心理学不仅要面对自己的研究对象、研究内容、研究心理，而且要依据自己的研究基础、研究传统和研究历史。心理学研究能够汇总的资源的量，决定着心理学探索的厚度和深度。

再次，要转换心理学学科的资源，促进心理学研究的原始创新。心理学资源存在的意义不是展览或展示，而是突破和创新。这实际上是心理学资源开发的核心价值和关键内涵。因此，资源的提取就不仅仅是集合，而是形成创造的前提。这是把握资源的真正价值，也是运用资源的真正意义。

当然，心理学资源的存在是多样化的，是多元化的，是多重性的，是多面性的。怎样才能够把零散的、分散的、细碎的资源整合汇通，这就成为心理学探索中的一个十分艰难又极其重要的任务。资源的价值就在于开发和利用。心理学拥有丰富和多样的历史资源、文化资源、社会资源、思想资源、学术资源，充分挖掘、提取和转用这些资源，就成为心理学发展和壮大过程中的全新学术任务。

参考文献

一、中文部分

安龙，陈巍，丁峻.意识的自然科学取向研究：主题、方法与模型[J].心智与计算，2009(3).

巴姆.跨学科学：跨学科研究的科学[J].天津师大学报(社会科学版)，1994(5).

白新欢.心理哲学与哲学的心理维度[J].理论与现代化，2004(3).

白云静，等.行为遗传学：从宏观到微观的生命研究[J].心理科学进展，2005(3).

博登.人工智能哲学[M].刘西瑞，等，译.上海：上海译文出版社，2001.

蔡飞.论心理学中科学主义和人文主义对立的哲学根源[J].扬州大学学报(高教研究版)，2000(4).

蔡仁厚.儒家心性之学论要[M].台北：文津出版社，1980.

蔡曙山.认知科学研究与相关学科的发展[J].江西社会科学，2007(4).

蔡曙山.认知科学框架下心理学、逻辑学的交叉融合与发展[J].中国社会科学，2009(2).

蔡笑岳，向祖强.人类心理的生物学研究[J].重庆大学学报(社会科学版)，1999(1).

蔡笑岳，于龙.心理学：研究人的另类科学——对心理学学科性质的再认识[J].中山大学学报(社会科学版)，2005(5).

曹河圻.心理和行为研究中的学科交叉[J].心理发展与教育，2003(4).

曹召伦，李晓明.医学心理学的新发展[J].安徽农业大学学报(社会科学版)，2002(4).

陈勃.试析心理学研究的数学与非数学的途径[J].心理学探新,1992(3).

陈红.从进化心理学到心理基因论[J].学术论坛,2007(11).

陈红.化学超循环与心理超循环——还原和突现的层次性解读[J].安徽大学学报(哲学社会科学版),2010(2).

陈曼娜.二十世纪中外心理史学概述[J].史学史研究,2003(1).

陈蓉泉,马剑虹.工作中心度的作用及其与领导行为的关系研究[J].应用心理学,2004(2).

陈芮,叶浩生.来自经济学的启示:关于心理学科的一些思考[J].心理学探新,2004(2).

陈少华,郑雪.整体与部分之和——一种整体论的心理学模式[J].自然辩证法研究,2000(8).

陈少华,郑雪.论个体心理差异的行为遗传学取向[J].华南师范大学学报(自然科学版),2001(2).

陈少华.人性化还是去人性化——西方心理学的两难选择[J].西北师大学报(社会科学版),2006(5).

陈晓峰.体育运动心理学学科建设和发展问题探讨[J].济南大学学报(社会科学版),1995(1).

陈远,成全.信息管理的交叉学科——网络心理学[J].情报理论与实践,2004(6).

池田央.数学心理学[J].陈治中,译.自然杂志,1992(12).

崔光辉,郭本禹.论经验现象学心理学[J].华东师范大学学报(教育科学版),2008(2).

崔景贵.教育学视野中的心理教育[J].江苏教育学院学报(社会科学版),2004(3).

戴健林.民族文化和社会心理——民族社会心理学论纲[J].广州师院学报(社会科学版),1998(8).

戴燕.心理历史学论议[J].青海师范大学学报(哲学社会科学版),2000(4).

道金斯.自私的基因[M].卢允中,等,译.长春:吉林人民出版社,2001.

丁道群.解释学与西方心理学的发展[J].湖南师范大学教育科学学报,2002(2).

董春雨.从因果性看还原论与整体论之争[J].自然辩证法研究,2010(10).

董军. 人工智能哲学[M]. 北京：科学出版社，2011.

杜林致，乐国安. 中国社会心理学发展问题的反思及其出路[J]. 江海学刊，2004(2).

杜雄柏. 皮亚杰"心理逻辑学"述评[J]. 湘潭大学学报(社会科学版)，1990(2).

杜维明. 儒家思想新论——创造性转换的自我[M]. 曹幼华，等，译. 南京：江苏人民出版社，1991.

方明. 西方心理学中两种文化的对立及其思考[J]. 心理学探新，2000(2).

方双虎，郭本禹. 西方心理学的两种向度——科学主义心理学与人文主义心理学[J]. 自然辩证法通讯，2011(2).

方文. 欧洲社会心理学的成长历程[J]. 心理学报，2002(6).

冯大彪，刘国权. 从类哲学看心理学的分裂与统一[J]. 山西师大学报(社会科学版)，2007(3).

傅荣，翟宏. 行为、心理、精神生态学发展研究[J]. 北京师范大学学报(人文社会科学版)，2000(5).

盖伦. 技术时代的人类心灵：工业社会的社会心理问题[M]. 何兆武，等，译. 上海：上海科技教育出版社，2003.

高峰强. 论后现代视界对科学主义心理学研究法则的超越[J]. 山东师大学报(社会科学版)，2000(4).

高华，余嘉元. 人工智能中知识获取面临的哲学困境及其未来走向[J]. 哲学动态，2006(4).

高觉敷. 西方社会心理学发展史[M]. 北京：人民教育出版社，1991.

高岚，申荷永. 中国文化与心理学[J]. 学术研究，2008(8).

高露露. 当代心理史学的变化[J]. 史学史研究，2004(3).

高新民. 广义心灵哲学论纲[J]. 华中师范大学学报(人文社会科学版)，2000(4).

葛鲁嘉. 人工智能和人类心理——J. R. Searle 的"中国屋"思想实验透视[J]. 自然辩证法研究，1994(7).

葛鲁嘉. 心理文化论要——中西心理学传统跨文化解析[M]. 大连：辽宁师范大学出版社，1995.

葛鲁嘉. 大心理学观——心理学发展的新契机与新视野[J]. 自然辩证法研

究,1995(9).

葛鲁嘉,周宁.从文化与人格到文化与自我——心理人类学研究重心的转移[J].求是学刊,1996(1).

葛鲁嘉.心理学的科学观与统一观[J].吉林大学社会科学学报,1996(3).

葛鲁嘉,陈若莉.文化困境与内心挣扎——霍妮的文化心理病理学[J].武汉:湖北教育出版社,1999.

葛鲁嘉,陈若莉.论心理学哲学的探索——心理科学走向成熟的标志[J].自然辩证法研究,1999(8).

葛鲁嘉,陈若莉.中国的文化心理与组织的管理心理[J].农金纵横,2003(4).

葛鲁嘉.追踪现代科学心理学发展的十个线索[J].心理科学,2004(1).

葛鲁嘉.心理学的五种历史形态及其考评[J].吉林师范大学学报(人文社会科学版),2004(2).

葛鲁嘉.中国本土传统心理学术语的新解释和新用途[J].山东师范大学学报(人文社会科学版),2004(3).

葛鲁嘉.对心理学方法论的扩展性探索[J].南京师大学报(社会科学版),2005(1).

葛鲁嘉.心理生活论纲——关于心理学研究对象的另类考察[J].陕西师范大学学报(哲学社会科学版),2005(2).

葛鲁嘉.类同形态的心理学总评[J].西北师大学报(社会科学版),2005(3).

葛鲁嘉.理论心理学研究的理论功能[J].山西师大学报(社会科学版),2005(4).

葛鲁嘉.哲学形态的心理学考评——心理学的五种历史形态考察之二[J].河北师范大学学报(教育科学版),2005(4).

葛鲁嘉.新心性心理学的理论建构——中国本土心理学理论创新的一种新世纪的选择[J].吉林大学社会科学学报,2005(5).

葛鲁嘉.心理环境论说——关于心理学对象环境的重新理解[J].陕西师范大学学报(哲学社会科学版),2006(1).

葛鲁嘉.对心理学研究中环境的理解[J].人文杂志,2007(5).

葛鲁嘉.新心性心理学宣言——中国本土心理学原创性理论建构[M].北京:人民出版社,2008.

葛鲁嘉.心理学研究的生态学方法论[J].社会科学研究,2009(2).

葛鲁嘉.心理学与相关学科的关系探讨[J].吉林大学社会科学学报,2009(5).

葛鲁嘉.心理资源论析——心理学的历史、现实和未来的形态[M].北京:中国社会科学出版社,2010.

葛鲁嘉.文化心理学的多重含义与多元取向[J].阴山学刊,2010(4).

葛鲁嘉.从心理环境的建构到生态共生原则的创立[J].南京师大学报(社会科学版),2011(5).

葛鲁嘉.心理成长论本——超越心理发展的新心性心理学主张[M].北京:人民出版社,2012.

葛鲁嘉.心理学演进的当代思想潮流[J].陕西师范大学学报(哲学社会科学版),2012(2).

桂诗春.应用语言学和认知科学[J].语言文字应用,1993(3).

郭本禹.当代心理学的新进展[M].济南:山东教育出版社,2003.

郭斯萍.从方法决定论到对象决定论——试论21世纪心理学的发展方向[M]//杨鑫辉.心理学探新论丛.南京:南京师范大学出版社,2000.

郭勇健.艺术学的学科性质与发展前景[J].中山大学学报(社会科学版),2007(2).

郭永玉.论物理学作为心理学的榜样[J].教育研究与实验,2002(4).

郭子仪.《孙子兵法》管理心理学思想研究[J].心理学报,2000(3).

哈瑞.认知科学哲学导论[M].魏屹东,译.上海:上海科技教育出版社,2006.

韩立敏.心理学分裂的危机及整合的道路[J].河北师范大学学报(教育科学版),2001(4).

韩忠太,张秀芬.学科互动:心理学与文化人类学[J].云南社会科学,2002(3).

韩忠太.心理人类学的三大来源[J].云南民族大学学报(哲学社会科学版),2008(4).

衡孝庆.心理技术的哲学反思[J].自然辩证法通讯,2012(4).

侯阿冰,张进辅.民族价值观的心理学视角[J].中央民族大学学报(哲学社会科学版),2006(5).

胡波. 试论历史心理学及其研究对象[J]. 学习与探索,1988(2).

胡玉华. 脑科学及其研究进展[J]. 北京教育学院学报,2000(1).

皇甫刚,朱莉琪. Vernon Smith 开创的实验经济学及其对心理学研究的启示[J]. 心理科学进展,2003(3).

黄欣荣. 科学还原论及其历史功过[J]. 江西财经大学学报,2008(4).

黄同,曾永成. 论心理美学的价值追求和生态观念——马斯洛心理学价值论对文艺心理研究的启示[J]. 成都大学学报(社会科学版),1997(4).

黄正华. 论个别性与主观性——人文科学方法论刍议[J]. 华南理工大学学报(社会科学版),2005(5).

霍涌泉. 后现代主义能否为心理学提供新的精神资源[J]. 南京师大学报(社会科学版),2004(2).

纪海英. 文化与心理学的相互作用关系探析[J]. 南京师大学报(社会科学版),2007(4).

蒋京川. 文化与人格研究:历史、现状与未来趋向[J]. 国外社会科学,2005(5).

蒋述卓. 佛教心性论对古代文艺创作心理学的启示[J]. 学术研究,1992(1).

蒋逸民. 作为一种新的研究形式的超学科研究[J]. 浙江社会科学,2009(1).

金薇吟. 学科交叉方法探析[J]. 科学学研究,2006(5).

金哲. 论当代交叉学科[J]. 上海社会科学院学术季刊,1994(3).

荆其诚. 现代心理学发展趋势[M]. 北京:人民出版社,1990.

柯泽. 中国本土传播心理学理论建设的路径和方法[J]. 社会科学战线,2011(3).

况志华,叶浩生. 当代西方心理学的三种新取向及其比较[J]. 心理学报,2005(5).

雷江华. 我国教育学与心理学关系的历史考察[J]. 河北师范大学学报(教育科学版),2009(3).

李炳全. 对后现代主义反主流心理学整合观的理性思考[J]. 山东师范大学学报(人文社会科学版),2003(4).

李炳全,叶浩生. 文化心理学的基本内涵辨析[J]. 心理科学,2004(1).

李春景,刘仲林. 现代科学发展学科交叉模式探析——一种学科交叉模式的分析框架[J]. 科学学研究,2004(3).

李虹.发展心理学领域中的交叉学科[J].北京师范大学学报(社会科学版),1992(1).

李欢喜.多维学科视野下的艺术研究[J].内蒙古大学艺术学院学报,2006(4).

李静.民族认知结构研究的心理学取向[J].民族研究,2004(6).

李静.民族心理学跨文化研究及其等值确定[J].广西民族研究,2007(3).

李其维."认知革命"与"第二代认知科学"刍议[J].心理学报,2008(12).

李秦秦.利己还是利他——索博-威尔逊的利他主义进化模型[J].自然辩证法研究,2005(11).

李树.行为经济学的理论框架及其评析[J].探索,2003(5).

李薇,徐联仓.混沌现象及其在生理心理系统中的意义(一)[J].心理学报,1987(3).

李薇,徐联仓.混沌现象及其在生理心理系统中的意义(二)[J].心理学报,1987(4).

李维武.什么是人文科学[J].武汉大学学报(哲学社会科学版),1999(4).

李喜先.论交叉科学[J].科学学研究,2001(1).

李小平.非线性科学及其在心理学中的应用[J].南京师大学报(社会科学版),2005(2).

李醒民.科学的形而上学基础:科学预设[J].学术界,2008(2).

李醒民.科学方法的特点[J].湖南社会科学,2009(1).

李醒民.必要的张力:在科学的客观性和主观性之间[J].社会科学战线,2009(3).

李亚宁.关于人工智能极限研究的哲学问题[J].四川大学学报(哲学社会科学版),1999(6).

李原,等.组织中的心理契约[J].心理科学进展,2002(1).

李永鑫,赵剑.进化:组织行为学研究的新视角[J].华东师范大学学报(教育科学版),2009(1).

李仲涟.耗散结构论与心理学[J].湖南师范大学社会科学学报,1989(5).

郦全民.科学哲学与人工智能[J].自然辩证法通讯,2001(2).

林崇德,等.计算机与智力心理学[M].杭州:浙江人民出版社,1996.

林方.心灵的困惑与自救[M].沈阳:辽宁人民出版社,1989.

林丽,张建新.人际信任研究及其在组织管理中的应用[J].心理科学进展,2002(3).

林之达.关于学科资格确认的依据——以传播心理学为例[J].社会科学研究,2006(3).

林之达.传播学与心理学融合研究的探索与展望[J].西南民族大学学报(人文社科版),2007(11).

林之达.传播与心理的关系考察[J].西南民族大学学报(人文社科版),2009(9).

林之达.传播心理学基础理论探讨[J].南通大学学报(社会科学版),2011(1).

刘长江,李纾.神经经济学:迈向脑科学的决策科学[J].心理科学,2007(2).

刘畅."心理事实"与"心理新闻"[J].天津师范大学学报(社会科学版),2010(4).

刘畅."新闻心理"与"心理新闻"——对待新闻学与心理学关系的另一种思路[J].南京社会科学,2010(5).

刘淳松.心理学视野中的传播学研究[J].云梦学刊,2008(5).

刘大椿,潘睿.人文社会科学的分化与整合[J].中国人民大学学报,2009(1).

刘国权.试析自然科学对心理学的影响[J].松辽学刊(社会科学版),1993(3).

刘鹤玲.世纪之交的科学方法论:20世纪80年代以来科学方法论的新发展[J].华中师范大学学报(自然科学版),2006(4).

刘鸿翔.还原论、整体论与融贯论——复杂性科学方法论之认识[J].长沙理工大学学报(社会科学版),2008(2).

刘家强,王米渠.中医心理学与现代心理学的结合[J].中华中医药学刊,2008(3).

刘将,葛鲁嘉.神经精神分析学的兴起与展望[J].西北师大学报(社会科学版),2010(3).

刘将,葛鲁嘉.文化对知觉及其神经机制的影响:来自文化神经科学的证据[J].山东师范大学学报(人文社会科学版),2011(5).

刘金平. 试论后现代主义思潮与后现代心理学[J]. 河南大学学报,2003(5).

刘京林. 传播心理学研究的再思考[J]. 现代传播,2008(2).

刘俊升,桑标. 发展认知神经科学研究述评[J]. 心理科学,2007(1).

刘霓. 跨学科研究的发展与实践[J]. 国外社会科学,2008(1).

刘婷,陈红兵. 生态心理学研究述评[J]. 东北大学学报(社会科学版),2002(2).

刘晓红,卜卫. 大众传播心理研究[M]. 北京:中国广播电视出版社,2001.

刘晓陵,等. 行为遗传学研究之新进展[J]. 心理学探新,2005(2).

刘学兰. 论马斯洛的问题中心原则[J]. 心理学探新,1992(4).

刘宗发. 心理学是一门意识科学——心理学学科性质新论[J]. 湖南师范大学教育科学学报,2007(4).

龙立荣,等. 社会认知职业理论与传统职业理论比较研究[J]. 心理科学进展,2002(2).

鲁直,陈卓浩. 两个傲慢绅士的握手——从传统经济学的困境到经济心理学的新地平[J]. 社会观察,2005(3).

陆佳芳,等. 工作家庭冲突的初步研究[J]. 应用心理学,2002(2).

吕晓峰. 环境心理学:内涵、理论范式与范畴述评[J]. 福建师范大学学报(哲学社会科学版),2011(3).

吕晓峰. 环境心理学的兴起:心理学研究视域转换与当代价值[J]. 哲学动态,2011(4).

罗平,张雁军. 民族认同的心理学研究述评与展望[J]. 上海师范大学学报(哲学社会科学版),2011(1).

马广海. 论社会心态:概念辨析及其操作化[J]. 社会科学,2008(10).

马前锋,孔克勤. 文化与人格:心理人类学的解释[J]. 心理科学,2007(6).

马斯洛. 科学中的问题中心与方法中心[M]//动机与人格. 许金声,等,译. 北京:华夏出版社,1987.

马小茹. "共生理念"的提出及其概念界定[J]. 经济研究导刊,2011(4).

马怡,翟学伟. 社会学的社会心理学:研究取向及其现状[J]. 内蒙古社会科学,2003(3).

孟维杰. 心理学文化品性分析:心理学性质重新解读[J]. 山东师范大学学报(人文社会科学版),2007(1).

孟维杰.从科学划界看心理学划界的深层思考[J].科学技术与辩证法，2007(1).

孟维杰.关联与互动：20世纪的科学心理学与分析哲学[J].心理学探新，2007(3).

孟维杰.现代心理学自然科学品性探析[J].南京师大学报(社会科学版)，2007(5).

孟维杰.心理学与人文精神——心理学隐喻文化分析[J].心理科学，2010(2).

米德.文化与承诺[M].周晓虹，等，译.保定：河北人民出版社，1987.

苗丹民.军事心理学研究[J].心理科学进展，2006(2).

苗丹民.军事心理学与军事心理学研究[J].第四军医大学学报，2004(22).

莫阿卡西.荣格心理学与西藏佛教[M].江亦丽，等，译.北京：商务印书馆，1994.

潘昱辰，张海钟.系统科学观指导下心理学学科性质观点综述与理论剖析[J].内蒙古师范大学学报(教育科学版)，2009(7).

彭彦琴.文艺心理学的研究出路：三位一体的研究模式[J].江西师范大学学报(哲学社会科学版)，2002(3).

彭彦琴.另一种声音：现代新儒学与中国人文主义心理学[J].心理学报，2007(4).

彭彦琴，胡红云.现象学心理学与佛教心理学——研究对象与研究方法之比较[J].南京师大学报(社会科学版)，2010(4).

彭彦琴，胡红云.内证：中国人文主义心理学之独特研究方法[J].自然辩证法通讯，2012(2).

彭运石.心理学的整合视野[J].湖南师范大学教育科学学报，2002(1).

彭兆荣.人文科学方法论[J].教育文化论坛，2010(6).

齐振海，高波.第三代认知科学视域下的语言神经模拟研究[J].北京第二外国语学院学报，2009(8).

钱中文.人文学科方法论问题刍议[J].南京大学学报(哲学·人文科学·社会科学)，2009(3).

邱梦华.从“小科学”到“大科学”——科学中立吗[J].科学·经济·社会，2003(2).

荣晓华.心理学对经济学的现实贡献[J].财经问题研究,2004(10).

萨伽德.认知科学导论[M].朱菁,译.合肥:中国科学技术大学出版社,1999.

沙莲香.关于社会心理学学科性质的思考[J].社会心理科学,2006(1).

商卫星.脑科学与心理学研究[J].医学与哲学(人文社会医学版),2007(1).

邵华,葛鲁嘉,吕晓峰.应对研究中的生态学思想述评[J].心理与行为研究,2012(1).

邵迎生.话语心理学的发生及基本视域[J].南京大学学报(哲学·人文科学·社会科学),2000(5).

申丹娜.大科学与小科学的争论评述[J].科学技术与辩证法,2009(1).

申荷永.充满张力的生活空间——勒温的动力心理学[M].武汉:湖北教育出版社,1999.

申荷永,高岚.《易经》与中国文化心理学[J].心理学报,2000(3).

申荷永.心理环境与环境心理分析——关于可持续发展的心理学思考[J].学术研究,2005(11).

沈德立.关于大脑左右半球功能及其协调开发[J].天津师大学报(社会科学版),1998(4).

沈杰.论心理学取向的社会心理学[J].思想战线,1992(4).

沈杰.社会心理学中两种研究取向的历史作用及其综合趋势[J].社会科学辑刊,1996(3).

沈杰.两种不同研究倾向的社会心理学[M]//乐国安,沈杰.社会心理学理论.兰州:兰州大学出版社,1997.

沈杰.关于两种不同取向的社会心理学的理论研究综述[M]//李培林,覃方明.社会学——理论与经验(第1辑).北京:社会科学文献出版社,2005.

沈学君,高新民.试论认识心灵的三次范式转换[J].福建论坛(人文社会科学版),2004(2).

盛晓明,项后军.从人工智能看科学哲学的创新[J].自然辩证法研究,2002(2).

时勘,等.管理心理学的现状与发展趋势[J].应用心理学,2001(2).

史莉洁,李光玉.走向"共生"——人与自然,人与人的生存哲学[J].华中农业大学学报(社会科学版),2006(1).

史密斯. 超越模块性：认知科学的发展观[M]. 缪小春，译. 上海：华东师范大学出版社，2001.

史文芬. 心灵的还原[J]. 福建论坛(人文社会科学版)，2006(3).

宋兴川. 对科学精神影响心理学发展的思考[J]. 青海师范大学学报(哲学社会科学版)，2001(2).

苏得权. 实用主义视域下心理学的多元化[J]. 心理学探新，2011(3).

孙革. 还原论思维方式的终结[J]. 哈尔滨师范大学自然科学学报，1995(1).

孙小礼. 科学方法论的一个研究提纲[J]. 哲学研究，2001(2).

索拉索. 21世纪的心理科学与脑科学[J]. 朱滢，等，译. 北京：北京大学出版社，2002.

唐虹. 体验的阐释与二度阐释——“文艺心理学”课程之纲[J]. 广西师范学院学报(哲学社会科学版)，2010(3).

唐军华，等. 国外军事心理学研究现状分析[J]. 心理科学，2011(5).

唐磊. 理解跨学科研究：从概念到进路[J]. 国外社会科学，2011(3).

唐薇，孔克勤. 呼唤多元的心理学研究[J]. 心理科学，2002(1).

唐炎钊，陆伟. 国外跨文化管理研究及其启示[J]. 管理前沿，2005(5).

滕守尧. 欧美二十世纪心理美学概述[J]. 西北师大学报(社会科学版)，1982(1).

田浩. 从哲学到科学：文化取向心理学的历史演进[J]. 山东师范大学学报(人文社会科学版)，2008(2).

田平. 物理主义框架中的心和“心的理论”——当代心灵哲学本体和理论层次研究述评[J]. 厦门大学学报(哲学社会科学版)，2003(6).

田新华. 经济全球化背景下管理心理学研究新视野[J]. 哈尔滨工业大学学报(社会科学版)，2004(5).

童辉杰. 广义的诠释论与统一的心理学[J]. 南京师大学报(社会科学版)，2000(4).

瓦西留克. 体验心理学[M]. 黄明，等，译. 北京：中国人民大学出版社，1989.

万明钢，李艳红，崔伟. 美国民族心理学研究的发展历史[J]. 民族教育研究，2006(6).

汪云九，等. 意识的计算神经科学研究[J]. 科学通报，2001(13).

汪云九，杨玉芳，等. 意识与大脑——多学科研究及其意义[M]. 北京：人民出版社，2003.

王波. 政治经济学语境中的心理学刍议[J]. 国外社会科学，2010(5).

王德亮. 心理学传统在语言学中的嬗变[J]. 广西社会科学，2007(12).

王海英. 犯罪青少年心理健康的家庭生态系统研究[M]. 长春：东北师范大学出版社，2010.

王辉. 心理学与经济学的交叉与渗透[J]. 心理科学进展，2003(3).

王力娟，张大均. 当代教育心理学研究的多元取向及发展趋势[J]. 中国教育学刊，2007(2).

王润平. 运动心理学研究现状及发展评述[J]. 广州大学学报(社会科学版)，2005(3).

王深. 体育心理学研究对象新探[J]. 福建师范大学学报(哲学社会科学版)，2000(3).

王续琨. 交叉学科、交叉科学及其在科学体系中的地位[J]. 自然辩证法研究，2000(1).

王英. 儒医理论与心身疾病治疗[M]. 长春：吉林大学出版社，2007.

王蔚. 社会科学方法论研究评述[J]. 求索，2006(3).

威尔逊. 社会生物学：新的综合[M]. 毛盛贤，等，译. 北京：北京理工大学出版社，2008.

威廉姆斯. 理论心理学探索[M]//杨鑫辉. 心理学探新论丛(第1辑). 俞蕾，等，编译. 南京：南京师范大学出版社，1998.

魏景汉，等. 认知神经科学基础[M]. 北京：人民教育出版社，2008.

文洪朝. 跨学科研究——当今科学发展的显著特征[J]. 西北工业大学学报(社会科学版)，2007(2).

吴飞驰. 关于共生理念的思考[J]. 哲学动态，2000(6).

吴海江，等. 21世纪将出现"大化学"时代——关于化学未来地位、作用的展望[J]. 科技导报，1998(10).

吴胜锋，高新民. 当代脑科学中的新二元论[J]. 自然辩证法研究，2009(7).

吴晓东. 简论中国民俗文化的心理结构[J]. 锦州师范学院学报，2003(3).

吴维民. 横向科学研究[J]. 社会科学，1987(1).

吴维民，林永寿. 关于横向科学的体系及其方法论[J]. 社会科学研究，

1987(1).

吴宗宪. 当代美英法律心理学研究概况[J]. 心理学报,1991(2).

吴宗宪. 欧洲大陆法律心理学的主要研究领域[J]. 心理科学,1998(1).

夏金华,朱永新. 墨家人力资源管理心理思想及其现代意义[J]. 心理学报,2001(4).

夏学銮. 整合社会心理学发微[J]. 北京大学学报(哲学社会科学版),1998(4).

肖明华. 思维方式·问题阐释·人文批判——当代人文学科的研究方法论[J]. 前沿,2011(5).

肖志翔. 生态心理学思想反思[J]. 太原理工大学学报(社会科学版),2004(1).

谢晓非,徐联仓. 企业人事培训的理论化问题[J]. 应用心理学,2002(3).

邢润川,孔宪毅. 自然科学方法论与自然科学史方法论比较[J]. 科学技术与辩证法,2005(3).

熊哲宏. 认知科学导论[M]. 武汉:华中师范大学出版社,2002.

熊哲宏,杨慧. 是认知心理学,还是进化史——论"进化心理学"研究方法的内在矛盾[J]. 华中师范大学学报(人文社会科学版),2003(4).

熊志军. 试论小科学与大科学的关系[J]. 科学学与科学技术管理,2004(12).

徐碧波. 心理学的文化背景——人类学对心理学的影响[J]. 湖北大学学报(哲学社会科学版),1991(1).

徐冰. 心理学与社会学之间的诠释学进路[J]. 中国农业大学学报(社会科学版),2007(3).

徐冬英. 心理学的分裂与统一研究述评[J]. 徐州师范大学学报(哲学社会科学版),2005(5).

徐奉臻. 群体心理历史学探微[J]. 求是学刊,1993(4).

徐家宁. 浅论边缘学科[J]. 天津师大学报(自然科学版),1988(1).

徐黎丽. 论"民族心理"与"民族共同心理素质"的关系[J]. 广西民族研究,2002(3).

徐黎丽. 关于民族心理学研究的几个问题[J]. 民族研究,2002(6).

薛灿灿,叶浩生. 话语分析与心理学研究的对话探析[J]. 心理学探新,

2011(4).

薛灿灿,叶浩生.具身社会认知:认知心理学的生态学转向[J].心理科学,2011(5).

严国红,高新民.还原论概念的多维诠释[J].广西社会科学,2007(8).

严由伟,叶浩生.数学心理观:21世纪心理本质观的新解读[J].心理科学,2003(2).

严由伟,叶浩生.论数学心理观的科学基础[J].西北师大学报(社会科学版),2003(2).

炎冰,宋子良."交叉学科"概念新解[J].科学技术与辩证法,1996(4).

阳志平,时勘,王薇.试评卡尼曼经济心理学研究及其影响[J].心理科学,2003(4).

杨慧芳,郭永玉,钟年.文化与人格研究中的几个问题[J].心理学探新,2007(1).

杨杰,等.心理契约破裂与违背刍议[J].暨南学报(哲学社会科学版),2003(2).

杨菊贤,等.行为医学学科发展与展望[J].中国行为医学科学,2005(8).

杨莉萍.从跨文化心理学到文化建构主义心理学——心理学中文化意识的衍变[J].心理科学进展,2003(2).

杨莉萍.当代西方社会心理学的危机与文化转向[M]//叶浩生.西方心理学研究新进展.北京:人民教育出版社,2003.

杨文登,叶浩生.论心理学中的还原论[J].心理学探新,2008(2).

杨文登,叶浩生.心理学中的生物决定论探析[J].自然辩证法通讯,2009(1).

杨宜音.个体与宏观社会的心理关系:社会心态概念的界定[J].社会学研究,2006(4).

杨永福,等."交叉科学"与"科学交叉"特征探析[J].科学学研究,1997(4).

杨玉芳,孙健敏.心理学的学科体系和方法论及其发展趋势[J].中国科学院院刊,2011(6).

杨中芳.传统文化与社会科学结合之实例:中庸的社会心理学研究[J].中国人民大学学报,2009(3).

姚介厚."后现代"问题和后现代主义的哲学与文化[J].国外社会科学,

2001(5).

姚梅林.教育心理学的整合与超越[J].北京师范大学学报(社会科学版),2005(6).

叶海燕.人格研究的生物学取向述评[J].南京师大学报(社会科学版),1999(6).

叶浩生.心理学的分裂与心理学的统一[J].心理科学,1997(5).

叶浩生.论理论心理学的概念、性质与作用[M]//杨鑫辉.心理学探新论丛(第1辑).南京:南京师范大学出版社,1998.

叶浩生.思维方式的转变与心理学的整合[J].南京师大学报(社会科学版),1999(1).

叶浩生.西方心理学中两种文化的分裂及其整合[J].心理学报,1999(3).

叶浩生.再论心理学的分裂与整合[J].心理学探新,2000(2).

叶浩生.试论社会心理学的自然科学观及其转变[J].自然辩证法通讯,2000(4).

叶浩生.西方心理学的分裂与整合主义的困境[J].南京师大学报(社会科学版),2002(4).

叶浩生.有关西方心理学分裂与整合问题的再思考[J].心理学报,2002(4).

叶浩生.论心理学的分裂与整合[J].陕西师范大学学报(哲学社会科学版),2002(6).

叶浩生.西方心理学研究新进展[M].北京:人民教育出版社,2003.

叶浩生.西方心理学中的现代主义、后现代主义及其超越[J].心理学报,2004(2).

叶浩生.有关西方心理学中生物学化思潮的质疑与思考[J].心理科学,2006(3).

叶浩生.当代心理学的分裂与学科的多元化整合[J].社会科学,2011(7).

易芳,郭本禹.心理学研究的生态学取向[J].江西社会科学,2003(11).

易芳.生态心理学之背景探讨[J].内蒙古师范大学学报(教育科学版),2004(12).

易芳.生态心理学之界说[J].心理学探新,2005(2).

易芳,俞宏辉.生态心理学——心理学研究模式的转向[J].心理学探新,2008(1).

尹可丽. 族群社会心理：民族心理学研究对象[J]. 贵州民族研究，2006(4).

咏枫. 艺术心理学的学科定位[J]. 文艺研究，1990(3).

余嘉元，田金亭，朱强忠. 计算智能在心理学中的应用[J]. 山东大学学报(工学版)，2009(1).

余小茅. 试论心理学研究的人文视野[J]. 心理科学，2004(3).

俞国良，刘聪慧. 独立或整合：社会认知神经科学对社会心理学的影响与挑战[J]. 中国人民大学学报，2009(3).

俞文钊，贾咏. 共同管理文化的新模式及其应用[J]. 应用心理学，1997(1).

袁汪洋. 社会科学方法论的困境与出路——从社会科学方法与自然科学方法比较的角度[J]. 天府新论，2004(5).

乐国安. 中国社会心理学研究进展[M]. 天津：天津人民出版社，2004.

乐国安，管健. 混沌理论研究对心理学研究的介入[J]. 自然辩证法通讯，2005(1).

曾永志. 元科学探讨的历史演变——超越预设主义与相对主义[J]. 东北大学学报(社会科学版)，2010(6).

翟学伟. 中国人际关系的特质——本土的概念及其模式[J]. 社会学研究，1993(4).

翟学伟. 中国人社会行动的结构——个人主义和集体主义的终结[J]. 南京大学学报(哲学·人文科学·社会科学)，1998(1).

翟学伟，耿柳娜. 中国心理学研究热点与趋势分析[J]. 重庆大学学报(社会科学版)，2009(2).

张帆. 人类学与社会心理学的结合：玛格丽特·米德之文化决定论综述[J]. 社会科学评论，2007(3).

张锋，沈模卫，徐梅. 社会认知神经科学：取向、研究与未来方向[J]. 西北师大学报(社会科学版)，2004(3).

张凤琴，王庭照，方俊明. 生态学视野下的现代认知心理学研究[J]. 陕西师范大学学报(哲学社会科学版)，2006(1).

张光曦，钟建安. 心理学和经济学的相互作用[J]. 社会心理科学，2004(5).

张广保. 金元全真道内丹心性学[M]. 北京：生活·读书·新知三联书店，1995.

张广智. 心理史学在东西方的双向互动与回响[J]. 学术月刊，2002(12).

张华夏.兼容与超越还原论的研究纲领——理清近年来有关还原论的哲学争论[J].哲学研究,2005(7).

张巨青.现代西方科学方法论发展的趋势[J].华南师范大学学报(社会科学版),1997(6).

张坤,李其维.遗传与环境的相关及交互作用分析——兼评行为遗传学研究方法的新进展[J].心理学探新,2006(2).

张玲.心理逻辑经典实验的认知思考——认知科学背景下逻辑学与心理学的融合发展[J].自然辩证法研究,2011(11).

张敏,聂长久."思考社会"的心理学理论——论莫斯科维奇的社会表征理论[J].学术论坛,2007(4).

张明根.交叉学科、跨学科研究及其启示[J].国际关系学院学报,1994(1).

张平.国外政治心理学研究的现状与展望[J].心理科学,2004(6).

张平,李静,胡利.构建我国政治心理学学科体系的思考[J].沈阳工程学院学报(社会科学版),2008(1).

张荣翼,李澜.文艺心理学阐释的两极:创作与接受[J].中南民族大学学报(人文社会科学版),2005(5).

张世富.民族心理学研究内容、任务及方法[J].安阳师范学院学报,2005(1).

张曙光.社会表征理论述评——一种旨在整合心理与社会的理论视角[J].国外社会科学,2008(5).

张婷,张伟.现代物理学与当代心理学[J].临沂师范学院学报,2007(3).

张文生.认识人类历史活动的新视角——心理史学评估[J].内蒙古师大学报(哲学社会科学版),1995(4).

张小林,戚振江.组织公民行为理论及其应用研究[J].心理学动态,2001(4).

张勇,杨凯.环境科学的思想发展史[J].环境导报,1999(3).

张永宏.论"人文科学"的学科定位[J].云南社会科学,2005(5).

张云台.人工智能及其前景的哲学思考[J].科学技术与辩证法,1995(6).

张掌然.人文科学方法论问题研讨综述[J].武汉大学学报(哲学社会科学版),1996(3).

章清.传统:由"知识资源"到"学术资源"——简析20世纪中国文化传统的失落及其成因[J].中国社会科学,2004(4).

章士嵘. 认知科学导论[M]. 北京：人民出版社，1992.

赵晶. 整合的前景：进化心理学及其分支[J]. 宁波大学学报(教育科学版)，2010(3).

赵欣，赵西萍，周密，徐海波. 组织行为研究的新领域：积极行为研究述评及展望[J]. 管理学报，2011(11).

郑伯埙. 企业组织中上下属的信任关系[J]. 社会学研究，1999(2).

郑红. 试论心理学研究中科学主义与人文主义的冲突与趋合[J]. 江西师范大学学报(哲学社会科学版)，1997(2).

郑建君. 政治心理学研究的基本内容、方法与发展趋向[J]. 政治学研究，2011(4).

郑剑虹. 历史学与心理学的结合[J]. 社会科学，1997(5).

郑剑虹. 作为心理学学科的历史心理学[J]. 湛江师范学院学报，2006(4).

植凤英，张进辅. 我国民族心理学研究的困境及出路[J]. 心理学探新，2008(1).

钟建安，张光曦. 进化心理学的过去和现在[J]. 心理科学进展，2005(5).

钟年. 论传播心理学的几个基本问题——一种开放社会学的视角[J]. 现代传播，2008(2).

钟年. 中文语境下的“心理”和“心理学”[J]. 心理学报，2008(6).

周兵. 心理与心态——论西方心理历史学两大主要流派[J]. 复旦学报(社会科学版)，2001(6).

周国梅，荆其诚. 心理学家获 2002 年诺贝尔经济学奖[J]. 心理科学进展，2003(1).

周宁，葛鲁嘉. 常识话语形态的心理学[J]. 辽宁师范大学学报(社会科学版)，2004(1).

周宁. “我与你”的心理学——心理学的三种话语形态[J]. 南京师大学报(社会科学版)，2004(4).

周宁. 独白的心理学与对话的心理学——心理学的两种话语形态[M]. 昆明：云南大学出版社，2005.

周宁，刘将. 心理学的“语言转向”考评[J]. 内蒙古师范大学学报(哲学社会科学版)，2007(5).

周维刚. 论还原方法与还原论[J]. 系统辩证学学报，2005(1).

周晓虹.论文化人类学对社会心理学的历史贡献[J].社会学研究,1987(5).

周晓虹.现代社会心理学——社会学、心理学和文化人类学的综合探索[M].南京:江苏人民出版社,1991.

周晓虹.现代社会心理学的危机——实证主义、实验主义和个体主义批判[J].社会学研究,1993(3).

周晓虹.社会科学方法论的若干问题[J].南京社会科学,2011(6).

周星,林清胜.交叉学科研究的典范:实验经济学和行为经济学[J].经济学家,2004(3).

周作明.民俗心理窥探[J].广西民族研究,1990(4).

朱宝荣.计算机模拟:一种探索心理机制的现代方法[J].心理科学.2003(5).

朱海燕,张锋.作为自然科学的心理学的困境[J].云南师范大学学报(教育科学版),2000(5).

朱红文.人文科学的地位及其方法论问题的提出[J].求索,1994(4).

朱红文.论人文科学的性质和特征[J].天津社会科学,1994(6).

朱红文.社会科学与人文科学的关系论略[J].广东社会科学,2001(3).

朱红文,冯周卓.社会科学方法论研究的意义和视角[J].求索,2003(5).

朱红文,刘桂荣,金梦兰.人文科学的合法性及其文化意义[J].浙江社会科学,2005(2).

朱孝远.现代历史心理学的产生和发展[J].历史研究,1989(3).

朱新秤,焦书兰.进化社会心理学的理论、研究及其意义[J].华中理工大学学报(社会科学版),1999(2).

朱新秤.进化心理学[M].上海:上海教育出版社,2006.

朱新明,李亦菲.架设人与计算机的桥梁——西蒙的认知与管理心理学[M].武汉:湖北教育出版社,1999.

朱滢,杨治良,等.当代心理学研究[M].北京:北京大学出版社,1993.

邹顺宏.物理主义:从方法到理论[J].自然辩证法研究,2007(12).

二、英文部分

Baars, B. J. *The Cognitive Revolution in Psychology*. New York: The Guilford Press, 1986.

Baars, B. J. *In the Theater of Consciousness*. New York: Oxford University

Press, 1997.

Beit-Hallahmi, B. & Argyle, M. *The Psychology of Religious Behaviour, Belief and Experience*. London: Routledge, 1997.

Bem, S. & Looren de Jone, H. *Theoretical Issues in Psychology: An Introduction*. London: Sage Publications, 2006.

Botterill, G. & Carruthers, P. *The Philosophy of Psychology*. Cambridge, MA: Cambridge University Press, 1999.

Brdar, I(Ed.). *The Human Pursuit of Well-Being: A Cultural Approach*. New York: Springer, 2011.

Buss, D. M. & Kenrick, D. T. Evolutionary social psychology. In S. T. Gilbert(Ed.), *The Handbook of Social Psychology*. New York: McGraw-Hill, 1998.

Chemero, A. *Radical Embodied Cognitive Science*. Cambridge, MA: The MIT Press, 2009.

Crisp, R. J. (Ed.). *The Psychology of Social and Cultural Diversity*. Wiley-Blackwell, 2010.

Doherly, M. *Theory of Mind: How Children Understand Others' Thoughts and Feelings*. East Sussex: Psychology Press, 2009.

Fave, A. D., Massimini, F., & Bassi, M. *Psychological Selection and Optimal Experience across Cultures*. New York: Springer, 2011.

Franklin, S. S. *The Psychology of Happiness: A Good Human Life*. New York: Cambridge University Press, 2010.

Garbarino, J. *The Positive Psychology of Personal Transformation*. New York: Springer, 2011.

House, J. S. The Three Faces of Social Psychology. *Sociometry*, 1997, 40(2).

Johnson, D. M. & Erneling, C. E. *The Future of the Cognitive Revolution*. New York: Oxford University Press, 1997.

Kim, U., Yong, K. S., & Hwang, K. K. *Indigenous and Cultural Psychology: Understanding People in Context*. New York: Springer, 2006.

Neisser, U. The Future of Cognitive Science: An Ecological Analysis. In

D. M. Johnson & C. Emeling(Ed.), *The Future of the Cognitive Revolution*. New York: Oxford University Press, 1997.

Newell, A. & Simon, H. A. Computer Science as Empirical Inquiry: Symbols and Search. In M. A. Boden (Ed.), *The Philosophy of Artificial Intelligence*. Oxford University Press, 1990.

Oppenheimer, R. Analogy in Science. *American Psychologist*, 1956 (11).

Paranjpe, A. C. *Theoretical Psychology: The Meeting of East and West*. New York: Plenum, 1984.

Podsakoff, P. M. et al. Organizational Citizenship Behaviors: A Critical Review of the Theoretical and Empirical Literature and Suggestions for Future Research. *Journal of Management*, 2000(3).

Rescher, N. *Common-Sense: A New Look at an Old Philosophical Tradition*. Milwaukee: Marquette University Press, 2005.

Searle, J. R. Minds, Brains, and Programs. *Behavioral and Brain Science*, 1980 (3).

Sober, E. & Wilson, D. S. *Unto Others: The Evolution and Psychology of Unselfish Behavior*. Cambridge, MA: Harvard University Press, 1999.

Sperry, R. W. Psychology's Mentalist Paradigm and the Religion/Science Tension. *American Psychologist*, 1988(8).

Staats, A. W. Unified Positivism and Unification Psychology. *American Psychologist*, 1991(9).

Strongman, K. T. *The Psychology of Emotion: From Everyday Life to Theory*. John Wiley & Sons Inc., 2003.

Tien-Lun Sun, C. *Themes in Chinese Psychology*. Singapore: Cengage Learning, 2008.

Turing, A. M. Computing Machinery and Intelligence. *Mind*, 1950 (59).

Turner, M. (Ed.). *The Artful Mind: Cognitive Science and the Riddle of Human Creativity*. New York: Oxford University Press, 2006.

Varela, F. J., Thompson, E., & Rosch, E. *The Embodied Mind: Cognitive Science and Human Experience*. Cambridge, MA: The MIT Press, 1991.

Ward, C., Bochner, S. & Furnham, A. *The Psychology of Culture Shock*. New York: Routledge, 2001.

Wilber, K. *No Boundary: Eastern and Western Approaches to Personal Growth*. Boston, MA: Shambhala Publications, 1979.

后　记

类同形态的心理学是我在“心理学形态研究系列”中界定的一种特定形态的心理学，原来在学术界并没有这样的表述。我在自己关于心理学的理论研究中发现，不同的学科分支的学术研究中蕴含着心理学研究内容。这对于心理学研究来说，是非常重要且不容忽视的心理学的探索。

当然，要想把这一类心理学研究分离和集合起来，特别是要将不同学科分支研究中的心理学内容都抽取出来，并且将其在类同形态的心理学这一特定框架里加以系统阐述，无疑是一个极大的挑战。通过很长时间的持续关注、日积月累的探索、集中精力的研究写作，我最终还是完成了这部学术专著。这部学术著作在“心理学形态研究系列”的六部学术专著中(《常识形态的心理学——心理学的生活形态和日常存在》《哲学形态的心理学——哲学心理学与心理学哲学》《宗教形态的心理学——宗教传统和研究的心理学智慧》《类同形态的心理学——不同科学门类中的心理学探索》《科学形态的心理学——心理学的科学追求与科学身份》和《资源形态的心理学——心理资源的基本性质与核心内涵》)排在第四序位。

因为类同形态的心理学是分散在不同学科门类中的与心理学有关的研究，要想对这样零散的研究加以完整梳理和系统阐述，并不是一件容易的工作。特别是大量的分支学科，涉及自然科学、社会科学、人文科学等一系列的不同的科学门类，有许多都不是自己熟悉和了解的学科门类，研究和写作的难度可想而知。

但是，这样的研究工作却是非常重要的。不仅对于心理学研究来说是如此，对于各种不同的学科门类来说同样如此。因此，无论是对于心理学的研究者来说，还是对于其他学科的研究者来说，衔接与贯通的工作都是有着巨大价值的学术推进。确立一个整合的框架，设置一个完善的体系，给出一个系统的考察，梳理一个连贯的内容，推进一个协作的关联，形成一个共生的效应，这对于心理学的学科发展和研究进步来说，具有非同寻常的巨大价值。

我实际上在很长的时间段中进行了不断的关注和探讨，在不长的时间段中进行了集中的研究和写作，才最终形成了这本学术专著的完整内容。我在长期的学术研究中涉及了大量不同的科学学科和心理学分支，阅读了巨量的专业文献、学术资料，按照自己的理解进行了梳理和汇总，根据研究的需要进行了衔接和连贯。

我的心理学学术研究的总体规划是创建中国本土心理学的核心理论。它共包含了六个系列研究的三十九个主题。第一个系列的研究是"本土心理学的研究"，包含五个专题的研究：心性心理学、智慧心理学、儒家心理学、道家心理学和佛家心理学。第二个系列的研究是"心性心理学的研究"，包含七个专题的研究：新心性心理学、心理资源论析、心理文化论要、心理生活论纲、心理环境论说、心理成长论本和心理科学论总。第三个系列的研究是"心理学形态的研究"，包含六个专题的研究：常识形态的心理学、哲学形态的心理学、宗教形态的心理学、类同形态的心理学、科学形态的心理学和资源形态的心理学。第四个系列的研究是"理论心理学的研究"，包含六个专题的研究：新理论心理学、心理学新思潮、心理学本土化、心理学科学观、心理学方法论和心理学价值论。第五个系列的研究是"心理学新探的研究"，包含五个专题的研究：科学心理学、本土心理学、东方心理学、文明心理学和体证心理学。第六个系列的研究是"心理学分支的研究"，包含十个专题的研究：新本土心理学、新文化心理学、新社会心理学、新历史心理学、新民族心理学、新应用心理学、新宗教心理学、新环境心理学、新创造心理学和新管理心理学。

在该研究规划的系列主题中，已经完成研究并已经出版的学术专著有：《新心性心理学宣言——中国本土心理学原创性理论建构》《心理资源论析——心理学的历史、现实和未来的形态》《心理文化论要——中西心理学传统跨文化解析》《心理生活论纲——心理生活质量的新心性心理学探索》《心理成长论本——超越心理发展的新心性心理学主张》《哲学形态的心理学——哲学心理学与心理学哲学》《心理学本土化——中国本土心理学的选择与突破》《心理科学论总——心理学命运与前途的全景考察》《常识形态的心理学——心理学的生活形态和日常存在》《宗教形态的心理学——宗教传统和研究的心理学智慧》《科学形态的心理学——心理学的科学追求与科学身份》《资源形态的心理学——心理资源的基本性质与核心内涵》。已经完成研究并交付出版的著作还包括《心理环境论说——新心性心理学理论视域中的环境》《新理论心理学——心理学研究的思想理论框架》《心理学新思潮——心理学探索的思想背景和理论趋势》《心性心理学——中国本土文化源流中的心理学》等。其余的学术著作也已经完成了部分内容的研究和写作。

在中国本土心理学核心理论的总体建构中，我将类同形态的心理学置于“心理学形态研究系列”。因此，关于类同形态的心理学的探讨是在一个宏观的研究框架中的配套和系列的研究。每一个研究课题，包括类同形态的心理学这样的研究课题，都与其他的研究课题形成系统化的整体研究。

心理学研究的独特魅力就在于，它不仅渗透在人类生活的所有方面，而且关联到科学探索的不同分支；它不仅与研究对象直接相关，而且与研究方式直接相关；它不仅与科学研究密不可分，而且与生活现实密不可分；它不仅可以给社会或他人提供重要的解说和影响，而且可以给专家和学者提供重要的理解和引导；它不仅关系到人的心理行为或人的心理生活，而且关系到整个社会和整个世界。

心理学是独立的学科门类，但并不是孤立的学科门类。心理学有自己的研究领域，但没有研究围墙。心理学不仅网罗了一系列多样化的心理学分支学科，而且贯通了一系列多样化的科学分支。那么，所谓的类同就有着相似、相关、相交、相连、联结、联通、联合、联袂等含义。

其实，从我自己的学术经历来说，我一直就处在学科关联和学科交叉的研究领域之中。我一直希望的不是限定自己的研究领域或研究范围，而是怎么扩展自己的眼界，开放自己的心灵，容纳丰富的内容，包容不同的研究。我记得在英国留学的时候，我的导师对我说过一句话，给了我很深刻的印象。这句话就是：“Open your mind！”他当时要告诉我的是不要去限定自己。实际上，这就是要开放自己的心灵，打开自己心灵的门户。我在自己后来的心理学学术探索中所创立的中国本土心理学核心理论，就是将“心”与“性”或“心”与“道”看成一体。所谓开放心灵，也就是使自己的“心”与“道”相贯通。“道”可以演生万物，“心”可以创造生活。

对于“创造”来说，对于自然的“创造”来说，对于人类的“创造”来说，对于“心理”的创造来说，没有什么不可以，也没有什么不可能！类同形态的心理学，所谓“类同”，最重要的是“类”。所谓“类同”，也就是“同类”。“有类”就是分隔，“同类”就是相聚，“无类”则是相通。物可以相隔，心却可以相通。自然可以汇聚成为一个整体，社会可以汇聚成为一个整体，心灵可以汇聚成为一个整体，探索也可以汇聚成为一个整体。有心无类，就是类同形态的心理学，就是能够贯通的心理学！

通则灵，聚则成！以此再来看心理学的研究，再来观心理学的发展，贯通不同的心理学研究，聚合不同的心理学研究，就会有“灵”，就会有“成”！

我与很多出版社和期刊社的编辑有过往来，他们中的很多人都让我感受到了他们的素养、眼界、水准、诚意和热心，都让我真心觉得可爱、可敬、可赞、可贵和可信。谢冬华编辑也是如此！非常感激谢冬华编辑在幕后的劳动和付出！

葛鲁嘉
吉林大学哲学社会学院心理学系
2012 年 11 月 11 日完稿
2015 年 12 月 12 日校定

图书在版编目(CIP)数据
类同形态的心理学：不同科学门类中的心理学探索 / 葛鲁嘉著. –上海：上海教育出版社，2015.12
（心理学形态研究系列）
ISBN 978-7-5444-6728-5

Ⅰ. ①类… Ⅱ. ①葛… Ⅲ. ①心理学 – 研究
Ⅳ. ①B84

中国版本图书馆CIP数据核字(2015)第299586号

责任编辑 周 晟 董 洪
封面设计 郑 艺

心理学形态研究系列
类同形态的心理学
——不同科学门类中的心理学探索
葛鲁嘉 著

出　版	上海世纪出版股份有限公司 上 海 教 育 出 版 社 官　网 www.seph.com.cn 易文网 www.ewen.co
地　址	上海永福路123号
邮　编	200031
发　行	上海世纪出版股份有限公司发行中心
印　刷	昆山市亭林印刷有限责任公司
开　本	700×1000 1/16 印张 18.25 插页 4
版　次	2016年12月第1版
印　次	2016年12月第1次印刷
书　号	ISBN 978-7-5444-6728-5/B·0107
定　价	63.00元

(如发现质量问题，读者可向工厂调换)